U0106561

中國美術學院漢字文化研究所叢書

古文字與出土文獻 青年學者西湖論壇（2021）論文集

曹錦炎　主編

上海古籍出版社

『古文字與中華文明傳承發展工程』規劃項目

『古文字書法研究』（G2826）階段性成果

漢字與書法(代序)

高世名

　　首先，我代表中國美術學院，歡迎各位學者的到來，祝賀"古文字與出土文獻"青年學者西湖論壇成功召開。

　　五年前，我開始策劃一個計劃，叫"文明基因工程"，這個工程有三個主題：一曰文字，二曰器道，三曰山水。這個工程可以打通美院幾乎所有的學科和專業，更重要的是，可以把美術學院的學術視野延伸到上古時期。藝術家要到源頭飲水。只有追溯到文明生發之際，藝術才能汲取到開端的力量，才能體味到創始之氣象。

　　關於山水，我從 2016 年開始，策劃了"山水宣言"系列展覽和影像創作，目前正在從中國畫、影像、聲音、建築等多個專業進行探討；關於器道，我邀請斯蒂格勒教授和許煜教授來推動當代技術哲學的研究，未來會與手工藝術和工業設計、智能設計相結合，以期反過來通達於中國的禮樂制器之道。至於文字，我們邀請曹錦炎先生加盟，創辦了漢字文化研究所。其實，中國美術學院有數支團隊在做漢字的研究與開發，除了書法、金石和古文字，還有平面設計、字體設計、新媒體藝術、聲音藝術等各個專業方向，都希望從漢字中找到形式和意象，探索漢字的視覺形態和形式基因，以期貢獻於當代的藝術創作和設計創新。

　　漢字與書寫之間的黏連度非常緊密，這導致了書法這一獨特文化和藝術形式的產生。書法是聯通文字和視覺兩個文化系統的橋梁。我們都知道，書法之"象"根植於文字之"形"。書法需要辯識和閱讀，儘管它同時也是"象"，是視覺品鑒和凝視觀賞的對象。書法是二維平面上的三維運動，同時又是時間中筆筆生發的演歷，所以也可以説書法是四維的，若再加上聲與義，書法就是名符其實的"高維創作"，在迹與象、意與態之間相互激蕩。

　　"書寫—文字"的關係與"繪畫—物"的關係有著微妙卻根本的不同。文字之於書法，不是視覺表現之對象，更像音樂家演奏之樂譜、演繹之主題。正如在最原始的歌唱中,音調與辭章二者共生一體。在歌唱中,音調與意義彼此激蕩。音調決非簡單的媒介與手法,與詞義相比,它更加切近歌唱之本源。書法與歌唱一樣,保持著這種原始的同一性,文字和書寫相互煥發,成就萬千氣象。

視覺與語言彼此激蕩,文字與書寫相互煥發,這是中國文化最爲獨特動人之處。作爲書寫的書法,是在時間中逐步顯現、釋放、生長出來的,書寫者於日積月累的書寫中熟極而流,惟流動而變化生焉,惟變化而快意生焉。書到快意酣暢之際,信筆遊繮,無理而生趣,筆筆生發,恍惚以成象;諸般形容迹象隨機而生,不可預計,亦不可復現。

我常常想,書法最根本的造化,是漢字。黄賓虹先生講自己以"六書指事之法"入畫,他説:

> 凡山,其力無不下壓,而其氣則莫不上宣,故《説文》曰:"山,宣也。"吾以此爲字之努:筆欲下而氣轉向上,故能無垂不縮。凡水,雖黄河從天而下,其流百曲,其勢亦莫不準於平,故《説文》曰:"水,準也。"吾以此爲字之勒:運筆欲圓,而出筆欲平,故能逆入平出。

書道之大,正是由於它通達於漢字的文、字、書、形、聲、義——由字上溯至"文",那是天地文章之"文",是世界的紋理與迹象,這就是文明源頭上的書法之根。書寫於文明史的終極意義,就是回到天地紋章的原始狀態中,近取諸身,遠取諸物,於俯仰之間演歷倉頡造字之際的生發氣象、變幻萬端。從歸一而至於歸零,由萬端而至於無端,自莫名而臻於無名,由是循環在手,低徊於心,有迹無形,今古蒼茫。

感謝曹錦炎先生,讓我有這個機會在這裏、在各位專家面前談一些很個人的思考。最後,讓我們向中華文明的探源者、古文字的研究者們致敬。

致古文字與出土文獻
青年學者西湖論壇

在中國美術學院漢字文化研究所成立周年之際，"古文字與出土文獻青年學者西湖論壇"今天開壇會講，蒙曹錦炎教授邀請，謹代表"古文字與中華文明傳承發展工程"專家委員會并以個人名義，向論壇的舉行致以熱烈祝賀！

中國美術學院是一所美術人才培養和學術研究的著名學府，結合學校"雙　流"建設成立旳漢字文化研究所，推進漢字文化研究與美術學科的交叉創新發展，對古文字與漢字文化研究是一個重要拓展，其未來發展值得期待。漢字文化研究所，立足於國家重大文化工程的實施，舉辦古文字與出土文獻青年學者論壇，更是切實推進古文字與中華文明傳承發展的一項有力舉措。

新形勢下，加强古文字與出土文獻的人才培養、學術研究和學科建設，是適應傳承弘揚中華優秀傳統文化、提升文化自信、建設文化强國的戰略需求。爲此，繼有關部門設立古文字冷門絕學國家社科基金專項、甲骨文等古文字研究與應用專項之後，國家又適時啟動實施"古文字與中華文明傳承發展工程"這一重大文化工程。這些舉措，爲古文字與出土文獻的研究創造了前所未有的最好發展機遇。

習近平總書記在致甲骨文發現和研究120周年座談會的賀信中指出："甲骨文是迄今爲止中國發現的年代最早的成熟文字系統，是漢字的源頭和中華優秀傳統文化的根脈，值得倍加珍視、更好傳承發展。"總書記要求："新形勢下，要確保甲骨文等古文字研究有人做、有傳承。希望廣大研究人員堅定文化自信，發揚老一輩學人的家國情懷和優良學風，深入研究甲骨文的歷史思想和文化價值，促進文明交流互鑒，爲推動中華文明發展和人類社會進步作出新的更大的貢獻。"我們要認真學習和深刻領會賀信精神，把握歷史機遇，擔負起時代使命，爲推進古文字與出土文獻研究做出無愧於時代的貢獻！

"確保甲骨文等古文字研究有人做、有傳承"，需要一代代學者持續不斷的努力奮進。青年學者代表國家學術發展的未來，也是古文字與出土文獻研究"有人做、有傳承"

的根本力量。"西湖論壇"邀約古文字與出土文獻研究代表性青年學者開展交流研討，對推進古文字與中華文明傳承發展是頗具遠見卓識的行動。希望這個論壇能一屆屆辦下去，將"西湖論壇"辦成從事古文字與出土文獻研究的青年學者的盛會和高端學術交流平臺！

　　最後，預祝論壇取得圓滿成功！祝各位青年學者學術精進、不斷取得新成就！

黄德寬

2021 年 5 月 28 日

目　録

金文"儔器"考 *

鄔可晶

（復旦大學出土文獻與古文字研究中心
"古文字與中華文明傳承發展工程"協同攻關創新平臺）

　　兩周青銅器銘文中屢見一般隸定爲"𧆝"的字（又有以之爲聲旁的从"止"或从"辵"之字），主要用於器名修飾語，涉及鼎、鬲、簠、瑚（一般稱爲簠）、壺、缶、匕等類型的器，其字形則有些變化。不少學者對此字的釋讀作過探索，意見尚不統一。我們認爲，就文義來説，李零先生釋讀爲"麗/儷"，①在已有諸説中最爲允當；就字形來説，郭沫若、黃錦前先生釋此字爲"壽""鑄"，②其繫聯思路最爲可取。現在把他們説法中的合理成分綜合起來，也許可以得到一個新的認識。

　　爲了展現釋讀爲"麗/儷"之説在文義上的合理性，下面按所出器物的不同組合關係，分類列舉用爲器名修飾語的"𧆝"的字形和辭例（每一類中的條目大體以器物的時代爲序，後文引到具體字例就以條目數爲其代號。所引辭例中此字及从"止"或"辵"之字均用"～"代替），並逐條作些必要的説明。

　　1. 偶數或成對者

　　1.1 　（甲）　（乙）彔作～簠……（彔簠蓋，《文物》2012 年第 7 期黃錦前

《新見幾件有銘銅簠》，又《銘圖續編》0392、0393，西周晚期或春秋早期）

　　彔簠蓋出土情況不明。1966 年，河南平頂山郟縣薛店鎮太樸寨村陳德周將包括簠蓋在内的一批銅器捐贈給河南省文物隊，後移交開封市博物館收藏。彔簠蓋存甲、乙 2

---

*　本文爲"古文字與中華文明傳承發展工程"規劃項目"出土文獻與早期儒家思想研究"（G3460）的成果。

①　李零：《麗器考》，《青銅器與金文》第四輯，上海古籍出版社，2020 年，第 49～55 頁。

②　二説出處詳下。

件，其器亦當有 2 件，成一對，且蓋器相配，惜器已亡失。簋蓋時代，上舉黄錦前先生文定爲春秋早期前段，①《銘圖續編》定爲西周晚期或春秋早期，②今暫從後説。此字"鬳"下增從"止"。

1.2　　束中（仲）簦父作～簋……（束仲簦父簋蓋，《集成》03924，西周晚期或春秋早期）束中（仲）簦父作～簋……（束仲簦父簋，《銘圖續編》0404，西周晚期或春秋早期）

　　束仲簦父器出土情況不明。簋蓋由湖南省博物館收藏，簋由開封市博物館收藏（其具體流傳情況與 1.1 彔簋蓋同）。開封市博物館收藏同銘簋 3 件，這裏所引的一件有蓋，且蓋器同銘，第 2 件失蓋，第 3 件亦失蓋。湖南省博物館所藏蓋銘與此同。③ 但據黄錦前《新見幾件有銘銅簋》説，湖南省博物館所藏簋蓋"與上述兩件失蓋之簋不能相合，因此可能爲另外一器的器蓋。結合先秦時期簋一般應爲偶數，可推測此套器物至少還有一器、兩蓋流失"。④ 這就是説，這套"～簋"原來至少有 4 件。

1.3　（器）（蓋）曾公得擇其吉金，自作～簋。（曾公得簋，《銘圖三編》0459，春秋早期）

　　曾公得簋由私人收藏，器蓋同銘。據《銘圖三編》介紹："同墓出土二件，形制、紋飾、大小、銘文基本相同，另一件未公布銘文資料。"⑤可知本爲一對。

1.4　、……申公彭宇自作～匦（瑚）……（申公彭宇瑚，《集成》04610、04611，春秋早期或中期）

　　申公彭宇瑚（簠）1975 年出土於河南南陽西關煤場春秋時代的墓葬，共計 2 件，同銘，成一對，且均器蓋相配。其中一件蓋器同銘，另一件蓋無銘。⑥

① 黄錦前：《新見幾件有銘銅簋》，《文物》2012 年第 7 期，第 77 頁。

② 吴鎮烽編著：《商周青銅器銘文暨圖像集成續編》第 2 卷，上海古籍出版社，2016 年，第 19～20 頁。

③ 參看吴鎮烽編著：《商周青銅器銘文暨圖像集成續編》第 2 卷，第 36 頁。

④ 黄錦前：《新見幾件有銘銅簋》，第 76 頁。

⑤ 吴鎮烽編著：《商周青銅器銘文暨圖像集成三編》第 1 卷，上海古籍出版社，2020 年，第 536 頁。

⑥ 參看李零：《麗器考》，第 53 頁。

1.5 〔圖〕 仰（蓮）子受之～盨（升）。（蓮子受鼎，《銘圖》01662、01663，春秋中期）

蓮子受鼎1990年出土於河南淅川徐家嶺M9春秋時代的楚墓，共計2件，同銘，大小相近，當爲一對升鼎。① 這裏選的是較大的一件的字例，另一件較小者字形不太清楚，未選。

1.6 〔圖〕、〔圖〕 郾凡伯怡父自作～鼎……（郾凡伯怡父鼎甲、乙，《銘圖》02347、02348，春秋晚期）

郾凡伯怡父鼎出土情況不明，1997年初見於香港，現歸臺北歷史博物館收藏。② 共計2件，同銘，大小較相近，可以認爲成一對。

1.7 〔圖〕 蔡侯申之～壺。（蔡侯申壺，《集成》09573、09574，春秋晚期）

蔡侯申方壺1955年出土於安徽壽縣西門内春秋時代的蔡侯申墓，共計2件，同銘，成一對。壺銘拓本似無理想者，上引字形取自《銘圖》12187所附摹本（第22卷58頁）。

1.8 〔圖〕 蔡侯申之～簠。（蔡侯申簠，《集成》03592～03599，春秋晚期）

蔡侯申簠出土情況同1.7，共計8件，同銘，均器蓋相配且同銘。簠銘字形變化不大，這裏選較清晰的一例作爲代表。

1.9 〔圖〕 陳洹（宣）公之孫有兒自作爲其～簠……（有兒簠，《銘圖》05166，春秋晚期）

有兒簠2005年出土於河南上蔡郭莊M1春秋時代的楚墓，同出4件，同形同銘。③
2. 奇數但器蓋相配或與他器配合使用者

2.1 〔圖〕（器）〔圖〕（蓋）……上䣄府擇其吉金，鑄其～匝（瑚）……（上䣄府瑚，

---

① 參看李零：《麗器考》，第51頁。
② 參看李零：《麗器考》，第51頁。
③ 參看黃錦前：《有兒簠釋讀及相關問題》，《中國國家博物館館刊》2014年第5期，第60～63頁。銘文"洹"讀爲"宣"，亦從此文。

《集成》04613,春秋中期)

上都府瑚(簠)1972 年出土於湖北襄陽山灣春秋時代的楚墓,只出 1 件,但配有蓋,且蓋器同銘。①

2.2 曾叔孫湛之～妣(匕)。(曾叔孫湛匕,《考古學報》2021 年第 1 期 155 頁圖四三:3,春秋中期)

曾叔孫湛匕近年(2019 年以後)出土於湖北隨州棗樹林 M110 春秋時代的曾國貴族墓。據發掘者介紹,匕只 1 件,"出土於鉛錫鬲(M110:20)内",②當與鬲配合使用。

2.3 ……王子午擇其吉金,自作爵彝～鼎……(器銘,王子午鼎,《銘圖》02468～02474,春秋晚期) 佣之～鼎(升)。(蓋銘,王子午鼎。出處、時代同上)

王子午鼎 1978 年出土於河南淅川下寺春秋時代的楚墓,共計 7 件。據李零先生依《淅川下寺春秋楚墓》所提供的通高、口徑數據排列,可以看出 7 件升鼎大小兩兩成對遞減,而有餘奇(其大小排列結構爲 2+2+1+2),與劉彬徽先生所指出的"楚國地區的楚制列鼎序列的大小按雙件(對鼎)遞減"大體相符。③ 7 件鼎的器主爲王子午,蓋銘則爲薳子佣後配。器、蓋"～"字皆从"辵",這裏分別選字形較清晰的一例作爲代表。

2.4 ……競(景)之嬰自作鐈彝～靈(鐈)……(競之嬰鼎,《銘圖續編》0178,春秋晚期)

競之嬰鼎 2005 年出土於河南上蔡郭莊 M1 春秋時代的楚墓,與上舉 1.9 同出。從其通高、口徑數據看,乃是一件"烹牲大鼎",④似無配對者,但鼎有圓蓋。

2.5 蔡公子作□姬安之(?)～□。⑤ (蔡公子缶,《集成》10001,戰國早期)

---

① 參看李零:《麗器考》,第 53 頁。

② 湖北省文物考古研究所、北京大學考古文博學院、隨州市博物館、曾都區考古隊:《湖北隨州棗樹林墓地 81 與 110 號墓發掘》,《考古學報》2021 年第 1 期,第 147 頁。

③ 李零:《麗器考》,第 54 頁。劉説見劉彬徽:《楚系青銅器研究》,湖北教育出版社,1995 年,第 512～516 頁。

④ 李零:《麗器考》,第 51 頁。

⑤ 釋文參考李零:《麗器考》,第 53 頁。

蔡公子缶 1972 年出土於湖北襄陽蔡坡 M4.8 戰國時代的墓葬,只 1 件,但有蓋,銘文即見於缶蓋內。

3. 奇數而無蓋或無他器相配者以及情況不明者

3.1 曾者(諸)子□用作～鼎⋯⋯(曾者子鼎,《集成》02563,兩周之際或春秋早期①)

曾者子鼎舊由清人程洪溥、盛昱、劉體智等收藏,現藏臺北故宮博物院,出土情況不明。

3.2 瘵作其～鼎(?)貞(鼎)⋯⋯(瘵鼎,《集成》02569,春秋早期)

瘵鼎由羅振玉舊藏,下落不明。

3.3 仰(蓮)子受之～鬲。(蓮子受鬲,《銘圖》02764,春秋中期)

蓮子受鬲出土情況同上舉 1.5。鬲只出 1 件,但與蓮子受鼎 2 件同出,疑爲配套之器。若此,似可移入 2 類。

3.4 曾夫人粦之～鬻(鬲)。(曾夫人粦鬲,《銘圖三編》0306,春秋中期)

曾夫人鬲近年出土於湖北隨州市棗樹林曾國墓地 M191 曾夫人墓。據發掘者介紹,M191 出銅鬲 5 件,"4 件小鬲大小、形制相同,放置於銅簋腹內,1 件稍大的銅鬲單獨擺放於銅簋東側"。② 從他們的說明看,此鬲應即單獨擺放於銅簋東側的稍大的銅鬲。疑以此鬲與銅簋及其中所置 4 小鬲相配,若此,似亦可移入 2 類。此"～"字"鬲"下增從"辵",與上舉 2.3 同。

3.5 ⋯⋯競(景)孫□(引者按:此字較難隸定,姑暫闕)也作鑄～彝⋯⋯

(競孫□也鬲,《銘圖》03036,春秋晚期)

競孫鬲 2005 年出土於河南上蔡郭莊 M1 春秋時代的楚墓,與上舉 1.9、2.4 同出。據説同墓出土鬲 7 件,但尚未正式報道,情況不明。另有 2 件同人所作的方壺,壺銘內

---

① 斷代參看李零:《麗器考》,第 50 頁。

② 湖北省文物考古研究所、北京大學考古文博學院、隨州市博物館、曾都區考古隊·《湖北隨州市棗樹林春秋曾國貴族墓地》,《考古》2020 年第 7 期,第 84 頁。

容爲鬲銘“首尾的節錄”,未見“鬲”字。① 不排斥鬲與壺配套的可能性,若此,似亦可移入 2 類。

3.6 曾中(仲)㝨(夷)自作～鬲(鬲)……(曾仲夷鬲,《銘圖》02862,春秋晚期)

此件曾仲夷鬲由私人收藏,情況不明。

3.7 曾中(仲)㝨(夷)自作～鬲(鬲)……(曾仲夷鬲,《銘圖三編》0310,春秋晚期)

此件曾仲夷鬲亦由私人收藏,情況不明。《銘圖三編》定其時代爲春秋中期,按以定春秋晚期爲宜。此鬲與上舉 3.6 同銘,如爲同墓所出,亦是一對。若此,似可將 3.6、3.7 移入 1 類。

以上列舉的是我們所找到的“鬲”(包括从“止”或从“辵”之字)用作器名修飾語的全部例子,限於聞見,或有遺漏,但應該不會多。如按我們在有些條目下的説明所作的推測處理,3 類中的 3.3、3.4、3.5 均可歸於 2 類,3.6、3.7 可合并歸於 1 類,這樣一來,真正奇數且無蓋或無他器可配者,就只剩下出土情況不明的傳世器 3.1、3.2 兩件了。可見,李零先生釋讀爲“麗”,“麗即伉儷之儷、駢儷之儷,是成雙成對的意思”,②確實比其他説法更符合相關器物的實際組合情況。

過去吳振武先生釋“鬲”爲“瀝”,讀爲“陳列”義的“歷”,謂指“按一定次序陳列的成組銅器”;③謝明文先生根據 1.9“丂”的上下作“丙”,古文字中的“酏”是“丙”“世”皆聲之字,“説明‘丙’‘列’當音近”,推斷“鬲”直接“讀作‘列’是很有可能的”。④ 現在看來,上舉 1.1、1.3、1.4、1.5、1.6、1.7(也許還可以再加上 3.6 和 3.7)都是 2 件配成一對,並非“成組銅器”,講成“列”於義不妥。這一問題李零先生已加以指出。⑤ “酏”應是从“丙(簟)”“世”聲之字,並無證據可證明“丙”“世”皆爲聲旁。⑥ “鬲”所从的“鬲”之類的器物形有不

---

①　黄錦前:《郭莊楚墓出土競孫鬲、方壺銘試釋》,《國學學刊》2017 年第 1 期,第 135～139 頁;曹輝、陶亮:《上蔡郭莊一號楚墓“競之朝”鼎銘文及相關問題試析》,《中原文物》2019 年第 3 期,第 118～119 頁。

②　李零:《麗器考》,第 54 頁。

③　吳振武:《釋鬲》,《文物研究》總第六輯,第 218～223 頁。引號裏的話見第 222 頁。

④　謝明文:《競之㸚鼎考釋》,同作者《商周文字論集》,上海古籍出版社,2017 年,第 364 頁。

⑤　李零:《麗器考》,第 53～54 頁。

⑥　張新俊:《新蔡楚簡零釋》,簡帛網,2010 年 4 月 16 日;鄔可晶:《戰國秦漢文字與文獻論稿》,上海古籍出版社,2020 年,第 25 頁。

少簡化,如 1.4、1.6、2.1 等例,再進一步省訛爲 1.3 之所從,已與"丙"形相當接近了,1.9 的"丙"形當是由此省變而成的。

相傳清末出土於陝西寶雞的西周晚期的虢叔旅鐘,現存 7 件,其中 5 見如下之語:

旅敢肇帥井(型)皇考威義(儀),△御于天子。(《集成》00238～00243)

△字作如下之形:

已有學者將此字與"矞"視爲一字,①可從。

鐘銘字形較爲模糊,上端的器物已簡化得與 1.2、2.2 等形接近,下端則更是簡省成"几"形。吳振武先生認爲"矞"字所從"⺆"爲象"水流"意的"乁"(見於《説文・乁部》)。②鐘銘此字中間部分確爲"水",是否可以證實吳先生的意見了呢? 這當然是有可能的。不過,《説文》謂"乁""從反厂","讀若移";"厂"見於同書《厂部》,"厓字從此",古人注音"余制切",其音與"乁"相近,彼此本當爲一形。從古文字字形看,從"厂"的"虓"象虎口中出氣之形,乃"呭"之初义。③ 春秋晚期的臺(此字舊釋"喬")君鉦鍼中有器主名 䖒 字(《集成》00423),一般釋爲"滹",不可信(《説文・水部》訓"水流皃"的"滹"爲"彪省聲"。"彪"字西周金文已有之,此字明顯從"虎"而不從"彪")。此字"水"正處於虎口所出之氣的位置,實當釋"虓",只不過把象徵出氣的"厂"繁化爲"水"形罷了。如依此例,則虢叔旅鐘△中間的"水"形也有可能是"⺆"形的繁化。其實,從"⺆"或從"水"在表意方面可起相類的作用,詳下文的解釋,所以把它們看作並無直接形體演變關係的一字的異體,也許更爲妥當。

鐘銘"△御于天子"的"御"是"侍奉""陪侍"的意思,與"御"連言的"△"讀爲"列",也不如讀爲"麗/儷"順適。

然而"矞"釋讀爲"麗/儷",文義上並非毫無問題。那些"成雙成對"的器,謂之"麗/儷",確有道理;楚地所出升鼎兩兩一組,當然也可以稱爲"麗/儷"。但是,1.9 有 4 件,1.2 至少 4 件,1.8 有 8 件,雖爲偶數,卻看不出它們內部是如何"成雙成對"的。2.1、2.4、2.5 只有單獨的 1 件(但都配有蓋),無法"儷偶",我們認爲當取"蓋器相配"之意,這種含

① 陳治軍:《釋"虗"》,劉玉堂主編:《楚學論叢》第五輯,湖北人民出版社,2016 年,第 16～22 頁。按陳文的具體釋法顯不足信,此不贅引。過去有的學者釋"矞"字從"甾"或"淄",著錄虢叔旅鐘之書也有把鐘銘此字釋爲"淄"的。這些釋法雖不正確,但表明已有一些學者感到它們可能是一字。

② 吳振武:《釋矞》,第 221 頁。

③ 參看陳志向:《"虓"字補釋》,《文史》2018 年第 1 輯(總第 122 輯),第 265～268 頁。

義用"麗/儷"恐未必合適。3.3、3.4、3.5 按照我們的推測,都屬於奇數器與其他器配成一套,這種含義用"麗/儷",似乎還不如過去釋讀爲"列"合適。2.2 的匕出自鬲,本是配合食器使用的,"鬲"之於"匕",有主次之別。所以付强先生雖同意釋"䰜"爲"麗",但認爲"麗""當訓爲陪","麗器就是陪器"。① 今按,付氏的解釋雖可講通 2.2 匕銘,但那些"成雙成對"之器處於平等地位,難分主陪,把它們一概叫作"陪器",卻不見被陪的"主器",這也是講不通的。總之,"麗"的釋法不能很好地貫通所有辭例。

釋"丽/麗"説的最大障礙在於字形。李零先生主要根據 3.1 [字形] 所從與戰國陳丽子戈作 [字形] 之"丽"(《集成》11082)、《説文》"麗"字或體 [字形] (實亦爲"丽")以及春秋取膚匜"麗"字 [字形] (《集成》10253)的上端相近,於是加以聯繫,認爲"䰜"與此種古文"丽"有關,"䰜""象兩器上下頡頏(即伉儷之義),正合段氏(引者按:指段玉裁對"麗"字的注語)所謂'兩相附爲麗',中間插入[字形]形符號,亦合'兩而介其間亦曰麗'","鬲""麗"音近,"器銘從二鬲的寫法當是丽字的繁化"。② 但是,常見的"鬲"字絶大多數下部作三足形(本爲三袋狀足),③上舉諸"䰜"字所從的器物,除 1.7、1.8、2.4、2.5、3.3、3.5 幾例外,鮮有符合"鬲"的這一字形特點的;就是那些符合"鬲"三足特點的字例,其中 3.3、3.5 還很可能由於器物本身就是鬲,故鬲銘中的"䰜"字也從"鬲"。"䰜"字既不以從"鬲"爲常,當然就很難説用"鬲"來標識"麗"音了。"䰜"這種隸定嚴格講起來是不夠準確的,至少不能代表多數形體,但因此隸定形沿用已久,而且似乎也沒有別的更好的隸定辦法,今姑仍之。

所謂古文"丽"在目前的出土文字資料中已不止一見,除陳丽子戈外,又如:

[字形](上博簡七《君人者何必安哉》甲本簡 3) [字形](同上,乙本簡 3) [字形](清華簡伍《湯處於湯丘》簡 13) [字形](清華簡拾《四告》簡 2) [字形](包山簡 164"纚") [字形](清華簡捌《天下之道》簡 5"纚") [字形](葛陵簡甲三 79、乙二 10、乙三 21 等"驪") [字形](郭店《六德》簡 30,兩見) [字形]、[字形](宜陽戈,《銘圖》17213、17215)

---

① 付强:《説湖北棗樹林曾國墓地 M110 出土的青銅匕》,古文字强刊(微信公衆號),2021 年 4 月 16 日。按付文聯繫金文中似表"輔助""伴隨"義的"麗/邐"以説"䰜",此意早有學者言之在先。詳下文所引張光裕先生説。

② 李零:《麗器考》,第 55 頁。

③ 參看董蓮池:《新金文編》,作家出版社,2011 年,上册第 306～312 頁;陳斯鵬、石小力、蘇清芳:《新見金文字編》,福建人民出版社,2012 年,第 83 頁;陳英傑:《談金文中一種長期被誤釋的象形"甋"字——兼論"鬲"、"甋"的形體結構》,同作者《金文與青銅器研究論集》,上海古籍出版社,2020 年,第 213～224、231～234 頁。

上舉那麼多"丽"一例也没有在中間加"宀"的,且其形皆作左右人形並列而從不見上下疊置,這顯然由於只有左右並列才能表示"偶、並"之意。凡此均與"闐"字不合。細審3.1"闐"之所從,實與"丽"亦不能牽合爲一。這需要從"丽"字源流講起。

通過秦永龍、白於藍、郭永秉、王子楊等先生的研究,①"丽"的字形演變情況已相當清楚。現參考諸家研究成果,結合這裏所要討論的問題,簡述如下(以下引到的有關字形,上舉各文多已引及,尤其可以參看最晚出的王子楊先生文)。

上舉戰國時代的"丽"字當由殷墟甲骨文 🔲、🔲、🔲、🔲、🔲、🔲 等形變來。甲骨文"丽"象頭戴首飾(即所謂"辛"形)的二人儷偶、比並之形,其上端或加一橫畫,蓋比照"并"字於二人下端加一橫畫的意圖,更凸顯"偶、並"的字義。此字在卜辭中多數用爲"比並""匹偶"之意,應該就是"儷"的表意初文。後二形甲骨文"丽(儷)"人頭作一短橫(即"兀"形),乃是前幾形頭上所戴裝飾物("笄"之類)的綫條化,所以戰國文字"丽"所從二人至少必作"兀"形,或於"兀"上多一短橫而作"元"形,這可能是飾筆,更有可能脱胎於甲骨文"丽(儷)"加在二人頭上凸顯"偶、並"義的橫畫。安大簡《詩經》簡47"驪"作 🔲,"丽"雖省去一半,但"元"形猶存。《説文》"麗"字古文作 🔲,傳抄古文"麗"或作 🔲(《古文四聲韻》4.14)、🔲(《汗簡》1.3),無論字形怎樣訛變,上述特徵都頑強地保留著。美麗的"麗"本作 🔲(《輯佚》576)、🔲(聽簋"邐"字所從,《集成》03975)等,象有一對美麗的大角的鹿。鹿的角與"丽"字人所戴頭飾相似,所以"麗"的鹿角也會變成跟"丽"類似的"开/辛"形,如 🔲(元年師事簋,《集成》04279.1)、🔲(元年師事簋,《集成》04279.2)、🔲(曾侯乙簡203)。"丽(儷)"所從二人頭上戴飾,可能有取美麗之"麗"的音義的意圖,但主要是爲了跟字形、字義都很接近的"从""比""並"等字相區別。美麗的"麗"字的一對鹿角,後亦有意無意地變從"丽(儷)",如 🔲(童麗君簠甲,《銘圖》05898)、🔲(清華簡壹《尹誥》簡2)、🔲(清華簡壹《楚居》簡3),取膚匜"麗"正是從"雙角"演變爲"丽"的過渡階段(🔲 → 🔲 → 🔲)。鹿角爲一對、儷偶,把"麗"字的"雙角"改造成"丽(儷)",應是兼取其音義;小篆"麗"即承此寫法,唯秦系文字"丽"寫得較爲"詰詘",篆意尤濃(《説文》古文"麗"似受秦文字影響),不如六國

---

① 秦永龍:《釋"丽"》,《北京師範大學學報》1984年第6期,第47～50頁;白説見鍾鑫:《白於藍教授來我中心作講座》,復旦大學出土文獻與古文字研究中心網,2011年6月26日,又見下舉郭文引;郭永秉:《補説"麗"、"瑟"的會通——從〈君人者何必安哉〉的"瓨"字説起》,《古文字與古文獻論集續編》,上海古籍出版社,2015年,第14～30頁;王子楊:《甲骨金文舊釋"競"的部分字當改釋爲"丽"》,《出土文獻》2020年第1期(總第1期),第24～36頁。

文字"丽"更近古貌。秦文字"麗"的上端甚至有作"二'丙'/兩"形者,如 (《珍秦齋藏印(秦印篇)》336),似是"丽(儷)"的"變形義化"。"麗"上部的"丽"也幾無例外地都從"兀"或"元"形。但 3.1"麕"所從的構件,顯然不是"兀"或"元"形,因而沒有理由認爲是"丽"。

有一件私人收藏的西周晚期的方妘各鼎,銘文自名修飾語有 /字(《銘圖》02055)。刊布此器的張光裕先生曾釋爲"麗",並把它讀爲尹光鼎、保員簋、聽簋等銘中表示輔助、伴隨義的"邐"(引者按:此詞又見於後來公布的陶觥、荊子鼎等,字作"麗"),"'麗鼎'云者,當亦取比陳、相伴義","乃陪鼎之屬"。[①] 好幾位學者已指出此字與"丽、麗"字形"有隔",釋"麗"不確。[②] 所以也不能援用鼎銘此字作爲釋"麕"爲"丽、麗"的依據。方妘各鼎銘的這個字,下文還會有所討論。

在上舉諸多"麕"字中,3.1 的寫法僅此一例,應是少見的特殊省體。1.4 、3.4 一類形體演變爲 3.2 的 ,如將其描摹器形的上部筆畫綫條化,即成 3.1 的 ,其字形演變的綫索還是明白可尋的。虢叔旅鐘"麕"下部的器形簡化爲"几"形,較 3.1 簡省更甚。由此可知 3.1"麕"與"丽"字顯然無關。

總之,無論從"丽(儷)"本身的字形源流來看,還是從"麕"的字形演變情況來看,它們無疑是自成發展脈絡的兩個不同的字,釋"麕"爲"丽(儷)"尚缺乏確鑿的證據。主張"麕"釋讀爲"麗/儷"者,大概認爲此字跟金文中當"輔佐""伴隨"講的"邐、麗"代表的是同一個詞;但是後者在目前所見的材料裏均寫作"麗"或"邐",決不用"麕"字,這也是不好解釋的。

據黃盛璋先生說,郭沫若由於"麕""結構似'壽'字",曾釋此字爲"壽";後見上都府瑚銘已有"壽"字,"此字就不可能是'壽'",故在寫瑚銘釋文時以缺釋處理。[③] 按"麕"當與"壽"的聲旁"弖"結構相似,可能郭沫若本意正是如此,然此係黃盛璋先生轉述,無從覆按。2009 年,黃錦前先生用"贏泉"的網名在網上發表《釋疇》一文考釋"麕"字,相關内

---

① 張光裕:《香江新見彝銘兩則》,同作者《雪齋學術論文二集》,藝文印書館,2004 年,第 206～208 頁。

② 范常喜:《方妘各鼎銘"從"字小考》,復旦大學出土文獻與古文字研究中心網,2008 年 11 月 17 日;陳斯鵬、石小力、蘇清芳:《新見金文字編》,第 251 頁;禤健聰:《方妘各鼎銘考釋》,《古文字論壇》第二輯(中山大學古文字學研究室成立六十週年紀念專號),中西書局,2016 年,第 156～159 頁。引號裏的話引自禤文,第 157 頁。按,禤健聰先生認爲鼎銘此字即本文討論的"麕",不可從。"麕"的最固定的字形特徵"冖"不見於此字,其字形與 3.1 曾姬子鼎所從實亦非一事,下文將有說明。

③ 黃盛璋:《郭院長關於新出銅器三器的考釋及其意義——紀念郭沫若院長》,《社會科學戰綫》1980 年第 3 期,第 219 頁。

容又見於他的博士學位論文。^① 黃先生認爲"𢇶"是"鑄之本字",此字是把一般"鑄"字下部的"皿"也改換爲"鬲",中間的"宀"爲"'水'形之變",代表銅液;"𢇶(鑄)"在銘文中讀爲醻答、酬報之"醻/酬"。他在顯然没有注意到郭説的情況下,也聯繫上了"𠱛",但他似乎認爲"𠱛"與"𢇶(鑄)"並非一字,只是周代金文"鑄"把二"鬲"改作"口"形,"只示其輪廓",造成與"𠱛"同形;"鑄""𠱛"音近,寫作"𠱛"也可增强表音功能。^② 不過,黃錦前先生後來感到過去的説法"是有問題的",轉而認爲"𢇶""表示器之共名"。^③

郭沫若、黃錦前先生釋"𢇶"爲"壽""鑄",固不可信,已爲他們自己所放棄;但他們敏鋭地覺察到"𢇶"與"𠱛"字形上的相似性,這一點卻十分重要,不容否定。"𠱛"多用作"壽""鑄"等字的聲旁,但獨體的"𠱛"已見於殷墟甲骨文,例如:

 ^④

其字形可分析爲"己"兩邊各有一"口"形,二"口"有時同一朝向,有時彼此相對;"𢇶"則在"宀"的兩邊各有一器物形,二器也有時同一朝向,有時彼此相對,情況與"𠱛"密合,確實應該結合起來考慮。《合》21181 爲時代較早的自組小字類卜辭,此版"𠱛"的寫法可與 3.1"𢇶"合觀:

前文已指出 3.1"宀"的兩邊是器形的簡省,但簡化之後的形體竟與甲骨文"𠱛"的某種寫法幾乎無別。3.7 那一例"𢇶"也簡化得跟"𠱛"相近。這些現象恐怕不會都是偶然的巧合,應可作爲"𢇶""𠱛"有密切聯繫的旁證。

《説文·田部》:"疇(疇),耕治之田也。从田,弓象耕田溝詰詘之形。𠱛(引者按:"𠱛""弓"是同一字的不同隸定形),疇或省。"^⑤同書《口部》"𠱛"字下又説"𠱛"爲"古文疇",《白部》"弓"字下説"𠱛""與疇同"。古文字學者也大多認爲"𠱛"即"疇"之初文。^⑥

① 黃錦前:《楚系銅器銘文研究》,安徽大學博士學位論文,2009 年,第 86～90 頁(此文原未見,後蒙梁月娥先生惠賜,謹致謝忱)。參看黃錦前:《新見幾件有銘銅簋》第 77 頁注[8]。

② 贏泉:《釋疇》,復旦大學出土文獻與古文字研究中心網,2009 年 6 月 6 日。

③ 黃錦前:《新見幾件有銘銅簋》,第 76 頁。

④ 劉釗主編:《新甲骨文編(增訂本)》,福建人民出版社,2014 年,第 768～769 頁。

⑤ 大徐本"从田"下一句有脱訛,此從段玉裁改。見(清)段玉裁注,許惟賢整理:《説文解字注》,鳳凰出版社,2007 年,第 1207 頁。

⑥ 參看于省吾主編:《甲骨文字詁林》,中華書局,1996 年,第 1176～1178 頁;張世超等:《金文形義通解》,中文出版社,1996 年,第 195 頁;黃德寬主編:《古文字譜系疏證》,商務印書館,2007 年,第 561 頁。

我們基本上同意釋"邑"爲"疇",但不同意一般對"邑(疇)"的形義的理解。就算"己""象耕田溝詰詘"勉强還可以接受,其兩邊的"口"也斷難説象耕田之形。

古漢語"疇"常表示"類"義,"疇匹""疇等"義與之相關,字又寫作"儔"(《説文》以"儔"爲"華蓋"義的本字,儔匹、儔儷之"儔"可看作它的同形字)。如《尚書·洪範》"帝乃震怒,不畀洪範九疇",僞孔傳:"疇,類也。"《荀子·勸學》:"草木疇生,禽獸群焉。"楊倞注:"'疇'與'儔'同,類也。"《國語·齊語》:"人與人相疇,家與家相疇。"韋昭注:"疇,匹也。"王褒《九懷·危俊》:"步余馬兮飛柱,覽可與兮匹儔。"王逸注:"歷觀群英,求妃合也。"商代中期無啻瓴云:"戉啻無啻,作祖戉彝。"(《銘圖》09840)"啻",陳劍先生釋爲從"琮"之初文得聲,[1]可從;在此似當讀爲"崇",[2]《詩·周頌·烈文》:"無封靡于爾邦,維王其崇之。"朱熹《詩集傳》:"崇,尊尚也。"瓴銘大概是説"無啻"因得到"戉"的推重而作器(受上級或官長的推重,自是一種榮耀)。陳劍先生指出人名"無啻"又見於西周早期的亞無啻作父己甗(《集成》00904),不啻簋還有人名"不啻"(《集成》04060)。[3] 頗疑"無啻""不啻"當讀爲"無儔""不儔",[4]其名蓋取"無與倫比""不可匹敵"之意。訓"類"、訓"匹"的"疇/儔",應該是一個很古的詞。

《左傳·襄公三十年》"取我田疇而伍之",杜預注:"並畔爲疇。"這個解釋值得注意。段玉裁在《説文》"疇"字下注曰:

> 許謂耕治之田爲疇(引者按:原文"疇"皆從"啻",爲圖簡便,這裏全改用
> 通行字),耕治必有耦,且必非一耦,故賈逵注《國語》曰:"一井爲疇。"杜預注
> 《左傳》曰:"並畔爲疇。"並畔,則二井也。引申之,高注《國策》、韋注《漢書》:
> "疇,類也。"王逸注《楚辭》:"二人爲匹,四人爲疇。"張晏注《漢書》:"疇,等也。"
> 如淳曰:"家業世世相傳爲疇。"[5]

---

[1] 陳劍:《釋"琮"及相關諸字》,同作者《甲骨金文考釋論集》,綫裝書局,2007年,第273～316頁。

[2] 陳劍先生讀爲"寵"(《甲骨金文考釋論集》,第288頁)。但"寵"從"龍"聲,上古聲母當爲*r-,與"琮"(*dz-)非一類,無法相通。金文裏還有一類"亙(琮)"或從"亙(琮)"聲之字,其用法似近於"易(錫、賜)",如"兮公宜盂邑束、貝十朋"(盂卣)、"宜絲五十寽(鋝)"(乃子克鼎)、"烈祖文考式寵受(授)牆爾麟福"(史牆盤)等,陳劍先生也讀爲光寵之"寵"(《甲骨金文考釋論集》,第284～290頁)。我認爲不如也讀爲"崇"。《詩·大雅·鳧鷖》:"公尸燕飲,福禄來崇。"毛傳:"崇,重也。"鄭箋:"今王祭社,又以尸燕,福禄之來,乃重厚也。"《國語·周語下》"用巧變以崇天災",韋昭注:"崇,猶益也。""崇授牆爾麟福"與"福禄來崇"語近。"崇盂邑束、貝十朋""崇絲五十鋝"之"崇",猶□叔微簋蓋(《集成》04130)、尸伯簋(《銘圖》05158、05159)"嗌(益)貝十朋"之"益"。

[3] 陳劍:《釋"琮"及相關諸字》,同作者《甲骨金文考釋論集》,第288頁。

[4] 參看李學勤:《青銅器分期研究的十個課題》,《當代名家學術思想文庫·李學勤卷》,萬卷出版公司,2010年,第156頁。

[5] (清)段玉裁注,許惟賢整理:《説文解字注》,第1207頁。

段注爲許説所囿，執著於所謂"耕治之田"的本義，故以"耦耕"云云爲説，不免牽强；但他認爲"類""匹"等義由"並畔爲疇"引申而來，這是很有啟發性的。

殷墟自組小字卜辭中有作 、、 等形之字，用爲"逃"（《合》19755、19756、19757），①即金文"姚""逃"的聲旁。此字應從陳漢平先生説，釋爲"跳/趒"之初文。② 陳先生指出此字"中間一畫彎曲，轉折較大，所从似非水形，似爲 字之中畫"，"弖爲疇字古文，'疇，耕治之田也'，'姚，畔也'，'畔，田界也'"，他據此懷疑這個"跳/趒"之初文中的"己""所象乃姚、畔之形"。③ 張世超等先生也指出過金文"姚"的聲旁之字"取意與 （疇）字相近"。④ 這些都是合理的見解。不過，甲骨文此字既釋爲"跳/趒"，人在耕田之間跳躍反而顯得奇怪；"己"應指一般的界限、界畔，並不局限於田界，爲它所隔開的空間代表不同的區域。

我們認爲"弖"字中的"己"也表示一般的界畔，"己"兩畔的"口"當視爲抽象符號，代表分處不同界的同類事物，全字正象"並畔爲疇"之形，只是這裏的"畔""疇"不能像段玉裁等人那樣理解得如此狹隘。兩個等類的事物雖自有類界，一旦並在一起，便可合成一類、配爲一對（種類之"類"既包含別類之意，又包含同類之意），上引《國語·齊語》"家與家相疇"一句，最能體現此意。"弖"大概就是"類""匹"義的"疇"的本字。因爲匹並成類的兩個事物本來分屬不同的領域，各有界畔，所以"疇"引申而有"界埒畔際""田隴"的意思；⑤《説文·土部》收"壔"字，"一曰高土也"（此據小徐本），《廣雅·釋宮》："壔，隄也。"此義之"壔"與"疇"當是同源詞。田疇之"疇"本指劃定田界、阡陌的耕田，如"井田"之屬。因此種田地劃有界類，且界畔比並，古人就移用語言裏早已存在的疇類、疇匹之"疇"來稱呼它（這也可以解釋爲什麼"弖"字中的"己"與田界不肖，因爲它本來就不是摹畫田界形的）。"丽（儷）"也有"並""匹"等義，但"丽（儷）"沒有"類"或"界埒畔際"義，其字形中就不可能出現代表界限的"己"。

前人根據傳世文獻，認爲訓"類""匹"之"疇"寫作"儔"是晚起的用字。新近發表的湖北隨州棗樹林墓地 M169 出土的春秋中期加嬭編鐘，銘文有"余滅（蔑）没下（胡）屖

①　蔣玉斌：《釋殷墟自組卜辭中的"兆"字》，《古文字研究》第二十七輯，中華書局，2008 年，第 104～110 頁。

②　陳漢平：《金文編訂補》，中國社會科學出版社，1993 年，第 262～263 頁；參看郭永秉：《關於"兆"、"涉"疑問的解釋》，同作者《古文字與古文獻論集續編》，第 103～114 頁。按陳漢平先生還提到了此字爲"超"之初文；但"超"的上古聲母爲 *T-系，"兆""跳"等皆爲 *L-系，一般不能相通，故我們不取此説。

③　陳漢平：《金文編訂補》，第 262 頁。

④　張世超等：《金文形義通解》，第 2829 頁。

⑤　參看宗福邦等主編：《故訓匯纂》，商務印書館，2003 年，第 1494 頁。

(夷),龏(恭)畏儔公”之語,“儔”當“匹”或“類”講,顯即“儔”之異體。① 可見從“人”的“儔”字出現得也相當早。爲了避免受田疇之“疇”的干擾,下面用“儔”作爲“類”“匹”義的這個詞的通用字,“㠱”可以説就是“儔”的本字。

跟“㠱(儔)”字相比,“䰠”不過是把代表抽象事物的“口”形具象化爲銅器(字形中代表器物的形體與“鼎”“鬲”“簋”等字都不全同,難以指實,不妨籠統地説爲銅器),所以我們認爲“䰠”當釋作“儔器”之“儔”的專字,就如同“畼(疇)”爲“田疇”之“疇”的專字一樣。虢叔旅鐘“䰠”的中間不作“㠯(己)”而作“水”,不管“㠯(己)”“水”之間是否存在繁化抑或簡化的關係,單從字義來説,“水”也可以表示界限、界畔,最著名的例子莫過於現在還常用到的“楚河漢界”。“涉”字意爲由此地渡水進入彼地,其形二“止(足)”之間亦以“水”爲界。鐘銘使用“䰠”的語境與一般用爲器名修飾語者不同,其字從“水”而不從“㠯(己)”,不知能否看作異體分工。殷墟甲骨文裏有從“辵”“㠱”聲之字,似皆用作祭名,有時也從“止”作(參看《殷墟甲骨刻辭類纂》第 872 頁);1.1、2.3、3.4 等從“辵”或從“止”“㠱”聲之字,應該就是它的異體。春秋晚期叔弓鐘、鎛有 字(《集成》00272、00285),前人多以爲“㠯(己)”兩邊爲“甾”,實則所謂“甾”應是銅器形的訛變。此字可能也是我們討論的“儔器”之“儔”字,可惜鐘、鎛銘中用爲雙音節地名,且其後一字尚不識,難以驗證。

“儔”有“匹合”“伴侶”義,上舉 1.1、1.3、1.4、1.5、1.6、1.7(也許還可加上 3.6 與 3.7)等“成雙成對”之器沒有問題可以“儔”名之;2.1、2.4、2.5 等奇數器因皆蓋器相配,所以也可用“匹合”義的“儔”爲其自名修飾語。2.3 王子午鼎一組 7 件,其所謂“儔鼎”,當然很可能是指升鼎的大小按“雙件成對”遞減排列而言的;不過其後配的蓋銘曰“佣之儔鼽”,疑指升鼎有蓋相匹配而言,其含義似與鼎銘之“儔”有別。上舉那些配有蓋的器自名曰“儔X”,指蓋器相匹而言的可能性似亦無法排除。“儔”又有“類”義,1.2、1.8、1.9 那種 4 件或 8 件同類器物,3.3、3.4、3.5 等可能與同出他器配套使用的器物,它們自稱爲“儔器”,當取“儔類”之意(2.3 王子午鼎銘的“儔”,似也有可能訓“類”,指一組升鼎),即“草木疇生”(《荀子·勸學》)、“物各有疇”(《戰國策·齊策三》)之“疇(儔)”。2.2 那件出自於鬲的“儔匕”,如著眼於匕匹儷鬲使用,則可解作“匹”義之“儔”;如著眼於匕與鬲爲一套,則可解作“類”義之“儔”,“匹”“類”二義在此是會通的。用於器名修飾語的“會”,有時指蓋器相合配對,如哀鼎(《銘圖》02311。蓋、器同銘)、趞亥鼎(《集成》02588。原當有蓋,現已

---

① 郭長江、李曉楊、凡國棟、陳虎:《嬭加編鐘銘文的初步釋讀》,《江漢考古》2019 年第 3 期,第 10、11、14 頁。參看郭理遠:《嬭加編鐘銘文補釋》,《中國文字》2019 年冬季號(總第二期),萬卷樓圖書股份有限公司,2019 年,第 119~121 頁。

亡失)等銘之"會鼎";有時指匜與盤等其他水器配成一套使用,如王子适匜之"逈(會)匜"(《集成》10190)、王子紳匜之"鑰(會)匜"(《銘圖》14868)、曾光臣匜之"會匜"(《銘圖》14871)、唐子仲瀕兒匜之"御逈(會)匜"(《銘圖》14975)等等,①情況與"儔器"之"儔"相似。

虢叔旅鐘"△御于天子"當讀爲"儔御于天子",意謂虢叔旅匹類、陪侍於天子,與上引加嬭編鐘"恭畏儔公"甚近。《詩·周南·兔罝》:"赳赳武夫,公侯好仇。"西周金文有"克述文王"(何尊)、"述匹厥辟"(史牆盤)、"述匹先王"(單伯鐘)、"述匹成王"(述盤)等語,由陳劍先生所釋讀,②已獲公認。"仇、述"的意義和用法與"儔"頗類,其間關係猶"仇讎"的"仇"之於"讎",可資比勘。

關於"儔器"之"儔"的專字"屬"的字形,還有幾點需要補充討論一下。

1.2、2.2、3.2等"屬"字所從的二器皿,與程鵬萬先生考釋過的"再"字中也上下疊置的二器形近,程先生曾因此認爲"屬"可能跟射壺從"阜"從"再"之字代表同一個詞。③ 今按,"儔器"之"儔"字不能讀爲"再",但"再"可訓"二""重",與訓"類""匹"的"儔"義有關聯,有些"屬"字所從與"再"形近(僅有無"冖"(己)之別),也許是當時人有意改造的。

3.1"屬"雖是二器形簡化的結果,畢竟與上面提到過的方妝各鼎的 有相似之處。范常喜先生認爲上博簡一《緇衣》簡8兩見作 、 之"從",其"辵"旁之外的形體即方妝各鼎此字的省變,因釋鼎銘爲"從鼎"("從鼎"之名亦見於芮公鼎等)。④ 陳斯鵬等先生也有相同的看法(但陳先生認爲方妝各鼎"從重'从',爲繁構",未提及上博簡《緇衣》的"從")。⑤ 他們並都主張上博簡四《曹沫之陳》簡29、24B"卒使兵,毋復前常"、簡37A"(長民者)毋軍"之"猒"也當釋爲"從"。⑥ 今按,《曹沫之陳》的整理者原釋此字爲"古文'虞'"而讀爲"御"。⑦ 但"虞""御"古音開合口不同,恐不能直接通讀;簡文"猒"也難於確定就是"古文'虞'"字。從文義看,鼎銘、竹書的"猒"釋讀爲"從",倒很貼切(《曹沫之陳》"從卒使兵""毋從軍"之"從"應指"使……跟從""率領",與《韓非子·難

---

① 過去多讀此種"會"爲"沬",實不可信。參看施瑞峰:《作爲同時證據的諧聲、假借對上古漢語音系構擬的重要性——一項準備性的研究》,《出土文獻》第十三輯,中西書局,2018年,第428、430~431頁。

② 陳劍:《據郭店簡釋讀西周金文一例》,同作者《甲骨金文考釋論集》,第20~38頁。

③ 程鵬萬:《東周"再"字探源》,第八屆出土文獻青年學者國際論壇論文,中興大學,2019年8月14~17日。

④ 范常喜:《方妝各鼎銘"從"字小考》。

⑤ 陳斯鵬、石小力、蘇清芳:《新見金文字編》,第251頁。

⑥ 蘇建洲先生也主張釋《曹沫之陳》此字爲"從",説見其《〈上博楚竹書〉文字及相關問題研究》,萬卷樓圖書股份有限公司,2008年,第43~50頁。

⑦ 馬承源主編:《上海博物館藏戰國楚竹書(四)》釋文考釋,上海古籍出版社,2004年,第262、267頁。

三》"（知氏）滅范、中行而從韓、魏之兵以伐趙"之"從"同意。因爲"卒有長，三軍有帥，邦有君"，各司其職，故長民者"毋從軍"，否則便是僭亂）。但對"众（從）"的字形，我們有不同於范、陳二位先生的分析。（看校樣時按：最近公布的《安徽大學藏戰國竹簡（二）》所收《曹沫之陳》簡 16、32 與上博簡《曹沫之陳》所謂"從"相當之字，其形與"從"不似。此字釋"從"恐有問題，俟再考。）

　　上博簡《緇衣》"從"所从之"众"，恐怕未必是"众"的"省變"。"從"有"重疊""重多"之義（《詩·大雅·既醉》"釐爾女士，從以孫子"之"從"，馬瑞辰引《爾雅·釋詁上》"從，重也"爲釋。[①] 按《爾雅》此條原文作："從、申、神、加、弼、崇，重也。"郭璞注："隨從、弼輔、增崇，皆所以爲重疊。"），"众"的"二'人'相疊"之形正可表此義。若此，"众"就是爲"從"的引申義所造的專字。方娍各鼎和《曹沫之陳》的"众（從）"，實是"二'众'相從"，可看作相從之"从"的繁體。此種"從"字从"四人"，上文引過的段玉裁那段話裏有王逸注《楚辭》曰："二人爲众，四人爲儔。"3.1"𥁕"兩邊的器形簡省得貌似"四人"之"众（從）"，不知道是不是有湊合"四人爲儔（儔）"之意？ 如果這一推測符合事實，3.1 這個"𥁕"的字形就既與其所从出的母字"𥁕"的某一形體相合，又能在一定程度上提示"四人爲儔"的字義，真可謂"一箭雙雕"，是一種匠心獨運的簡化。

2021 年 5 月 9 日草就

2021 年 6 月 27 日小改

---

① （清）馬瑞辰：《毛詩傳箋通釋》，中華書局，1989 年，第 897 頁。

曾侯與編鐘銘文"罷數天下" "營宅塗土"劄記*

岳曉峰

（浙江大學藝術與考古學院）

一、罷 數 天 下

新出曾侯朕（與）M1：1 編鐘銘文云："白（伯）簉（括）上嘗（庸），歴（左）硌（右）文武，達（撻）墅（殷）之命，罷數天下。"其中"罷數"一詞，凡國棟云："讀爲'撫定'，即安撫平定。"①黃錦前同此説。② 李零云："撫奠天下，指周武王定鼎天下，奄有四方。'撫奠'可讀爲'撫定'。'撫定'，古書亦作'敷定'。"③李學勤也指出："'撫'原從'网''無'聲；'定'原從'攴''土'，以'奠'爲聲。《説文》：'撫，安也。''撫定'有如《尚書·盤庚》的'安定'。"④諸位先生將"罷數天下"讀爲"撫定天下"之説可從，上博簡四《曹沫之陳》簡 3 也有語義相近的"攺（撫）有天下"之文。⑤

《楚帛書》乙篇云"思（使）敦奠四亟（極）"，"敦"有讀爲"敷""保""抱"等諸説，其中最有影響的當爲讀作"敷"之説。⑥ "敦"又見於上博簡七《吳命》簡 6："竆（寧）心敦悪（憂），亦佳（惟）

---

* 本文受到"中央高校基本科研業務費專項資金資助"。

① 凡國棟：《曾侯與編鐘銘文柬釋》，《江漢考古》2014 年第 4 期。
② 黃錦前：《曾侯與編鐘銘文讀釋》，《中國國家博物館館刊》2017 年第 3 期。
③ 李零：《文峰塔 M1 出土鐘銘補釋》，《江漢考古》2015 年第 1 期。
④ 李學勤：《正月曾侯朕編鐘銘文前半詳解》，《中原文化研究》2015 年第 4 期。
⑤ 馬承源主編：《上海博物館藏戰國楚竹書（四）》，上海古籍出版社，2004 年，第 245 頁。安大簡二《曹沫之陣》對應的"撫"字，寫作"亡"，從宀從亡。見黃德寬、徐在國主編：《安徽大學藏戰國竹簡（二）》，中西書局，2022 年，第 17 頁。
⑥ 諸家之説可參徐在國：《楚帛書詁林》，安徽大學出版社，2010 年，第 272～274 頁。

吴白(伯)父。”整理者曹錦炎師云:“(敔)讀爲‘撫’(字也見楚帛書,用爲動詞,其義不明)。古音‘撫’爲滂母魚部字,‘孚’爲並母幽部字(從‘孚’聲的‘稃’爲滂母幽部字),兩字聲韻相近可通。‘撫’,安撫。《説文》:‘撫,安也。’”①楚文字“敔”之釋讀,可與同屬楚系文字的曾侯與編鐘銘文相比對。鐘銘“羉(撫)叙(定)天下”與楚帛書“敔奠四亟(極)”正可對應,“羉(撫)叙(定)”與“敔奠(定)”義同,故可推斷楚帛書、《吴命》“敔”之語義皆當以訓“撫定”或“安撫”爲妥。

另,清華簡壹《耆夜》簡7云:“王又(有)脂(旨)酉(酒),我恧(憂)㠯(以)厤。”簡文“厤”字,黄懷信讀爲“駇”,“疑是‘浮’字”。② 高中華云:“‘我憂以浮’,此‘浮’當讀爲‘遊’。‘浮’、‘游’上古音同屬幽部,故得通假。”③劉信芳認爲:“厤,同‘浮’。”④劉光勝云:“不管如何訓詁,‘我憂以浮’句意應爲王有美酒,可以化解我内心的憂愁之意。”⑤季旭昇認爲:“‘我憂以厤’大義謂我的憂愁就傾瀉光了。”⑥鄧佩玲云:“‘厤’應當讀如《鼓鐘》之‘妯’,並且通‘陶’。因此,在古佚詩《晶=(央央)》‘我恧(憂)以厤’一語中,‘恧(憂)’及‘厤(妯/陶)’均是憂鬱心情之描述。”⑦郭永秉則認爲:“‘厤’的意思可以往撫慰、安寧、消除、釋解、傾瀉等多種方向去理解……從語義上看,《耆夜》的‘厤’、《吴命》的‘敔’跟楚帛書‘思(使)敔奠四極’一句的‘敔’,似乎可以統一起來解釋。……從‘孚’聲的‘厤’‘敔’可讀爲一個表示安定、安寧一類意思的詞。曹錦炎先生讀‘撫’的意見,雖然從語義上可以滿足要求,但《晶晶》詩押幽部韻,把‘敔’字讀爲魚部的‘撫’似乎不能非常完滿地解決問題。所以我暫時認爲,《吴命》和楚帛書的‘敔’字以及《耆夜》的‘厤’字,有可能記載的是一個不見於傳世古書的,表示‘安寧’‘安撫’等義的詞,似不能排除這個詞和‘撫’有密切的語源關係。”⑧王輝結合語義和通假實例,認爲“‘敔、厤’似當讀爲‘拊’”,有“安撫”之義。⑨

由上可知,學界關於《耆夜》“厤”之釋義,争議較大。有讀爲“浮”“遊”“妯”“拊”等諸説。⑩ 其中,郭永秉之説尤其值得注意。郭文已注意到“敔”“厤”可讀爲一個表示安定、安寧一類意思的詞,並與“撫”表“安寧”“安撫”之間存在語義關聯。關於“敔”“厤”的釋讀問

① 馬承源主編:《上海博物館藏戰國楚竹書(七)》,上海古籍出版社,2008年,第319頁。

② 黄懷信:《清華簡〈耆夜〉句解》,《文物》2012年第1期。

③ 高中華:《讀清華簡劄記二則》,《文藝評論》2011年第12期。

④ 劉信芳:《清華藏簡(壹)試讀》,《古文字研究》第二十九輯,中華書局,2012年,第566頁。

⑤ 劉光勝:《清華大學藏戰國竹簡(壹)整理研究》,上海古籍出版社,2016年,第75頁。

⑥ 季旭昇主編:《〈清華大學藏戰國竹簡(壹)讀本》,藝文印書館,2013年,第129頁。

⑦ 鄧佩玲:《讀清華簡〈耆夜〉所見古佚詩小識》,陳致主編:《簡帛·經典·古史》,上海古籍出版社,2013年,第225頁。

⑧ 郭永秉:《清華簡〈耆夜〉詩試解二則》,同作者《古文字與古文獻論集續編》,上海古籍出版社,2015年,第256~257頁。

⑨ 王輝:《楚帛書“敔”“厤”補釋》,《古文字研究》第三十三輯,中華書局,2020年,第369頁。

⑩ 王輝也詳細羅列了學者對“敔”“厤”的釋讀觀點,可參看王輝《楚帛書“敔”“厤”補釋》,第368頁。

題,張崇禮也有專文討論。其文認爲上博簡《吴命》的"敇"和清華簡《耆夜》的"厥"皆可讀爲"拂",訓爲除去、排除義。而楚帛書的"敇"則當訓爲輔正義。① 張文將《吴命》與楚帛書中的"敇"作了兩種不同的釋義。由前文可知,"敇"與"撫"的語義關聯,已得到曾侯與編鐘銘文的驗證。今據楚帛書、《吴命》之"敇"語義與"撫"相近,也可推斷同从"孚"旁之"厥",語義也可訓安撫之義。② "我悥(憂)㠯(以)厥(撫)",即我的憂愁得到了撫慰。

附帶提一下,清華簡叁《説命上》簡 5～6 有"敚(説)于韋(韋)伐遽(失)宔(仲),一豖乃覾(旋)保以遒(逝),迺遽(踐),邑人皆從,一豖陞(隨)宔(仲)之自行,是爲赤敇之戎。"整理者李學勤認爲"赤"讀爲"赦","敇"讀爲"俘","戎"指兵事。③ 劉國忠認爲:"'戎'可以直接解釋爲戎人,'赤敇之戎'可能是指戎人的一支。"④簡文"赤敇"或爲戎人的一支,"敇"讀爲"俘",音理可通,只是不必訓爲"俘虜"義,僅爲戎名而已。

二、營宅漼土

曾侯與鐘銘文又云:"王遣命南公,營宅漼土,君庇淮夷,臨有江夏。""漼土"一詞,凡國棟云:"讀爲汭。指河流會合或彎曲的地方。"⑤李學勤云:"我懷疑所謂'汭上'正足今隨州一帶。"⑥董珊云:"據'臨有江夏'文,銘文'汭'字是指夏汭,即漢水入長江處。"⑦陳

① 張崇禮:《釋楚文字"敇"和"厥"》,復旦大學出土文獻與古文字研究中心網,2018 年 1 月 28 日。

② 除上引曾侯與編鐘銘文"罴"、上博簡第四《曹沫之陳》"改"、安大簡二《曹沫之陣》"亡"讀爲"撫"外,清華簡叁《祝辭》簡 3～5 有三處云"㠯頟"者,"㠯",整理者讀爲"撫",訓爲"循"(見清華大學出土文獻研究與保護中心編,李學勤主編:《清華大學藏戰國竹簡(叁)》,中西書局,2012 年,第 165 頁)。清華簡拾壹《五紀》簡 88 云"四曰弄",整理者讀爲"撫"(詳見清華大學出土文獻研究與保護中心編,黄德寬主編:《清華大學藏戰國竹簡(拾壹)》,中西書局,2021 年,第 121～122 頁)。清華簡伍《命訓》簡 11 又有"秅(撫)之以季(惠)","秅"則从禾从亡。清華簡叁《赤鵠之集湯之屋》簡 6 有"襪"字,整理者認爲:"疑讀爲'撫',《説文》:'安也。'"(見清華大學出土文獻研究與保護中心編,李學勤主編:《清華大學藏戰國竹簡(叁)》,中西書局,2012 年,第 169 頁。不過,"襪"的釋讀尚有争議)清華簡玖《治政之道》簡 26 云"欽教以撫之","撫"作"敜",整理者讀爲"撫",訓爲"安撫"義(見清華大學出土文獻研究與保護中心編,黄德寬主編:《清華大學藏戰國竹簡(玖)》,第 140 頁,中西書局,2019 年)。可見,楚文字中"撫"多从"亡"聲或"無"聲,則"敇""厥"二字與"撫"未必爲語音通假關係,或當从郭永秉之説,屬同義詞範疇。至於"敇""厥"二字形究竟對應上古漢語哪個與"撫"義近之詞,也可再進一步探討。

③ 清華大學出土文獻研究與保護中心編,李學勤主編:《清華大學藏戰國竹簡(叁)》,中西書局,2012 年,第 122～124 頁。

④ 劉國忠:《清華簡〈傅説之命〉别解二則》,《出土文獻》第三輯,中西書局,2012 年,第 49 頁。

⑤ 凡國棟:《曾侯與編鐘銘文銘文束釋》。

⑥ 李學勤:《曾侯朕(與)編鐘銘文前半讀》,《江漢考古》2014 年第 4 期。

⑦ 董珊:《隨州文峰塔 M1 出土三種曾侯與編鐘銘文考釋》,復旦大學出土文獻與古文字中心網,2014 年 10 月 4 日。

劍認爲"所謂'汭土'之釋可疑,疑應釋爲'沃(右下原增从'土'旁)土'"。① 李零則云："'汭土',汭从内聲,内同入,古人多以音訓釋爲'水所入也',這裏泛指湞水注漢、漢水注江的地區。"②陳偉認爲："'汭'應讀爲'裔'……'裔'通常指邊遠之地……引申又可指周邊族群。"③黄傑從陳偉"裔土"之説。④ 魏棟云："鐘銘'汭'字並非一個特定地名,'汭土'也非專有地名用詞,當指一區域範圍。'汭土'的性質如同《國語·周語上》'流在裔土'之'裔土'及《楚辭·九章·哀郢》'哀州土之平樂兮'之'州土'。"⑤王恩田認爲："本銘的'汭土'前未加河流名,應是地名或國名。……'汭土'即隨國的本土。"⑥黄錦前則認爲銘文"汭土"非具體地名,"'縈宅汭土',即在河流會合處建都營邑"。⑦

可見,關於"坔土"一詞,學者有"汭土""沃土"及"裔土"諸説。綜合字形及諸家觀點,我們認爲"坔土"當爲"汭土",義爲"水邊之地"。

《詩經·大雅·公劉》云："夾其皇澗,遡其過澗。止旅乃密,芮鞫之即。""芮鞫",毛傳云："芮,水厓也。鞫,究也。"鄭箋云："芮之言内也。水之内曰隩,水之外曰鞫。公劉居豳既安,軍旅之役止,士卒乃安,亦就澗水之内外而居,脩田事也。"⑧廖名春在總結已有觀點基礎上,認爲"芮鞫(阮)"可讀爲"軜軥",疑指代馬車。⑨ 廖先生的觀點與毛傳、鄭箋有别。不過,結合新出曾侯與鐘銘文,我們認爲"芮"當讀爲"汭","芮鞫之即"義爲就居於水邊之地。

而《公劉》"止旅乃密,芮鞫之即"正與曾侯與鐘"營宅汭土"相近。"止旅乃密",鄭箋："公劉居豳既安,軍旅之役止,士卒乃安。"吳闓生云："旅,衆也。密,安也。"⑩馬瑞辰認爲："旅、廬古通用,旅當讀如'十里有廬'之廬。廬,寄也,謂民既寄廬於此,乃見其繁密也。"⑪此"旅"與"軍旅"及"衆"無涉,馬氏將其訓"寄"之説較妥,然不必破讀爲"廬"。"旅"本有止義。《公劉》："京師之野,于時處處,于時廬旅,于時言言,于時語語。"段玉裁《説文解字注》"旅"條下云："凡言羈旅,義取乎廬。廬,寄也。故《大雅》'廬旅'猶處

① 董珊：《隨州文峰塔 M1 出土三種曾侯與編鐘銘文考釋》,2014 年 10 月 5 日陳劍評論。

② 李零：《文峰塔 M1 出土鐘銘補釋》。

③ 陳偉：《曾侯腆編鐘"汭土"試説》,《江漢考古》2015 年第 1 期。

④ 黄傑：《隨州文峰塔曾侯與編鐘銘文補釋》,簡帛網,2019 年 8 月 12 日。

⑤ 魏棟：《隨州文峰塔曾侯與墓 A 組編鐘銘文拾遺》,《中國國家博物館館刊》2016 年第 9 期。

⑥ 王恩田：《曾侯與編鐘釋讀訂補》,《出土文獻研究》第十五輯,中西書局,2016 年,第 50 頁。

⑦ 黄錦前：《曾侯與編鐘銘文讀釋》。

⑧ (清) 阮元校刻：《十三經注疏(清嘉慶刊本)·毛詩正義》,中華書局,2009 年,第 1171 頁。

⑨ 廖名春：《〈詩·大雅·公劉〉篇七考》,陳致主編：《簡帛·經典·古史》,上海古籍出版社,2013 年,第 95 頁。

⑩ 吳闓生著、蔣天樞、章培恒校點：《詩義會通》,中西書局,2012 年,第 244 頁。

⑪ (清) 馬瑞辰撰,陳金生點校：《毛詩傳箋通釋》,中華書局,1989 年,第 912 頁。

處、言言、語語也。"①"盧""旅"二字義近,故連言則猶"處處"。古人常就水而居,《公劉》"芮"從"内"旁,故可讀作"汭"。"芮(汭)鞫"也當與水涯有關,二者屬於同義連言,應如鄭箋所云僅爲水内水外之别。"止旅乃密,芮鞫之即",義爲靠近水邊之地,居處安寧。

又,上博簡二《子羔》簡 12 云:"句(后)稷之母,有訮(邰)氏之女也,遊於玄咎(丘)之内。""玄咎(丘)之内",白於藍云:"'内'有時候不一定就是針對某種封閉性的建築而言的,而只是與'外'相對的一個概念,如'一國之内'……這些'内'只是就某一區域或範圍而言。所以,若從這方面來看,'玄丘之内'也是可以理解的。"②廖名春同意白於藍的觀點,認爲"'玄丘之内'即'玄丘之中'"。③ 陳偉則認爲:"'内',疑讀爲'汭'。在白於藍先生引述的漢晉文獻中,均稱玄丘爲水。如《史記·三代世表》褚先生引《詩傳》作'玄丘水',《列女傳·契母簡狄》作'玄丘之水'。將'内'讀爲'汭',訓作水邊之地,應該是恰當的。"④結合曾侯與編鐘銘文"汭土"及《公劉》"芮鞫",我們認爲陳偉將"内"讀爲"汭"之説更爲合適,"玄丘之汭"即傳世文獻所云"玄丘之水"。⑤

① (清) 段玉裁注:《説文解字注》,上海古籍出版社,1988 年第 2 版,第 312 頁。

② 白於藍:《"玄咎"考》,同作者《拾遺録——出土文獻研究》,科學出版社,2017 年,第 293 頁。

③ 廖名春:《〈子羔〉篇感生簡文考釋》,朱淵清、廖名春主編:《上博館藏戰國楚竹書研究續編》,上海書店出版社,2004 年,第 27 頁。

④ 陳偉:《〈上海博物館藏戰國楚竹書(二)〉零釋》,《武漢大學學報(哲學社會科學版)》2004 年第 4 期。

⑤ 關於"咎"字釋讀,張富海先生認爲"簡文'咎'字也是一種建築的名稱,它所表示的詞應該就是金文從九、從宫之字所表示的詞,只不過前者是假借字,後者是本字"(詳見張富海:《上博簡〈子羔〉篇"后稷之母"節考釋》,朱淵清、廖名春主編:《上博館藏戰國楚竹書研究續編》,上海書店出版社,2004 年,第 48 頁。其説又見張富海《金文從宫從九之字補説》,《古文字研究》第二十九輯,中華書局,2012 年,第 284 頁)。張文觀點承蒙鄔可晶先生在"古文字與出土文獻青年學者西湖論壇(2021)"報告會上告知。同時,郭永秉先生在報告會上指出"玄咎"之"咎"或可讀爲表"水邊地"之義的"皋"。特在此對兩位先生及報告會上爲拙文提出意見的其他與會專家一并表示感謝。又,范常喜先生認爲"'玄咎'可能當讀作'玄奥'。簡文'玄咎(奥)之内'即'奥内',喻指幽深隱奥之處。"見范常喜:《馬王堆醫簡〈十問〉"三咎"與上博楚簡〈子羔〉"玄咎"合證》,《簡帛》第二十二輯,上海古籍出版社,2021 年,第 197 頁。

燕璽"潮汕山金貞鍴"考釋*

周 波

（復旦大學出土文獻與古文字研究中心
"古文字與中華文明傳承發展工程"協同攻關創新平臺）

一

《古璽彙編》①0363 號爲一方燕璽，又見《故宮博物院藏古璽印選》頁 18 及《尊古齋古璽集林第二集》4.1 等。此印爲柱鈕、印面爲長條形，上有陽文 6 字，作"AB 山金貞鍴"。從其形制、辭例來看，應爲官璽無疑。關於其印文，以往有不少釋讀意見，迄今未有定釋。最近，與此印有關的古文字考釋續有推進，在這一背景之下，我們準備對此印文字再做討論，以就正於方家。

印文 A、B 兩字分別作如下之形：

其中首字又見燕私璽（《璽彙》2508），形作，用作人名。首字右部所从之 應爲聲符，其作爲偏旁又見燕私璽，形作，用作人名。② 三晉私璽有用作姓氏之，私人所藏

* 本文已刊載於《中國文字》2022 年春夏卷。本文初稿曾蒙曹錦炎先生、陳劍先生、吳良寶先生、李曉傑先生、鄔可晶先生、楊智宇先生及審稿專家批評指正，謹向各位師友致以謝意。又本文爲"古文字與中華文明傳承發展工程"資助項目"戰國題銘分系分國編年整理與研究"（項目編號：C3216）、國家社科基金冷門"絕學"和國別史等研究項目"戰國至秦漢時代雜項類銘文的整理與研究"（項目編號：2018VJX006）階段性成果。

① 羅福頤主編：《古璽彙編》，文物出版社，1981 年。以下簡稱《璽彙》。
② 參吳振武：《燕國銘刻中的"泉"字》，《華學》第二輯，中山大學出版社，1996 年，第 47 頁。

梁十九年鼎亦見此字,形作 [字形] ,①均从 [字形] 聲。

陳漢平先生在《屠龍絕緒》“釋潮”一節中最早將 [字形] 、 [字形] 、 [字形] 等字與古文字 [字形] (潮)聯繫起來。他指出:古陶文有字作 [字形] ,《古陶文香録》釋爲“舟”,未確。從古文字从水諸字來看,知 [字形] 字所从爲水形,此水形中部从一橫將字上下二分之,表示潮汐之消長,故此字當釋爲潮汐之“潮”,此爲象形兼會意字。《説文》 [字形] 字从舟作,即爲从 [字形] 之字形譌變。《古璽文編》有數字从 [字形] 作,俱收入附録而未釋。 [字形] 、 [字形] 从水从 [字形] ,當釋爲“潬”“潮”。 [字形] 、 [字形] 與朝歌右庫戈“朝”作 [字形] 同,知爲“朝”“輈”字。 [字形] 从日从 [字形] ,知爲朝日、朝陽之“朝”。 [字形] 、 [字形] 从走 [字形] 聲, [字形] 从食 [字形] 聲,均爲姓氏字,當讀爲潮氏之“潮”。 [字形] 字从頁 [字形] 聲,字爲人名,疑讀爲朝向之“朝”。另有 [字形] 字从尺从 [字形] ,未能確釋。②

上引燕璽兩字,朱德熙先生在《戰國文字中所見有關廐的資料》一文中引作“泃谷”,無説。③

何琳儀先生釋爲“泃汕”,讀爲“朝鮮”。其考釋頗簡略,可具引如下:

> 首字可隸定“泃”,其“舟”旁可參照戰國文字“朝”作 [字形] (朝歌戈)、 [字形] (《璽文》7.3)所从“舟”。商周文字“泃”,从“水”,从“舟”,會意。戰國文字“泃”,从“水”,“舟”聲。《集韻》:“泃,水父也。之由切。”第二字从“水”,从“山”,且借用中間豎筆,釋“汕”應無疑義。其中“水”作 [字形] 形,燕璽“泃”作 [字形] (《璽彙》0359)可以類比。“泃”與“汕”均从“水”筆勢小有差異,不足爲奇。“泃汕”,應讀“朝鮮”。“泃”从“舟”得聲,據《説文》“朝”亦从“舟”得聲。故“泃”可讀“朝”。“汕”可讀“鮮”。《史記·朝鮮列傳》集解:“張晏曰,朝鮮有濕水、洌水、汕水,三水合爲洌水,疑樂浪、朝鮮取名於此。”又:“鮮音仙,以有汕水故名也。”“泃汕”即“朝鮮”,均从“水”,應是水名。“汕”爲汕水,“泃”俟後考。戰國文字可證舊注並非子虛。“朝鮮”見《山海經》《管子》等先秦典籍。該璽印面爲長條形,其文字、形製呈典型燕國風格。凡此與《朝鮮列傳》所載燕國東拓朝鮮史實若合符節。④

李家浩先生讚同朱説,亦釋爲“泃谷”。並對“谷”字釋讀有進一步的申説。他舉 [字形]

---

①　參吳振武:《燕國銘刻中的“泉”字補説》,張光裕、黃德寬主編:《古文字學論稿》,安徽大學出版社,2008 年,第 231～232 頁。

②　陳漢平:《屠龍絕緒》,黑龍江教育出版社,1989 年,第 338～339 頁。

③　朱德熙:《戰國文字中所見有關廐的資料》,其著《朱德熙文集》第五卷,商務印書館,1999 年,第 161 頁。

④　何琳儀:《古璽雜識再續》,其著《安徽大學漢語言文字研究叢書·何琳儀卷》,安徽大學出版社,2013 年,第 268 頁。

(言)、⿱（"詹"字省體）等爲例，指出：戰國文字往往把"口"旁寫作"山"字形。其原因在於把某個字所從偏旁的封閉式筆畫，用填實法寫出，造成那個偏旁與另一個字形相同。這些"山"字形的"口"旁，其演變情況爲：⊔→⊔→⊔→⊔→⊔。李文認爲"洀谷山"是地名。燕國文字以"洀"爲地名的，除此印文外，還見兵器銘文"右洀州還（縣）""洀□都"等。在文末"附記"中，李文又改從吳振武先生釋"湶"之説。①

吳振武先生在《燕國銘刻中的"泉"字》一文中指出：將首字聲旁⿰釋爲"舟"，與燕文字及他系戰國文字"舟"字或"舟"旁寫法皆不合，釋爲"洀"不能成立。他將兩字改釋爲"湶（泉）杰（水）"。認爲首字聲旁由⿰（泉）字演變而來，⿰與燕兵器銘文所見⿰旁皆當釋爲"湶（泉）"。吳先生讀"湶杰山"爲"泉水山"。其云：

　　所記山名曰"湶杰"，頗不易考。檢李興焯修《平谷縣志》（天津文竹齋鉛印本，1934年），知今北京市平谷縣境内有泉水山。《志》卷一"山脈"下謂："泉水山，在縣城南八里，下有泉，逆流河發原處也；灌稻田十數頃，民賴其利，有村落名曰稻地。"又同卷"河流"下謂："逆流河，一名小碾河，在縣城南，發源泉水山下，西南流九十九曲入於洀河。"疑璽文"湶杰山"即此泉水山。其"水"字從"山"，當時爲山名而專造的，猶昆侖山或作"崑崙"、空同山或作"崆峒"、繹山或作"嶧"。泉水山所在的位置，當然也在燕國疆域内。②

其後，他在《燕國銘刻中的"泉"字補説》一文中指出：從"原""泉"可相通來看，燕璽的⿰當釋爲"願"；三晉文字⿰、⿰，均當釋爲"趯"。其中前者讀爲爰氏之"爰"；後者相關文句當讀爲"爰爰魯辟"。③

最近，古文字中從"屮（潮）"聲的字已漸爲大家所認識。仔細梳理相關研究史及古文字材料，我們認爲此印首字其實也應釋爲"潮"。

在戰國文字璽印、竹簡、金文中從⿰（川或水形）或"屮"聲之字常見。上引陳漢平先生已將璽印、金文中⿰、⿰、⿰等釋爲"朝"，認爲諸字皆從"淖"或"潮"聲。

近來公布的上博簡《三德》篇，簡16有從"水"從"屮"聲之⿰，相當於《吕氏春秋·上農》的"籥"。陳劍先生由此指出：從"朝"字所從的"川"（此類"朝"字實爲"潮"所造）或變爲"屮"來看，"屮"應該是由"朝/潮"字省略而來的；"屮"之字形本來是由"川"變來的，

---

① 李家浩：《燕國"洀谷山金鼎瑞"補釋》，其著《著名中年語言學家自選集·李家浩卷》，安徽教育出版社，2002年，第150～154頁。

② 吳振武：《燕國銘刻中的"泉"字》，第47～49頁。

③ 吳振武：《燕國銘刻中的"泉"字補説》，第232頁。

但實際上所代表的單字或偏旁是“朝/潮”,“朝/潮”“籥”音近可通。① 後來,清華簡《耆夜》公布,簡10謂蟋蟀“躍降于堂”,“躍”字作,正从“潮”聲。

上引璽印文字“朝”字所从“𠙵”旁已可寫作,上端封口,與我們所討論的首字寫法一致。惟中間筆畫或作橫筆,或作斜筆而已。從“朝”字所从“𠙵”旁來看,後一類寫法即作斜筆更爲常見。鄔可晶、郭永秉二位先生云:“既知‘朝/潮’可省作‘𠙵’而仍表‘朝’音,在充當形聲字的聲旁時也有可能省爲‘’;那麽此種‘’當與‘𠙵’等價,與燕國文字‘泉’雖然同形,彼此實非一字。”②以“”爲“𠙵”,可從;認爲燕文字“𠙵”“泉”同形,則恐有疑問。燕文字“泉州”之“湶(泉)”見兵器銘文,形作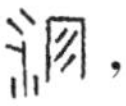,所从“泉”旁中間爲平行書寫的三斜筆,示意泉水湧出。這種斜筆寫法的“泉”也常見於戰國竹簡、金文、璽印等。而燕文字與寫法有别,且來源不同,恐非一字。

西周金文“朝”“廟”字書作、、、等形,其表意部分形作、、,皆象水流之形。諸家多認爲這一表意部分即“朝/潮”字象形初文,可從。西周金文“盜”字書作(般觥,西周早期)、(五祀㝬鐘,西周晚期)、(逑盤,西周晚期)等形。春秋早期的秦公鐘、鎛“盜”字書作(秦公鐘)、(秦公鎛)等形。石鼓文《汧殹》“籃”字作、傳抄古文碧落碑“盜”字作。從早期金文來看,“盜”字左上作,保留有“火(倒書)”旁,整字應是一个圖形式表意字。諸家多以爲其意是把熔化的金屬注入器範,用爲盜竊之“盜”乃是其假借用法。③ 值得注意的是,“盜”左上象銷熔金屬流液的“川/水”形,到了西周晚期以後(如逑盤,秦公鐘、鎛)已經變形音化作“朝/潮”形了。④“朝/潮”“盜”皆爲定母宵部,音近可通。

到了戰國時代,“文字異形”現象嚴重,作“川/水”形的“朝/潮”變體亦頗多。鄔可晶、郭永秉據清華簡《耆夜》簡10“躍”字作,指出上舉三晉文字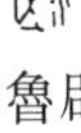、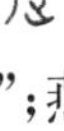亦从“𠙵”聲,應即竹簡所見之“躍”,其中新見梁十九年鼎相關文句可讀爲“綽綽魯辟”;燕璽从“頁”之

① 參魏宜輝:《説“盜”》,《語言研究》2014年第1期,第38頁。

② 鄔可晶、郭永秉:《從楚文字“原”的異體談到三晉的原地與原姓》,《出土文獻》第十一輯,中西書局,2017年,第237頁。

③ 參蔣玉斌:《釋西周春秋金文中的“討”》,《古文字研究》第二十九輯,中華書局,2012年,第274～279頁;魏宜輝:《説“盜”》,《語言研究》2014年第1期,第37～39頁;张富海:《試説“盜”字的來源》,《中國文字學報》第六輯,商務印書館,2015年,第101～103頁;鄔可晶:《釋“鑠”》,《出土文獻與古文字研究》第九輯,上海古籍出版社,2020年,第104～118頁。

④ 參蔣玉斌:《釋西周春秋金文中的“討”》,第274～279頁;魏宜輝:《説“盜”》,第37～39頁。

字，可能即"籲"字異體。[①] 釋从"走"之字爲"躍"及金文"綽綽"均較舊説合理，應可信從。燕璽从"頁"之字从"卅"聲應無疑問，其本字爲何則仍俟後考。

值得注意的是，這幾例从"卅"之字，皆寫作[字形]，與璽印文字"朝"字所从[字形]相合。燕陶文有[字形]（《陶文圖録》4.186.3），用作人名。此形上不封口，與上舉古文字"朝"所从"卅"、[字形]所从"卅"一致，中間三筆均作上下阻隔之形，與[字形]、[字形]一致。

從上述"朝""廟""躍"字所从[字形]（川或水形）或"卅"形來看，"朝/潮"字象形初文從西周金文發展到戰國文字，可能經歷了如下訛變、規整化的過程：[字形]、[字形]、[字形]→[字形]、[字形]、[字形]→[字形]→[字形]、[字形]、[字形]。諸形中[字形]變爲[字形]，上端封口，已與"泉"字寫法接近，但左右仍保留有流水彎曲之形。而由[字形]再進一步筆畫規整化作[字形]、[字形]，則與"泉"字寫法相類同。從目前所見資料來看，燕文字中[字形]（朝/潮）與[字形]（㴱/泉），構形之差異僅在於中間三筆的位置關係，即前者作上下阻隔之形，後者爲三斜筆。如果沒有三晉金文"躍"字所从之[字形]這一中間環節及古璽"朝"字所从之[字形]作爲證據，恐怕難以截然將[字形]、[字形]兩字區分開來。從這一現象來看，我們認爲在戰國時代作爲偏旁的"朝/潮""㴱/泉"可能確實有混同的現象存在。

鄔可晶、郭永秉二位先生未討論上舉燕璽从"水"之字，或是以燕文字"卅""泉"同形，而將之看作"㴱（泉）"了。從之前的討論來看，燕文字"泉""卅"構形仍有區別，從上舉諸从"卅"之字寫法並結合文例來看，將[字形]看作"卅"字更爲妥當。燕文字"泉"既可書作"㴱"，上博簡《三德》又有从"水""卅"聲之[字形]，以之作爲參考，燕璽、竹簡所見从"水"从"卅"之字自然可以一并看作"潮"字異體。

<h2 style="text-align:center">二</h2>

"潮"字即釋出，則何琳儀先生將燕璽前兩字地名釋爲"洀（朝）汕（鮮）"的觀點無疑更值得重視。

燕璽 B 字，以往多釋爲"谷"。《説文》："谷，泉出通川爲谷。从水半見，出於口。""谷"字或"谷"旁從甲骨文到戰國文字均常見，形作[字形]、[字形]（以上見甲骨）、[字形]（金文）、[字形]（古璽）、[字形]（楚簡）、[字形]（秦簡）。從古文字來看，"谷"上從重"八"形之[字形]，下爲"口"形，其結構寫法穩定。"谷"上所从之[字形]，與一般"水"形有別。甲骨文[字形]既作爲偏旁，也獨立成

① 鄔可晶、郭永秉：《從楚文字"原"的異體談到三晉的原地與原姓》，第 237 頁。

字。關於此形，或認爲表示"兩山分處""山谷兩分"，或認爲表示"開豁的阬谷、溝壑"。① B 與上舉"谷"字或"谷"旁差異較大，釋爲"谷"是有問題的。

從印文本身及燕文字來看，B 應釋爲"杰"。燕文字"沟"或作 （《集成》10461）、（《璽彙》359），"水"旁寫作重"八"之形，與上形一致。A 下一字"山"作 ，明顯與上字所從寫法一致。燕璽"山"作 （《璽彙》3849），"甾"作 （《璽彙》3820），"山"或"山"旁寫法均與上舉燕璽兩字一致。戰國文字"昆（魏）"或作 （《珍秦齋藏印·戰國篇》151）、（《璽彙》3053），不僅"山"旁寫法與上舉燕璽相合，"每""山"兩旁共用中間豎筆，也與"杰"字構形一致。

"杰"字或以爲從"水"聲，或以爲從"山"聲。吳文以爲從"水"聲，顯然與其將首字釋爲"淉（泉）"密切相關。現在看來，將印文地名讀爲"泉水山"，以爲即今北京市平谷縣之泉水山，不僅於字形不合，其書證之時代亦過晚，恐不可信。

聯繫戰國時燕國史實，我們認爲"杰"當看作"汕"字異體，燕璽地名"潮汕"應從何文讀爲"朝鮮"。

燕璽首字，何又誤釋爲"淉"，又據《說文》"朝（朝）"從"舟"聲讀爲"朝"。現在看來，"朝（朝）"本從"屮"聲，"舟"乃後起譌變之形。印文讀爲同聲符之"朝"，自無疑問。《史記·宋微子世家》："於是武王乃封箕子於朝鮮而不臣也。"索隱："潮仙二音。地因水爲名也。"《史記·朝鮮列傳》"朝鮮"下集解："張晏曰，朝鮮有濕水、洌水、汕水，三水合爲洌水，疑樂浪、朝鮮取名於此。"又："朝，音潮，直驕反。鮮，音仙。以有汕水，故名也。"《史記·蘇秦列傳》"燕東有朝鮮、遼東"下索隱："朝鮮，音潮仙，二水名。"依舊說"朝鮮"二字均爲水名，其中"鮮"即名自汕水。燕璽二字均從"水"，書作"潮汕"，正與古注相合。據此，我們認爲"潮汕"就應當讀爲"朝鮮"。

戰國中晚期，燕國曾一度佔據遼東、遼西及朝鮮北部，這在傳世典籍及出土文獻中皆有不少證據。

《戰國策·燕策一》"蘇秦將爲從北說燕文侯"章："蘇秦將爲從，北說燕文侯曰：'燕東有朝鮮、遼東，北有林胡、樓煩，西有雲中、九原，南有嘑沱、易水。'"《史記·蘇秦列傳》："游燕，歲餘而後得見。說燕文侯曰：'燕東有朝鮮、遼東，北有林胡、樓煩，西有雲中、九原，南有嘑沱、易水。'"《史記·六國年表》將"蘇秦說燕"繫於燕文公二十八年，即公元前 334 年。《史記·朝鮮列傳》："朝鮮王滿者，故燕人也。自始全燕時，嘗略屬真番、朝鮮，爲置吏，築鄣塞。秦滅燕，屬遼東外徼。漢興，爲其遠難守，復修遼東故塞，至

---

① 鄔可晶：《說金文"贅"及相關之字》，《出土文獻與古文字研究》第五輯，上海古籍出版社，2013 年，第 224～225 頁。

洱水爲界。"索隱:"始全燕時,謂六國燕方全盛之時。"又引如淳注曰:"燕嘗略二國以屬己也。"學者多以爲"全燕時"指燕昭王之時。《三國志·魏志》:"侯準既僭號稱王,爲燕亡人衛滿所攻奪。"裴松之注引《魏略》曰:"昔箕子之後朝鮮侯,見周衰,燕自尊爲王,欲東略地,朝鮮侯亦自稱爲王,欲興兵逆擊燕以尊周室。其大夫禮諫之,乃止。使禮西説燕,燕止之,不攻。後子孫稍驕虐,燕乃遣將秦開攻其西方,取地二千餘里,至滿番汗爲界,朝鮮遂弱。"其中"洱水"指今朝鮮之清江川。關於"滿番汗"的具體所指,學界有不同的意見。主要有兩種觀點:一種觀點以朝鮮學者丁鏞、李丙燾爲代表,認爲"滿番汗"指"滿"和"番汗"兩地,"番汗"即《漢書·地理志》遼東郡的屬縣番汗,"滿"可能是《漢書·地理志》遼東郡的屬縣"文"(《續漢書·郡國志》寫作"汶")之訛。[1] 另一種觀點以王綿厚先生爲代表,認爲"滿番汗"的"滿"指"衛滿","滿番汗"表示衛滿時期的"番汗"。[2] 總之,至少可以確定"滿番汗"中的"番汗"可能與遼東郡番汗縣有關,位於今朝鮮鴨綠江南岸今清川江下游。《史記·匈奴列傳》:"(趙武靈王胡服騎射)其後燕有賢將秦開,爲質于胡,胡甚信之。歸而襲破走東胡,東胡卻千餘里。與荊軻刺秦王秦舞陽者,開之孫也。燕亦築長城,自造陽至襄平。置上谷、漁陽、右北平、遼西、遼東郡以拒胡。"考古調查表明,燕北境長城從内蒙古赤峰向東延續,經河北、北京、遼寧,一直延伸到今朝鮮境内。關於"秦開",吕祖謙《大事記解題》卷四云:"秦開不知當燕何君之世,然秦武陽乃開之孫,計其年,或在昭王時。"陳平先生推測,秦開能替燕爲質於胡,恐非一般燕將,應當是燕昭王很重要而親近的直系親屬。[3] 可知燕國拓土朝鮮,或在燕昭王之世。

考古發現也能爲此提供部分證據。燕明刀在朝鮮半島北部北起慈江道、平安北道、平安南道,南至全羅南道均有大量出土,其遺跡大體集中在清川江爲中心略靠北一帶區域。[4] 李學勤先生曾指出,其傳入的時代當在戰國末年,"戰國時燕國全盛,境至遼東一帶,詳見《史記·朝鮮列傳》"。[5] 戴建兵先生則認爲這一現象應與"戰國末期燕國不斷在古朝鮮國境外發起攻勢,大將秦開曾奪取古朝鮮西部千餘里領土有關"。[6] 燕明刀在朝

[1] (朝)李丙燾著,周一良譯:《真番郡考(續)》,《禹貢》第二卷第7期,1934年,第22~28頁;又《真番郡考(續)》,《禹貢》第二卷第10期,1935年,第28~39頁。

[2] 王綿厚:《燕秦漢"遼東故塞"諸問題考論——從對〈史記〉一段文字的釋讀談起》,《社會科學戰綫》2014年第7期,第222~223頁。

[3] 陳平:《燕史紀事編年會按》下册,北京大學出版社,1995年,第213頁。

[4] 戴建兵:《淺議中國與朝鮮的貨幣文化交流》,中國中外關係史學會編:《登州與海上絲綢之路——登州與海上絲綢之路國際學術研討會論文集》,人民出版社,2008年,第309頁。

[5] 李學勤:《沖繩出土明刀論介》,《中國錢幣》1999年第2期,第5頁。

[6] 戴建兵:《淺議中國與朝鮮的貨幣文化交流》,第309頁。

鮮北部的大量出土,正與史籍所載戰國中晚期燕國拓土朝鮮相合。

從戰國中晚期燕國轄境來看,燕璽地名"潮汕"讀爲"朝鮮"並無問題。這裏的"朝鮮"即《史記·朝鮮列傳》所見"真番、朝鮮"之箕子"朝鮮",轄今朝鮮清川江以北大片區域。

三

接下來討論印文"山金貞鍴"諸字的釋讀問題。

何文謂"山金"即"山銅",見《管子·國准》"益利搏流,出山金立幣"。這是很有可能的。先秦出土及傳世文獻之"金"一般指銅而言。《詩·魯頌·泮水》:"元龜象齒,大賂南金。"曾伯黍簠(《集成》4631):"抑燮繁陽,金道錫行。"兩"金"皆指銅。

傳世及出土文獻中有關"山金"的資料常見。《管子·山權數》:"湯以莊山之金鑄幣,……禹以歷山之金鑄幣。"又曰:"梁山之陽綪絧夜石之幣天下無有。"《管子·山至數》:"君有山,山有金以立幣。"《管子·國蓄》:"君有山海之金。"《管子·輕重乙》:"山生金木無息。"《管子·地數》:"地之東西二萬八千里,南北二萬六千里。其出水者八千里,受水者八千里。出銅之山四白六十七山,出鐵之山三千六百九山。"又《史記·佞幸列傳》:"賜鄧通蜀嚴道銅山,得自鑄錢。鄧氏錢布天下。"《鹽鐵論·力耕》:"禹以歷山之金,湯以莊山之銅,鑄幣以贖其民,而天下稱仁。"從上引文獻來看,"山金"可能即指"山銅"。

傳世及出土文獻亦見"采山銅""采山"。《史記·封禪書》:"黃帝采首山銅,鑄鼎于荊山下。"《漢書·蒯通傳》:"采山銅以爲錢,煮海水以爲鹽。"睡虎地秦簡《秦律雜抄》簡21:"采山重殿,貲嗇夫一甲。"《文選·吳都賦》:"煮海爲鹽,采山鑄錢。""采山銅"指開采銅礦;"采山"則泛指開采礦産。關於"山",馬非百《管子輕重篇新詮》"山國軌"下注云:"《漢書·楊敞傳》:'惲遷中郎將。郎官故事:令郎出錢市財用給文書,迺得出,名曰山郎。'張晏注曰:'山,財用之所出,故取名焉。'《釋名》:'山,産也。産萬物者也。'《鹽鐵論·禁耕篇》亦云:'山海者財用之寶也。'據此,則凡物産所生,財用所出者,皆可名之爲山,乃漢人之習俗。本篇及《山權數》《山至數》,皆係專言物産財用者。且篇中所論又多直接與山有關。……"[1]則"山"亦可泛指財用、物産之所出。

"朝鮮"多山地,其北部銅礦蘊藏量極爲豐富,是我們所熟知的。我們認爲燕璽"山金"之"山"既可能指一般意義之山、山地,也可能是泛指某地之所出,其中後一説文獻更爲豐富,似更有可能。與"山"相應,"山金"之"金",則有可能指銅礦或泛指礦産。總之,將燕璽"山金"看作"山銅",以爲"朝鮮"所出銅礦或其他礦産,也與上述現實情況正合。

---

① 馬非百:《管子輕重篇新詮》,中華書局,2018年,第262頁。

燕璽“山金”後之“貞”,舊多以爲“鼎”字省體。李學勤先生認爲“金貞(鼎)”可能與冶鑄業有關。① 李家浩先生從之,更進一步指出:“在燕國兵器銘文中,有用長條形印戳打印在陶范上鑄成的文字。《古璽彙編》50 頁著録的 0292 號‘詩都市鉏’方印,大概是打印鑄造‘鉏’這種器皿的陶范的印戳。‘洦谷山金貞(鼎)鍴(瑞)’,顯然跟這類印戳的作用相同,應該是洦谷山的冶鑄作坊用來打印鑄造銅鼎的陶范的印戳。”② 何琳儀先生則認爲:“貞”即信,“貞鍴”讀“貞瑞”,猶“信璽”。③

按李文所舉的燕國長條形印戳,最常見格式爲“陶工某”,或省作“陶某”,也有不少帶紀年的如十七年、廿年等。這些印戳與“詩都市鉏”顯然都屬於物勒工名性質。“朝鮮山金貞鍴(瑞)”,其形制、辭例與燕“外司聖(聲)鍴(瑞)”“大司徒長勹(符?)鍴(瑞)”“易(陽)文(門)身(信)鍴(瑞)”皆近,當爲官印無疑。李說恐有問題。何文謂“貞瑞”猶“信璽”,從“身(信)鍴(瑞)”來看,是有可能的。不過,“貞”多訓誠信、守約,這與璽印中“信”表印信、憑證仍有隔閡。

燕璽又有“右朱(廚)貞鍴(瑞)”(《璽彙》0329),筆者認爲兩例“貞”有可能均應讀爲“正”。古書多以“正”爲“貞”之聲訓,出土文獻中兩聲相通之例亦不少見。④ “貞”沒有問題可以讀爲“正”。《國語·周語中》:“至於王吏,則皆官正菑事,上卿監之。”韋昭注:“正,長也。”出土及傳世戰國秦漢文獻中以“正”爲官名者極常見。齊璽有“陶正”(《古璽彙考》50),楚璽有“五渚正”(《璽彙》0343),楚簡多見“某某縣正”,皆可參看。《漢書·百官公卿表》:“廷尉,秦官,掌刑辟,有正、左右監,秩皆千石。”《漢官舊儀》卷上:“廷尉正、監,平物故,以御史高第補之。”又《漢舊儀》卷上:“東門、西門長史物故,廷尉正、監守。”“廷尉正”爲廷尉之屬官。張家山漢簡《二年律令·秩律》簡 444 有“丞相長史正、監”,爲丞相長史之屬官。燕璽中除“正”外,亦有“長”,見“大司徒長勹(符?)叕(瑞)”(《璽彙》0022)。⑤ 從上述資料來看,燕璽“右廚正”既有可能是“右廚”之長,也有可能是“右廚”之屬官。與之相應,“山金正”或“金正”之“正”也有上述兩種可能。

趙平安先生曾指出,此方燕璽中的“金”應是職官的名稱,“大約和《漢書·地理志》桂陽郡的金官相當,置於地方負責守護和開采金礦”。⑥ 現在看來印文“山金正”或“金

① 李學勤:《東周與秦代文明》,上海人民出版社,2007 年,第 254 頁。
② 李家浩:《燕國“洦谷山金鼎瑞”補釋》,第 155～156 頁。
③ 何琳儀:《古璽雜識再續》,第 268 頁。
④ 白於藍編著:《戰國秦漢簡帛古書通假字彙纂》,福建人民出版社,2012 年,第 723、755 頁。
⑤ “叕(瑞)”字釋讀參劉雲:《戰國文字考釋三則》,復旦大學出土文獻與古文字研究中心編:《戰國文字的回顧與展望》,中西書局,2017 年,第 145～148 頁。
⑥ 趙平安:《燕國長條形陽文璽中的所謂襯字問題》,其著《金文釋讀與文明探索》,上海古籍出版社,2011 年,第 236 頁。

正",大概可以與秦漢之"銅官""采金"等職官相參看。

《漢書·地理志》郡國常見"銅官""鐵官",分別爲負責當地銅礦、鐵礦開采之官吏。至於《漢書·地理志》桂陽郡之"金官",唯此一見,舊有"黃金之官""鐵官"等多種觀點。王福昌先生認爲此"金官"是兼管多種礦産采鑄之官。[①] 不過,西漢以來之文獻"金"或指銅,或指黃金。《漢書·地理志》丹揚郡下謂"有銅官",與桂陽郡下謂"有金官"正相應。比較而言,筆者更傾向於認爲此"金官"指負責金礦開采之官。

戰國秦及秦代中央及地方亦置有"采鐵""采金"等。秦印封泥有"西采金印""郹采金丞""采赤金丞""采金府印""采銀""采青丞印""采司空印"。[②] 睡虎地秦簡《秦律雜抄》有"左采鐵""右采鐵"。從秦簡中兩鐵官與"大(太)官""左府""右府"並列,可知應爲中央所置,均屬少府。印文"赤金"專指銅礦而言,"采赤金丞"爲掌管開采銅礦官長之副手。嶽麓秦簡(柒)簡 2003 有"郡徒隸少員者,各作之其郡采金、采鐵、鹽官",[③]這裏的"采金"官署爲郡所設。比較而言,秦出土文獻中的"采金"或指銅礦及其他礦産。"采金府"應爲中央專設管理各地銅礦開采之機構。"采銀"應爲秦所設開采銀礦之機構或職官。"采青",見李斯《諫逐客書》:"必秦國之所生然後可,則是……江南金錫不爲用,西蜀丹青不爲采。""采青丞",應是主管開采青礦石官長之副手。"采司空",舊有多説。《秦封泥集》認爲"采司空"主采礦,與《周禮》中"卝人"同。[④] 周曉陸等先生將之與"采山""采鐵"相比較,認爲是少府屬官。[⑤] 趙平安先生認爲此官"職責是管理采邑的工匠勞役"。[⑥] 王偉先生則認爲"采司空應爲掌管開采各種礦産資源的機構"。[⑦] 從諸例及秦漢各種"司空"官來看,"采司空"應是負責監管開礦刑徒之官長或官署。以上官名或機構,均應屬少府。"西采金""郹采金丞"當分別爲秦西縣、郹縣(或郹地)負責銅礦開采之官長、官長副貳。其中秦兵器銘文中西縣作爲鑄造地常見,應與其地多産銅、鐵等礦,因而有較爲成熟的冶鑄手工業有關。兩官很可能均是秦中央在地方所設中都官機構,亦直屬於少府。

漢代亦有"采金""采銀"之官,見《漢書·食貨志》:"疾其末者絶其本,宜罷采珠玉金

---

① 王福昌:《西漢桂陽郡"金官"考辨》,《中國歷史地理論叢》1999 年第 3 期,第 44、114 頁。

② 參王偉:《秦璽印封泥職官地理研究》,中國社會科學出版社,2014 年,第 168 頁。

③ 參王博凱:《長沙走馬樓西漢簡所見"采銅"瑣議》,《出土文獻》2020 年第 3 期,第 100 頁。

④ 周曉陸、路東之編著:《秦封泥集》,三秦出版社,2005 年,第 162 頁。

⑤ 周曉陸、路東之、龐睿:《秦代封泥的重大發現——夢齋藏秦封泥的初步研究》,《考古與文物》1997 年第 1 期,第 38 頁。

⑥ 趙平安:《秦西漢印章研究》,上海古籍出版社,2012 年,第 31 頁。

⑦ 王偉:《秦璽印封泥職官地理研究》,第 167 頁。

銀鑄錢之官,毋復以爲幣。"西漢封泥也見"楚采銅丞"①"采銅"。② 新出走馬樓西漢簡爲武帝時期長沙國行政文書,其簡文有"采銅長齊""采銅丞驕""壽陵采銅""采銅"。王博凱先生據之認爲"采銅"應爲直屬漢中央的都官,設有長、丞等屬官,其職能不僅涉及開采銅礦,可能還包括選礦、冶煉及監督刑徒勞作等。③ 這裏的"壽陵采銅"正可與上引秦之"西采金""鄅采金"相參看,均屬中都官。王文謂"采銅"職能兼有"監督刑徒勞作等",未知確否。從秦封泥來看,"采金(銅)""采司空"爲兩官,後者專門負責監管開礦之刑徒。

齊璽有"長金之璽"(《璽彙》223、224),"長金"亦與燕璽印文相關。此印曹錦炎先生有詳考。其云:"長金,職官名,職掌金屬等庫藏之官。即見於《周禮》之'職金'。《周禮·秋官·職金》:'掌凡金玉錫石丹青之戒令。受其入征者,辨其物之媺惡與其數量,楬而璽之。入其金錫于爲兵器之府,入其玉石丹青于守藏之府。'據此,'長金'之官需分辨入征的金屬等物品的數量和好壞,'楬而璽之',故有專門之印。"④

按《周禮》主持開采、收藏之事者分爲"丱人""職金"二官。《周禮·地官·丱人》:"丱人掌金玉錫石之地。而爲之厲禁以守之。若以時取之。則物其地圖而授之。巡其禁令。"《周禮·秋官·職金》孔穎達疏:"此數種同出於山,故職金總主其戒令。若然,地官丱人已主,又職金主之者,彼官主其取,此官主其藏,故二官共主之也。"燕璽"山金正"或"金正"爲主管當地銅礦或其他礦產之官,這與《周禮》所載"丱人"執掌更爲接近。《周禮》"職金"爲主內府財貨守藏之官,齊璽"長金"執掌恐不一定與之相合。"長"者,主管、執掌。"正"亦長也。唯前者爲動詞,後者爲名詞,"山金正"或"金正"與"長金"官名結構不同而已。據上文所論,筆者認爲齊璽"長金"或即負責銅礦(或泛指礦產)開采之官長,與燕璽"山金正"或"金正"、《周禮》"丱人"屬同一性質之職官。

綜上所論,此方燕璽當釋爲"潮(朝)汕(鮮)山金貞(正)鍴(瑞)",乃主管燕據朝鮮所出銅礦或其他礦產官長所用之信璽。

---

① 周曉陸主編:《二十世紀出土璽印集成》,中華書局,2010年,第496頁。

② 孫慰祖主編:《兩漢官印匯考》,大業公司、上海書畫出版社,1993年,第203頁。

③ 王博凱:《長沙走馬樓西漢簡所見"采銅"瑣議》,第98～105頁。

④ 曹錦炎:《古璽通論(修訂本)》,浙江大學出版社,2017年,第161頁。

璽印考釋兩篇*

王挺斌

（浙江大學漢語史研究中心　文學院）

一

《古璽彙編》0141：

這是一方楚璽，首字不識，原釋爲“□官之鉨”。① 首字目前影響力較大的説法爲“褁”，最早由湯餘惠先生提出。他將該字摹寫爲“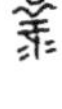”，並説：

字上从“”爲衣之上半，楚文字衣旁每省寫，信陽簡作（褁、襄等字所从）省略上半，與此省略下半者性質相同。字中所从爲“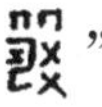”之古文，魏襄城方肩尖足布此旁作（《吉大》440）、（《吉大》441）等形，又“襄险司寇”璽作，此旁的這種寫法應即金文（衛鼎乙字所从）、（穌甫人匜襄字所从）的變體，字下的“”爲戰國文字所習見的點飾。

璽文“褁官”疑當讀爲“纕官”。《玉篇》：“纕，帶也。”屈原《離騷》：“既替余

*　本文受到國家社科基金重大項目“東漢至唐朝出土文獻漢語用字研究”（項目編號：21&ZD295）、浙江省哲學社會科學規劃課題“利用新出秦漢簡帛校讀秦漢古書”（項目編號：21NDQN220YB）、中央高校基本科研業務費專項資金的資助。寫作過程中得到趙平安師、魏宜輝、鄔可晶、郭永秉、石小力等先生的幫助，謹致謝忱！

①　羅福頤主編：《古璽彙編》，文物出版社，1981年，第24頁。以下簡稱《璽彙》。

以蕙纕兮,又申之以攬茝。"王逸《楚辭章句》:"纕,佩帶。"纕官可能與衣帶的製作與管理有關。①

其主要思路是和璽印文字中的""""""等進行聯繫認同,字形的解釋與職官的考證均有一定的道理,不少研究者信從此説。② 何琳儀先生在釋"襄"的基礎上進而讀爲"喪"或"葬","襄官"即"喪官"或"葬官",引《左傳》定公十五年:"葬定公,雨,不克襄事,禮也。"③牛濟普先生也釋爲"襄",但未進一步解釋"襄官"的職掌。④ 肖毅先生贊成釋"襄",但認爲意思待考。⑤ 程燕先生並録湯餘惠與何琳儀兩位先生的説法,未作按斷。⑥《戰國文字字形表》將該字收於"襄"字之下。⑦

當然也有一些其他説法。陳漢平先生曾將該字摹作"",釋爲"彔",讀成"禄":

> 古璽文有字作(0214 行～之璽),(0141～官之璽),舊不識,《古璽文編》收入附録。

> 按江陵楚簡緑字作、二體,所從與上列古璽文二字相同。又古璽文禄字或作,據此知上二體古璽文當釋爲彔,讀爲禄。璽文"行禄之璽""禄官之璽"俱爲當時禄官之印信。⑧

後來,林清源先生將該字直接釋爲"彔","彔官"讀爲"麓官",即管理山林、苑囿的官吏,《説文·林部》:"麓,守山林吏也。"《國語·晉語九》:"主將適螻,而麓不聞。"韋昭注:"麓,主君苑囿之官。"⑨從字形上看,釋"彔"比釋"彔"更爲直接,但仍未得到學術界的普遍認可,學者仍有疑問;⑩近些年新出的文字編如《戰國文字編(修訂本)》等在"彔"下仍

---

① 湯餘惠:《略論戰國文字形體研究中的幾個問題》,《古文字研究》第十五輯,中華書局,1986 年,第 57 頁。

② 黃錫全:《古文字中所見楚官府官名輯證》,《文物研究》第七輯,黃山書社,1991 年,第 230 頁。劉暢主編:《中國篆刻全集》,黑龍江美術出版社,2000 年,第 20 頁。劉暢主編:《先秦印風》,重慶出版社,2011 年,第 35 頁。施謝捷:《古璽彙考》,安徽大學博士學位論文,2006 年,第 160 頁。陳光田:《戰國璽印分域研究》,嶽麓書社,2009 年,第 150 頁。胡長春:《戰國璽印》,人民出版社,2020 年,第 624 頁。

③ 何琳儀:《戰國古文字典》,中華書局,1989 年,第 690～691 頁。

④ 牛濟普:《楚系官璽例舉》,《中原文物》1992 年第 2 期,第 90～94 頁。

⑤ 肖毅:《古璽所見楚系官府官名考略》,《江漢考古》2001 年第 2 期,第 42 頁。肖毅:《古璽文分域研究》,崇文書局,2018 年,第 155、474 頁。

⑥ 程燕:《戰國典制研究——職官篇》,安徽大學出版社,2018 年,第 616 頁。

⑦ 徐在國、程燕、張振謙編著:《戰國文字字形表》,上海古籍出版社,2017 年,第 1054 頁。

⑧ 陳漢平:《古文字釋叢》,《出土文獻研究》第一輯,文物出版社,1985 年,第 237 頁。

⑨ 林清源:《楚官璽考釋(五篇)》,《中國文字》新廿二輯,藝文印書館,1997 年,第 215～218 頁。

⑩ 曹錦炎:《古璽通論(修訂本)》,浙江大學出版社,2017 年,第 121 頁。

未列出上揭《古璽彙編》0141 首字。①

　　我們贊成釋“裛”之說。釋“襄”之說的根基在於璽印文字中的“”諸字，但這並非楚璽“襄”字寫法。楚系文字“襄”字一般寫作：

信陽楚簡 2.9　　　　清華簡《繫年》簡 44　　　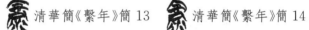清華簡《趙簡子》簡 8

《璽彙》0309

楚系文字“裛”字一般寫作：

包山簡 145　　　　清華簡《繫年》簡 13　　　清華簡《繫年》簡 14

清華簡《管仲》簡 26　　　清華簡《治政之道》簡 35

《璽彙》0214

《鶴廬印存》104

《泉堂古璽印存》②

研究者們未敢確定《璽彙》0141 首字爲“裛”的最大疑惑在於該字的上部圓圈。其實，有的印譜這個圓圈並不存在，如：

《十鐘山房印舉》舉之一·古鉩二·六③

《十鐘山房印舉選》①

不難發現,首字上部類似圓圈的部件正是楚文字"彔"之上部,試比對:

一個短橫與一個長橫兩端筆畫可能是泐痕或刻畫失誤所致。總之,該字釋"宲"當無疑問。肖毅先生的《古璽文分域研究》還曾引到一方印:

《印章陳列大觀》頁 3②

首字仍然是"宲",釋文當爲"宲官之鉨"。

釋義方面,我們認爲無需破讀爲"麓",也不必讀爲"禄",如字解釋即可。"宲"之本義及用例,需要聯繫新出戰國竹書。

清華簡《治政之道》簡 35 有文句作:

> ……[種]不登,寶定倉宲,是以不實,車馬不完,兵甲不修,其民乃寡以
> 不正。

"寶定倉宲",整理者注釋:

> 定,即"庫"。府庫,《孟子·梁惠王下》:"凶年饑歲,君之民老弱轉乎溝壑,
> 壯者散而之四方者幾千人矣;而君之倉廩實、府庫充,有司莫以告,是上慢而殘
> 下也。"宲,糧倉,典籍作"鹿"。《國語·吳語》"市無赤米,而囷鹿空虛",韋注:
> "員曰囷,方曰鹿。"③

此説甚確。石小力先生指出:

> 宲,从宀,彔聲,其構字方式與"定、寶"是一致的,本義應該就指糧倉,應該

① 上海書畫出版社編:《十鐘山房印舉選》,上海書畫出版社,2012 年,第 6 頁。

② 肖毅:《古璽文分域研究》,第 474 頁。

③ 清華大學出土文獻研究與保護中心編,李學勤主編:《清華大學藏戰國竹簡(玖)》,中西書局,2019 年,第 142 頁。

就是文獻“困鹿”之“鹿”的本字,《國語》作“鹿”乃是借字。①

他認爲,《璽彙》0214 與《鶴廬印存》104“行寮”應爲給旅行之人提供糧食的倉廩,其性質與楚璽中的機構“行府”“行宮”類似。以往將“行寮”讀爲“衡麓”雖然可行,但是與當時的用字習慣不合,楚璽“行”讀爲“衡”的情況較爲少見。② 相比之下,用“寮”之本義亦即倉廩義來釋讀璽文,可謂直截了當。

同樣,“寮”之本義也適用於我們所討論的這方楚璽。又據楚璽“計官之鉩”(《璽彙》0137、0138、0139、0140)、“宰官之鉩”(《璽彙》0142)、“伍官之鉩”(《璽彙》0135)、“正官之鉩”(《璽彙》0136)等文例,我們認爲《璽彙》0141“寮官之鉩”即倉廩之官的印信。

最後補充一點,傳世古書中其實已有“寮”之異體,即“庮”。《玉篇·广部》:“庮,庚也,倉也。”《廣雅·釋宮》:“庮,倉也。”清人王念孫説:“通作‘鹿’。《吳語》‘困鹿空虛’,韋昭注云:‘員曰困,方曰鹿。’《廣韻》引賈逵注云:‘鹿,庚也。’”③將來我們在做釋文時,處理爲“寮(庮)”也未嘗不可。

二

《印典》(一)154:

首字原釋爲“蒽”,整方印即“蒽安世印”。④

“蒽”字在先秦兩漢傳世古書中出現的次數十分有限,即《論語·泰伯》“恭而無禮則勞,慎而無禮則蒽,勇而無禮則亂”、《大戴禮記·曾子立事》“人言善而色蒽焉,近於不説其言”、《後漢書·班彪列傳下》所録班固《典引》“雖云優慎,無乃蒽歟”,詞義多爲畏懼、害怕,亦即畏蒽之“蒽”。此字古今又未見用作姓氏之例,這方私印釋作“蒽安世印”頗爲可疑。

---

① 石小力:《楚璽“行寮”新説》,《漢語字詞關係研究(二)》,中西書局,2021 年,第 229~232 頁。

② “衡麓”這個釋讀可參吳振武:《戰國璽印中的“虞”和“衡鹿”》,《江漢考古》1991年第 1 期,第 87 頁。

③ (清)王念孫:《廣雅疏證》,中華書局,2004 年,第 120 頁。

④ 康殷、仕兆鳳:《印典》(一),河北美術出版社,1989 年,第 154 頁。

我們認爲,這方印當釋爲"惠安世印"。①

馬王堆漢墓簡帛中有如下一字:

一號墓竹簡遣册簡 158

整理報告原釋讀爲"蒽(蕙)一笥",亦即三號墓竹簡遣册 165/185 之"惠(蕙)":

三號墓竹簡遣册簡 165/185

伊强先生曾在《馬王堆三號漢墓遣策文字考釋》中指出:

> "蒽",簡 185 原字形作""(木牌 31"蒽"字寫法與之相同),一號漢墓簡
> 158 原字形作""。這兩個字形實可釋爲"惠"。"惠",睡虎地秦簡《爲政之
> 道》簡 2 寫作"",馬王堆帛書《戰國縱橫家書》133 行寫作"",將這兩個
> 字形所從"叀"上部的"屮"與下邊部分斷開,就變成了""這種寫法。因此,
> 簡 185 的"蒽"應釋爲"惠",讀作"蕙"。在小篆和早期隸書中,"叀"上部的
> "屮"形,與"中"寫法一致;在作爲偏旁用時,"屮"和"艸"又有通用的情況。
> 加之,簡文"惠"(蕙)指的是一種草,因此,""又可以寫成上從艸(草)的""
> 形。而"",單從字形上看,就與"畏懼"義(《玉篇·艸部》)的"蒽"字同形了。
> 一號漢墓簡 158 的"蒽"實是"惠"字,亦讀作"蕙"。②

袁金平先生又指出,寫成"蒽"形的"惠"在戰國文字就已存在,如新蔡簡甲三 213""、
乙四 12"",用作"惠王"之"惠"。③ 此外,馬王堆帛書《戰國縱橫家書》行 249"惠王"之
"惠"寫作"",一號墓簽牌 43"蕙笥"之"蕙"寫作""。《英國國家圖書館藏斯坦因
所獲未刊漢文簡牘》3604(圖版壹壹叁)與 3660(圖版壹壹柒)即《蒼頡篇》文句,張存良先
生把相關字形誤釋爲畏蒽之"蒽";④王寧先生則據北大漢簡《蒼頡篇》版本異文而改釋爲

---

① 準確來説,秦漢時代的"惠"往往寫作"恵",但是"恵"早已不用,本文直接用現在的通行字"惠"表示。

② 伊强:《馬王堆三號漢墓遣策文字考釋》,《出土文獻與古文字研究》第一輯,復旦大學出版社,2006 年,第
344 頁。

③ 袁金平:《新蔡葛陵楚簡字詞考釋三則》,《寧夏大學學報(人文社會科學版)》2009 年第 3 期,第 12 頁。

④ 張存良:《〈蒼頡篇〉研讀獻芹(一)》,簡帛網,2015 年 11 月 24 日。張存良:《〈蒼頡篇〉研讀獻芹(二)》,簡帛
網,2015 年 11 月 26 日。

寬惠之“惠”。①《漢魏南北朝墓誌彙編》82 魏王紹墓誌“若夫皎潔之性，琁碧慚其光；淵懿之聲，蘭蕙惡其采”，“蕙”作“𧶠”，也用作“蕙”，梁春勝先生引隋梁邕墓誌“馥如蘭蕙，璨若珪璋”以爲證，還指出《可洪音義》卷二六《集今古佛道論衡》卷丁音義“蕙蒵”之“蕙”寫作“蒠”。②

　　從“艸”的“蒠”既可以用作“惠”也可以用作“蕙”，那麼這個字到底是“惠”還是“蕙”？“惠”字有時可以寫作“思”，上博簡《命》簡 5“不以厶（私）思厶（私）悁內（入）于王門”中“思”寫作“𢖓”，“厶（私）思”即“私惠”。武威漢簡《乙本服傳》簡 29“緦”（首字）寫作“繐”。古書中“惠”也有寫作“思”的情況，如《古今同姓名録》卷上引《竹書紀年》“王恢，一，魏思成王時”，“思”爲“惠”字之誤；③《説苑·雜言》“東郭子惠問於子貢”之“惠”，《尚書大傳·略説》作“思”，向宗魯先生説：“《尚書大傳·略説》‘思’字乃‘惠’字之譌，《通鑒外紀》卷九用《大傳》正作‘惠’。”④那麼“思”加“艸”的“蒠”自然也有可能是“蕙”。但是這種看法帶有一定的或然性，藉助字形省譌現象來分析畢竟還是過於特殊；更重要的是，秦漢文字中主要還是用“惠”來記録“蕙”，北大漢簡《妄稽》簡 35“苣蕙連房”與《反淫》簡 15“卑（薜）離（荔）要（幽）蕙”之“蕙”均用作“蕙”，上面提到的馬王堆三號墓竹簡遣册簡 165/185 也是用“惠”來記録“蕙”。因而從用字習慣上考慮，我們還是傾同把“蒠”看作“惠”之異體。上述“蒠”用作“蕙”諸例當理解爲“蒠（惠—蕙）”，“蒠”“惠”是異體關係，“惠”“蕙”則是假借關係。

　　《印典》（一）154 之“蒠”，也是用作“惠”的。“惠”是古姓，《通志·氏族略四》：“惠氏，姬姓，周惠王支孫，以謐爲氏。戰國有惠施，爲梁伯。漢有交趾太守惠乘，太僕惠根。宋惠演，舉進士第。望出扶風、琅邪。”《增訂漢印文字徵》卷四·十一“惠”字頭下收録了三方“惠”姓私印，即“惠悘之印”“惠殷之印”“惠隆私印”。所以，《印典》（一）154 這方印可以直接釋爲“惠安世印”。

　　最後，我們再來討論一下《説文》“惠”之古文“𠅾”。它可能是上部呈“屮”的“惠”换作从“卉”，亦即“惠”的異體。也有可能“𠅾”本來就是“蕙”，按理“蕙”上部本當呈現“艸”，但是“𠅾”卻變成“屮”，這正如“薄”字或作“𧀒”（張家山漢簡《奏讞書》簡 207）、“𧀒”（張家山漢簡《二年律令》簡 457）、“𧀒”（馬王堆帛書《相馬經》行 27）、“𧀒”（馬王

---

① 王寧：《英藏未刊〈蒼頡篇〉“寬蒠”辨》，簡帛網，2016 年 1 月 31 日。
② 梁春勝：《楷書部件演變研究》，復旦大學出版社，2013 年，第 388～389 頁。
③ 方詩銘、王修齡：《古本竹書紀年輯證》，上海古籍出版社，1981 年，第 158 頁。
④ 向宗魯：《説苑校證》，中華書局，1987 年，第 425 頁。

堆帛書《養生方》行128),類似的演變字例還有"貢""桑""華"等;①而"惠""蕙"關係密切,可以通用。後一種的可能性較大,相對來説直接一些。

附:

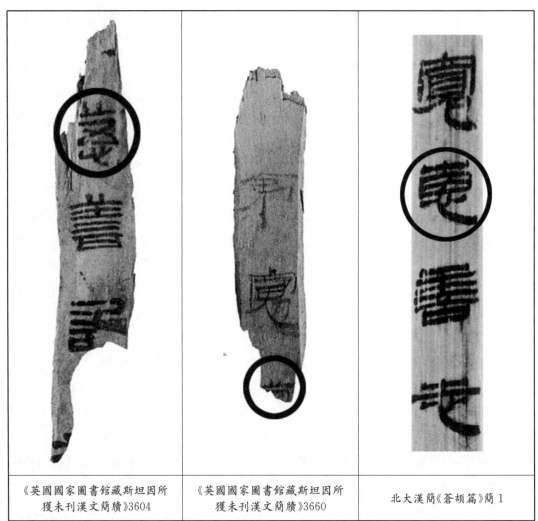

| 《英國國家圖書館藏斯坦因所獲未刊漢文簡牘》3604 | 《英國國家圖書館藏斯坦因所獲未刊漢文簡牘》3660 | 北大漢簡《蒼頡篇》簡1 |

---

① 這類"∴""∵""∶"演變的情況,我們曾有文章集中談及,詳王挺斌:《北大漢簡〈妄稽〉〈反淫〉研讀札記》,《簡帛語言文字研究》第九輯,巴蜀書社,2017年,第90~91頁。

三晉私璽複姓述考（九篇）

石連坤

（中國美術學院）

　　三晉私璽在戰國古璽中數量最爲龐大，其中豐富的姓氏材料有助於我們了解先秦時期的姓氏文化，梳理各類姓氏的淵源是一項很有意義的工作。對三晉私璽姓氏的考察，一方面，可以爲古代各類姓書的著録提供直接的證據，另一方面，還可以補充其未曾收録的姓氏。此外，古代姓書對姓氏的考察有時並不準確，我們可以通過古代私璽的研究對其作出訂正。本文以三晉私璽中的複姓爲例，展開討論。

一、公　　乘

　　《古璽彙編》[①]著録有以下古璽：

公乘高，《璽彙》4068　　　　　公乘畫，《璽彙》4069

　　公乘氏，《通志·氏族略》：“古爵也。久居是爵者，子孫氏焉。”[②]《姓氏考略》：“秦爵二十，八曰公乘。久居是爵者，子孫以爲氏，見《通志·氏族略》。”《古今姓氏書辯證》僅列漢代以來公乘氏數人，不明所出。[③]

　　秦國置二十等爵以賞軍功，始於公元前356年商鞅在秦國實行第一次變法，第八等爲

① 羅福頤主編：《古璽彙編》，文物出版社，1981年。以下簡稱《璽彙》。

② （宋）鄭樵：《通志二十略》，中華書局，1995年，第157～158頁。

③ （宋）鄧名世：《古今姓氏書辯證》，江西人民出版社，2006年，第18頁。

"公乘"。《姓氏考略》據此認爲"公乘氏"出於秦爵。然劉向《説苑·善説》云:"魏文侯與大夫飲酒,使公乘不仁爲觴政,曰:'飲不釂者,浮以大白。'文侯飲而不盡釂,公乘不仁舉白浮君。君視而不應。侍者曰:'不仁退,君已醉矣。'公乘不仁曰:'《周書》曰'前車覆,後車戒',蓋言其危。爲人臣者不易,爲君亦不易。今君已設令,令不行,可乎?'君曰:'善!'舉白而飲,飲畢,曰:'以公乘不仁爲上客。'"①據《説苑》,公乘不仁爲魏文侯(前 472~前 396)時人,早於商鞅,可知"公乘氏"非如《姓氏考略》所言出於秦爵,而是在戰國或更早以前即已產生。

又《韓非子》云:"張譴相韓,病將死。公乘無正懷三十金而問其疾。居一月,君問張譴曰:'若子死,將誰使代子?'答曰:'無正重法而畏上,雖然,不如公子食我之得民也。'張譴死,因相公乘無正。"②據《韓非子》,是公乘無正與商鞅同時,或略早於商鞅,爲韓國官員,此也能説明"公乘氏"非源於秦爵。

按"公乘"本指兵車,見《左傳》文公二年:"囚呼,萊駒失戈,狼瞫取戈以斬囚,禽之以從公乘,遂以爲右。"楊伯峻注:"擒萊駒而追襄公之車以從之也。"③楊伯峻《春秋左傳詞典》"公乘"條:"諸侯之兵車。"又《墨子·號令》:"官吏、豪傑與計堅守者,十人及城上吏比五官者,皆賜公乘。"④此段言守城之事,"公乘"亦應爲兵車。"公乘氏"或源於此。

由此可見,商鞅變法以前未有公乘之爵位,故《通志》《姓氏考略》所言"公乘氏"之起源皆有誤。

附帶指出,齊也有公乘氏,作"公𤙗(乘)",見《璽彙》,據文字風格可以確定爲齊系。⑤ 秦印有"公乘聚",見《印典》。至於秦"公乘氏"之由來是源於兵車名還是秦爵名,有待進一步考證。

齊,公𤙗(乘)胥,《璽彙》3554　　秦,公乘聚,《印典》頁1743

二、公　孟

《古璽彙考》⑥著録有以下古璽:

① （漢）劉向:《説苑》卷十一,漢魏叢書第 20 册。

② 鍾哲:《韓非子集解》,中華書局,1998 年,第 178 頁。

③ 楊伯峻:《春秋左傳注》,中華書局,2009 年第 3 版,第 519 頁。

④ 吳毓江:《墨子校注》,中華書局,1993 年,第 917 頁。

⑤ 詳見吳振武:《古璽姓氏考(複姓十五篇)》,《出土文獻研究》1998 年第 1 期,第 76~77 頁。

⑥ 施謝捷:《古璽彙考》,安徽大學博士論文,2006 年。

公孟敀，頁308

公孟氏，《元和姓纂》：“衛襄公生公孟縶。縶生丹，爲公孟氏。”①《古今姓氏書辯證》：“出自姬姓，衛襄公生公子縶，字公孟，以疾不得嗣。其孫彄，以王父字爲氏。其宗人奔齊，爲公孟綽。”②以“公孟”爲氏皆謂衛襄公子縶之後代，一説爲其子丹，一説爲其孫彄。

《公羊傳疏》昭公二十年：“秋，盜殺衛侯之兄輒。”何休注：“輒，《左氏》作‘縶’。”《漢書•五行志》：“盜殺衛侯兄。”顏師古注：“衛靈公兄也，名縶，二十年爲齊豹所殺。”可知縶爲衛靈公之兄。

《左傳》定公十二年：“衛公孟彄帥師伐曹。”杜預注云：“彄，孟縶子。”孔穎達正義曰：“《世族譜》云：‘孟縶無子，靈公以其子彄爲之後也。’爲後則爲其子，故云‘孟縶子’。此實公孫而不稱公孫者，縶字公孟，故即以公孟爲氏。”可知公孟彄實爲靈公之子，公孟縶無子，靈公以其子彄過繼於縶，彄遂以縶之字“公孟”爲氏。可見《古今姓氏書辯證》云“其孫”乃“其子”之誤。《元和姓纂》謂“縶生丹”亦不確。

公孟彄後因衛國内亂出奔鄭國，又自鄭奔齊；後回到衛國，五年後再次出奔齊國。《左傳》哀公九年：“九年春，齊侯使公孟綽辭師于吳。”③公孟綽應爲公孟彄之後。

由上可知，“公孟氏”源出衛國，屬“以字爲氏”。“公孟氏”目前僅見於晉系私璽。

三、枯　　成

《璽彙》著録有以下古璽：

枯成臣，《璽彙》4049　　枯成戌，《璽彙》4050　　枯成盟（臧），《璽彙》4051

“枯成”氏，即“苦成”氏，又作“古成”“姑成”。《潛夫論•志氏姓》：“苦成，城名也，在鹽池東北。後人書之或爲‘枯’；齊人聞其音，則書之曰‘庫成’；燉煌見其字，呼之曰‘車

① （唐）林寶：《元和姓纂》，中華書局，1994年，第38頁。

② （宋）鄧名世：《古今姓氏書辯證》，第21頁。

③ 楊伯峻．《春秋左傳注》，第1652頁。

成';其在漢陽者,不喜'枯''苦'之字,則更書之曰'古成氏'。"按鹽池爲晉地,今山西運城。可見"枯成"乃以地名得氏。《潛夫論》謂"燉煌見其字,呼之曰'車成'",亦見《廣韻》十四清"成"字注云:"晉戊己校尉燉煌車成將,古成氏之後。"

又,《國語·吳語》有越大夫"苦成",《春秋繁露·對膠西王問篇》引作"車成",也是人名。或以爲其後代以之爲複姓,恐不確。

又,《通志·氏族略》:"姬姓,郤犨別封於苦,爲苦成子。《潛夫論》:'苦成,城名,在鹽池東北。'然此城因苦成子之封而得苦成城之名,其實,'成',謚也。"①《通志》所言"郤犨別封於苦",雖不知何據,且"成"爲郤犨之謚亦未見於文獻。但"苦成"作爲複姓來源於郤犨之説卻得到了出土文獻的證明。《上海博物館藏戰國楚竹書》中有《姑成家父》篇,内容與春秋中期晉國三郤,即郤錡、郤犨、郤至有關,與《左傳》《國語》等或相同相近,或不同。整理者指出,"姑成"讀爲"苦成":"'苦'爲魚部溪鈕,'姑'爲魚部見鈕,兩字疊韻,見、溪旁鈕,可通。"②姑成家父即郤犨,可見《通志》所言確有其本。

《戰國策》有"苦成常"。秦印有"苦成襄""古成勝",見《珍秦齋藏印·秦印篇》。漢印有"苦成樂",見《印典》。

漢,苦成樂,《印典》頁106

譚其驤《中國歷史地圖集》標有"苦成"地名,在今山西運城東北,由此可見其當爲郤犨之封地,其後子孫遂以地名爲氏。

"苦成"所在位置　　　　上博簡《姑成家父》

---

① (宋) 鄭樵:《通志二十略》,第83頁。

② 馬承源主編:《上海博物館藏戰國楚簡(五)》,上海古籍出版社,2008年,第241頁。

四、陽　城

《璽彙》著録有以下古璽：

陽城,《璽彙》5575　　　陽城高,《璽彙》4042　　　陽城瘠,《璽彙》4043

陽城氏,《通志·氏族略》作"陽成",歸於"凡複姓有不知其詳本者",列陽成氏數人,又云:"'成'或作'城'。"①《姓氏考略》:"以所封邑爲氏,漢世多此姓。"《古璽通論》:"'陽城'原係周之陽城邑,春秋時屬鄭,戰國時歸韓。……1977年,考古工作者發現了韓國的陽城故城,城址在今河南登封縣告城鎮,出土的陶量器上有'陽城''陽城倉器'印文。可證。"②"陽城"屬"以邑爲氏"。三晉官璽有"陽城府",見《古璽彙考》頁108;"陽城冢",見《璽彙》4047。

楚國也有陽城,《包山楚簡》簡120有"昜城""昜成",③"城""成"混用,則《通志》所言"成"或作"城"亦有所本。然三晉古璽中有近二十方"陽城"氏私璽,幾乎全部作"陽城",④至秦漢以後,則轉作"陽成",秦印有"陽成安""陽成邵",見《秦印文字彙編(增訂本)》。漢印有"陽成秋印""陽成嬰",見《印典》。

昜城,《包山楚簡》簡120　　　陽成,《包山楚簡》簡120

漢,陽成秋印,《印典》頁2872　　　漢,陽成嬰,《印典》頁2872

---

① (宋)鄭樵:《通志二十略》,第204頁。

② 曹錦炎:《古璽通論(修訂版)》,浙江大學出版社,2017年,第196～197頁。

③ 吳良寶:《說包山簡中的"陽城公"》,《中國文字學報》第三輯,商務印書館,2010年,第122～126頁。

④ 僅三方私璽似作"陽成",但此三璽有殘破,不能確定原來是"成"還是"城"。

五、少　　曲

《璽彙》《古璽彙考》著録有以下古璽：

少曲敢,《璽彙》3404　　　　　少曲祭,《古璽彙考》頁294

少曲氏,諸姓書無載,而作爲地名經常出現。

少曲位於少水(即沁水)之曲,今河南省濟源市西北,春秋早期屬東周王室,中期開始屬晉,三家分晉後屬韓。

《史記·蘇秦列傳》:"秦正告韓曰:'我起乎少曲,一日而斷大行。我起乎宜陽而觸平陽,二日而莫不盡繇。'正義:"(少曲)在懷州河陽縣西北,解在《范雎傳》。"①

《史記·范雎蔡澤列傳》:"秦昭王之四十二年,東伐韓少曲、高平,拔之。"索隱:"蘇云:'起少曲,一日而斷太行',故劉氏以爲蓋在太行西南。"②

"少曲"所在位置

1980年出土的温縣盟書 WT1K2:159 曰:"所徒敢爲絑(縣)書于小(少)匸(曲)

---

① (漢)司馬遷:《史記·蘇秦列傳》,中華書局,1959年,第2744頁。

② (漢)司馬遷:《史記·范雎蔡澤列傳》,第2916頁。

者……"。温縣盟書主盟者爲春秋晚期晉國六卿之一的韓簡子,故此時少曲應屬韓氏勢力範圍。

"少曲"在戰國兵器和錢幣中亦經常出現,兵器如"十二年少曲令戈"(《集成》11355)、"少曲令戈"(《秦西垂陵區》134),錢幣如"少曲市半"(《中國錢幣》2014.4[9]圖2)、"少曲市南""少曲市中""少曲市左""少曲市西"(《大系》32~61)等。

雲夢睡虎地秦簡《編年紀》:"(秦昭襄王)卅一年,攻邢丘。卅二年,攻少曲。"整理者注:"少曲,韓地,今河南濟源東北少水彎曲處。"

故"少曲氏"應源於晉地,屬"以地爲氏"。"少曲氏"目前僅見於晉系私璽。

雖然此氏未流傳於後世,至諸姓書無載,但在漢印中仍有保留,如"少曲合衆、少曲子孟"(兩面印)、"少曲況印"等,見《印典》。

少曲合衆、少曲子孟,《印典》頁181　　　　少曲況印,《印典》頁2559

六、虘　丘

《璽彙》著録有以下古璽:

虘丘隍(地),《璽彙》3056　　　　虘丘疠,《璽彙》3433

虘丘複姓,典籍又作"吾丘""吾邱""虞丘""虞邱"等。楚簡"吾"作"虘"習見,郭店簡《老子》甲:"虘勇(强)爲之名曰大。"整理者注:"虘,從虍聲,讀作'吾'。"吾、虞亦係通假,《墨子·三辯》引《詩·召南·騶虞》作"騶吾"。[1]《山海經·海内北經》:"有珍獸……名曰騶吾。"郭璞注:"吾宜作虞也。"

虞丘本周代邑名,後因楚大夫封於此,因以爲氏。見《元和姓纂》"虞邱"條:"晉大夫虞邱書。楚莊王相虞邱子薦孫叔敖自代。"[2]《通志·氏族略》:"吾邱氏,吾音魚,即虞邱

---

① 今本《墨子》仍作"騶虞",據《太平御覽》《困學記》引改。

② (唐)林寶:《元和姓纂》,第257頁。

氏也。晉大夫虞邱子,著書。楚莊王相虞邱子,薦孫叔敖自代者。"①《左傳》襄公十六年:"虞丘書爲乘馬御。"②《通志》作"虞邱子,著書",乃"虞邱書"之誤。《元和姓纂》又出"吾邱"一條,有別於"虞邱":"《吕氏春秋》,中山有力者吾邱象。"③《元和姓纂》以"虞邱""吾邱"爲兩氏,實則爲同一氏。

七、西 都

《吉林大學藏古璽印選》著録有以下古璽:

西都壄(地),《吉林大學藏古璽印選》12.56

西都氏,《通志》將西都氏列入"凡複姓不知其詳本者",謂:"見王符《潛夫論》。"④《古今姓氏書辯證》謂:"出王符《潛夫論》。"⑤

檢《潛夫論·志氏姓》:"東門、西門、南宫、東郭、北郭,所謂居也。"⑥言以上諸氏皆以居住地而得氏。"西門"條下汪繼培箋云:"《意林》作'西都'。"

檢唐代馬總《意林》云:"東門、西都、南宫、北郭,因居也。"⑦唐以前文獻皆未見西都氏,且《意林》前後文與《潛夫論》十分接近,疑是爲了以東、西、南、北對應門、都、宫、郭,而改動了《潛夫論》的文字。

西都一指周朝都城鎬京,與東都洛陽相對。《詩譜·小大雅譜》:"小雅、大雅者,周室居西都豐鎬之時詩也。"一指戰國時趙地"西都",今山西省孝義市。西都又見於趙國所鑄尖足布(《大系》1042～1052)。

或居上述兩地者遂以"西都"爲氏,屬"以邑爲氏"。"西都氏"目前僅見於晉系私璽。

---

① (宋)鄭樵:《通志二十略》,第85頁。

② 楊伯峻:《春秋左傳注》,第1026頁。

③ (唐)林寶:《元和姓纂》,第308頁。檢《吕氏春秋》:"趙氏攻中山,中山之人多力者曰吾丘鴋,衣鐵甲、操鐵杖以戰,而所擊無不碎,所衝無不陷。"《元和姓纂》作"吾邱象",乃"吾丘鴋"之誤。

④ (宋)鄭樵:《通志二十略》,第203頁。

⑤ (宋)鄧名世:《古今姓氏書辯證》,第66頁。

⑥ 彭鐸:《潛夫論箋校正》,中華書局,1985年,第403頁。

⑦ (唐)馬總:《意林》卷二,四庫本。

趙國“西都”尖足布

八、邢　丘

《西泠印社古銅印選》《戎壹軒藏三晉古璽》著錄有以下古璽：

邢丘癯，《西泠印社古銅印選》　　　邢丘壯，《戎壹軒藏三晉古璽》017

刑丘氏，《姓韻》：“此姓諸書無，今補。《集古印譜》：漢有刑丘忠。桉，宜即邢丘，古字通用。”①《漢印文字徵》有“邢丘能始”。

《集古印譜》卷三：刑丘忠印

邢丘爲地名。《左傳》宣公六年：“秋，赤狄伐晉，圍懷及邢丘。”②《春秋》襄公八年：

---

① （清）張澍：《姓韻》，三秦出版社，2003 年，第 578 頁。

② 楊伯峻：《春秋左傳注》，第 688 頁。

"季孫宿會晉侯、鄭伯、齊人、宋人、衛人、邾人于邢丘"①《左傳》昭公五年:"晉侯送女于邢丘。子産相鄭伯會晉侯于邢丘。"②可知邢丘在春秋時期屬於晉國。邢丘在今河南省温縣東二十里之平皋故城。

《史記·韓世家》:"(韓昭侯)六年,伐東周,取陵觀、邢丘。"③知戰國時邢丘曾屬東周,後歸韓國所有。

《史記·秦本紀》:"(秦昭襄王)四十一年夏,秦攻魏,取邢丘、懷。"④知邢丘歸韓後又歸魏,直至被秦所取。

 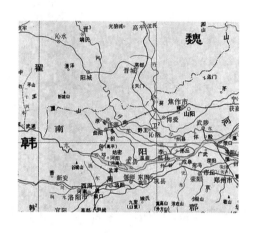

　　　　春秋時"邢丘"　　　　　　　　　戰國時"邢丘"

"邢丘"又見於春秋時期晉國陶文(《陶彙》6.31～6.41),東周大型平肩空首布(《大系》180),魏國十六年邢丘令鼎(復旦大學出土文獻與古文字研究中心)、五年邢令戈(《吴越三晉篇》160～165)。

"邢丘"屬"以地爲氏",目前僅見於晉系私璽。

九、尸易(夷陽)

《璽彙》《虚無有齋摹輯古玉印》著録有以下古璽:

---

① 楊伯峻:《春秋左傳注》,第 954 頁。

② 楊伯峻:《春秋左傳注》,第 1265 頁。

③ (漢)司馬遷:《史記·韓世家》,第 1868 頁。

④ (漢)司馬遷:《史記·秦本紀》,第 213 頁。

尸易(夷陽)子,《璽彙》2548　　　尸易(夷陽)畫,《虛無有齋摹輯古玉印》066

尸、夷爲通假字。于省吾先生《雙劍誃諸子新證》:"尸、夷古字通。金文凡言蠻夷之'夷',均作'尸'。"曾侯與鐘:"君庇淮尸"。《淮南子·墜形》:"東方有君子之國,西方有形殘之尸。""尸"皆讀作"夷"。

夷陽,又作夷羊。《古今姓氏書辯證》:"《左傳》:晉厲公嬖臣夷陽五殺三郤。《傳》曰:五亦嬖於厲公,則五姓夷陽明矣。"①其所引《左傳》欠明,傳文作:"胥童、夷羊五帥甲八百將攻郤氏。"②傳文此前又述夷陽五與郤氏之仇:"郤錡奪夷陽五田,五亦嬖於厲公。"③一作"夷陽",一作"夷羊",羊、陽同音假借。

按"夷羊"爲上古之神獸,《國語·周語上》:"商之興也,檮杌次於丕山;其亡也,夷羊在牧。"韋昭注:"夷羊,神獸。牧,商郊牧野也。"④《史記·周本紀》:"維天不饗殷,自發未生於今六十年,麋鹿在牧,蜚鴻滿野。"裴駰集解引晉徐廣曰:"此事出《周書》及《隨巢子》,云'夷羊在牧'。牧,郊也。夷羊,怪物也。"⑤一説"夷羊"爲土神,《淮南子·本經》:"江河三川,絶而不流,夷羊在牧,飛蛩滿野。"高誘注:"夷羊,土神。殷之將亡,見於商郊牧野之地。"⑥

故"夷羊"應屬"以事爲氏"者。

① (宋)鄧名世:《古今姓氏書辯證》,第48頁。
② 楊伯峻:《春秋左傳注》,第902頁。
③ 楊伯峻:《春秋左傳注》,第900頁。
④ 徐元誥:《國語集解》,中華書局,2002年,第29頁。
⑤ (漢)司馬遷:《史記·周本紀》,第129頁。
⑥ 何寧:《淮南子集釋》,中華書局,1998年,第562頁。

浙江出土東漢三國鏡銘選釋 *

鵬　宇

（中國美術學院）

　　東漢三國時期的浙江地區是漢鏡的重要產地之一，並且逐漸形成了自己的特點。在形制、紋飾方面，充滿奇幻色彩的半圓方枚神人神獸鏡基本上佔據了整個南方的市場，在銘文方面，不僅套語眾多，而且在銘文的創新方面可謂一騎絕塵。但是由於這一時期的銅鏡尺寸偏小，加之許多方枚中要填充 1 至 4 個銘文，因此字形的減省、訛變現象也顯得尤爲嚴重。這些都給漢鏡銘文的識讀工作造成不少的困擾，本文從中略擇幾條，略作簡釋，供大家參考。

一

　　浙江省紹興市文物管理局藏有一鏡（圖 1），[①]係浙江紹興原上游公社出土。

　　該鏡鑄造精良，圓形，圓鈕，圓鈕座，內區八環狀乳與四組神人四獸相間環列，獸體上有凹面形環狀乳。外區環列十二個半圓方枚，半圓中飾圓渦紋，方枚中各一字，可連讀成文，合爲：“吾作明鏡，幽涷（煉）三商，長宜子孫。”其外置櫛齒紋。鏡緣外區爲一圈雲渦紋，內區爲銘文圈帶。

　　由於銅鏡有一定程度的鏽蝕嚴重，因此外區銘文僅能辨識一部分。爲便於討論，暫根據我們的理解，寬式隸定如下：

　　　　吴郡胡陽（傷），張氏元公，□□虛无（無），自異於衆，造爲明鏡，□□

＊　本文爲國家社科重大招標項目“出土兩漢器物銘文整理與研究”（16ZDA201）、浙江省哲學社會科學規劃冷門絕學重點支持課題“漢鏡銘文的搜集、整理、滙釋與研究”（2022LMJX027）研究成果。

①　王士倫、王牧編著：《浙江出土銅鏡（修訂本）》，文物出版社，2006 年，圖 50。

圖 1　浙江紹興原上游公社出土漢鏡照片

始萌，四時分別，水羽金玉，夫妻和親，富貴番（蕃）昌，百精並存，其師命長。

其中，"吳"字前有起止符號，可知銘文當從此處開始。

"陽"，讀爲傷，在語音上沒有問題。胡傷，即胡傷里，是鏡師所居之地。根據近些年出土的大量漢鏡可知，胡傷里很可能是當時吳縣（今蘇州）下面的一個重要銅鏡鑄造地，許多鑄鏡的重要家族曾集中於此。如：

　　永元五年四夷服，多賀國家人民息，胡虜殄威（滅）天下復，風雨時節五穀孰（熟），長保二親得天力。吳胡傷里。　　　　　　　　　——《洛陽》彩圖 4

　　吳胡傷里周仲作竟（鏡）四夷服，多賀國家人民息，胡虜殄威（滅）天下復，風雨時節五穀孰（熟），長保二親得天力。[1]　　　　　　——《尊古齋》第 273 頁

　　胡陽（傷）里。朱師作。　　　　　　　　　　　　　　　——《龍虎》圖 138

"水羽金玉"，少見。"水羽"，疑代稱魚和鳥，傳世文獻多作"鱗羽"。其餘"自異於衆""夫妻和親""富貴番（蕃）昌""百精並存""其師命長"皆爲漢代鏡銘習用套語，簡明易懂，無需贅述。

───────────────

① 此爲鏡範。

二

浙江省紹興市文物管理局還藏有另一鏡(圖 2),①亦爲紹興地區出土。

圖 2　浙江紹興出土漢鏡照片

該鏡圓形,圓鈕,圓鈕座,座外置一圈花瓣紋,内區六環狀乳與三組神人神獸相間環列,獸體上有凹面形環狀乳。外區環列十二個半圓方枚,半圓中飾圓渦紋,方枚中各一字,可連讀成文,合爲:"利父宜兄,仕至三公,其師命長",其外置櫛齒紋。鏡緣外區置一圈雲渦紋,内區爲銘文圈帶。由於鏽蝕程度甚于前者,因此外區銘文的辨識難度更大。

爲便於討論,暫根據我們的理解,寬式隸定如下:

　　盖惟貨竟(鏡),變巧名工,攻山采錫,伐石索同(銅),獸火盧(爐)冶,幽涑

　　(煉)三商,如取日翟(曜),音(倍)象月明,五帝昔師,建極四方,玄龜鳳莽(麟),

---

① 　王士倫編著:《浙江出土銅鏡》,文物出版社,1987 年,圖 64;又見於王士倫、王牧編著:《浙江出土銅鏡(修訂本)》,圖 52;及王綱懷編著:《漢鏡銘文圖集》,中西書局,2016 年,圖 447。

白虎辟邪，青龍□□，其師命長。

"盖"字前有起止符號，"獸"字減省訛變。

"攻山"與"伐石"對仗，"采錫"與"索銅"對仗。"獸火"，即獸炭之火，指爐火。獸炭，是一種做成獸形的炭。《晉書·外戚傳·羊琇》："琇性豪侈，費用無復齊限，而屑炭和作獸形以温酒，洛下豪貴咸競效之。"

"建極"，謂建立中正之道。《書·洪範》"皇建其有極"，孔穎達疏："皇，大也。極，中也。施政教，治下民，當使大得其中，無有邪僻。"一説，謂建立法度、準則。蔡沈集傳："建，立也。極，猶北極之極。至極之義，標準之名，中立而四方之所取正焉者也。"

"玄龜"，見於《詩·魯頌·泮水》："憬彼淮夷，來獻其琛。玄龜象齒，大賂南金。"《太玄寶典》："北方有滄海，滄海生玄龜，玄龜吐真氣，真氣化神水，神水生腎。"當然，也不排除此處玄龜爲玄武的時稱。

"鳳麟"，即鳳凰和麒麟，與白虎、辟邪、青龍等皆爲漢鏡中常見神獸。

此外，在浙江金華地區文物管理委員會的諸多收藏中也有一件相似銘文的銅鏡（圖3），[1]很有可能也是紹興或其周邊地區山上的。

圖3 浙江金華地區文物管理委員會所藏漢鏡照片

① 王士倫、王牧編著：《浙江出土銅鏡（修訂本）》，圖67。

銘文曰:

【外】盖惟貨竟(鏡),變巧名工,攻山采易(錫),伐石索同(銅),獸火盧(爐)冶,幽湅(煉)三商,[如]取日翟(曜),音(倍)象月明,五帝昔師,建極四方,玄。【內】利父宜兄,仕至三公,其師命[長]。

"盖"字前同樣有起止符號,但根據文句可知,顯然銘文未曾鑄完。

該鏡在形制、紋飾方面另有新的變化。主要體現在鈕座外三組神人神獸爲重列結構的排布,自上而下:第一組爲三位神人,兩人端坐,一人歪頭側耳,似在傾聽。第二組在鏡鈕兩側各置一神人,神人皆坐于獸背之上,左側神人身後另有一神獸。第三組在鏡鈕下方一神一鳳相對,兩側各置一神獸。受限於銅鏡尺寸,此鏡僅環列十一組半圓方枚。

值得一提的是,在湖北鄂州鄂鋼西山鐵礦也有此類漢鏡出土(圖4)。①

圖4 湖北鄂州鄂鋼西山鐵礦出土漢鏡照片

銘文曰:

【外】盖惟貨竟(鏡),變巧名工,攻山采易(錫),伐石索同(銅),獸火盧(爐)

① 湖北省博物館、鄂州市博物館編:《鄂城漢三國六朝銅鏡》,文物出版社,1986年,圖94;又見於丁堂華主編:《鄂州銅鏡》,中國文學出版社,2002年,圖111。

冶,幽涷(煉)三商,如取日翟(曜),咅(倍)象月明,五帝昔币(師)。【內】利父宜
兄,仕至三公,其師命長。

其中,“攻”字綴加兄聲,“獸”字減省訛變,“師”字從人。

三國時期,鄂州(舊稱吳都、武昌)與吳郡一樣都是孫吳的勢力範圍,因此鄂州的這
面銅鏡極有可能是紹興所造後傳入湖北的。

此外,《小校經閣金石文字》卷十五80b下亦載有一鏡(圖5),[①]銘文曰:

　　【外】盖惟貨竟(鏡),變巧名[工],攻山采易(錫),伐石索同(銅),獸火
盧(爐)冶,幽涷(煉)三商,如取日翟(曜),咅(倍)象月明,五帝昔币(師),
建極四方,玄龜豢(麟)鳳,白虎辟邪。【內】利父宜兄,仕至三公,其師
命長。

圖5　《小校經閣金石文字》卷十五80b所刊漢鏡拓片

根據銘文及形制、紋飾不難發現,該鏡與上面諸鏡相似度極高,或亦屬浙江紹興
所造。

---

① 是鏡又見於土獻唐編著:《國史金石志稿》,青島出版社,2004年,第3447頁。

三

浙江省紹興縣文物保護所藏有一鏡(圖6),係紹興蘭亭鎮王家塢東漢墓出土。①

圖6　浙江紹興蘭亭鎮王家塢出土漢鏡照片

該鏡圓形,圓鈕,圓鈕座,座外變形四瓣花內各置一正視形獸首紋,下有直書銘文,花瓣間亦分置獸首,外圍以內向二十三連弧紋,間以如意形圖案,鏡緣外區飾一圈羽狀變體雲紋,內區爲銘文帶。

銘文曰:

　　【外】吾作明鏡,幽涑(煉)三商,雕[刻]規矩無[極],配象(像)萬疆,白(伯)牙 奏 樂,衆神見(現)容,天禽並存,福祿自從,顧(願)常服 帶 ,富貴番(蕃)昌,曾(增)年益壽,子孫番(蕃)昌,大吉羊(祥),其師命長。【內】三公。宜侯王。富貴。大吉羊(祥)。

銘文內容清晰明白,理解起來沒有難度。

---

① 　王士倫、王牧編著:《浙江出土銅鏡(修訂本)》,圖42。

　　不過，變形四瓣花與正面獸首是東漢中期開始盛行的一種紋飾，此鏡形制、紋飾皆具東漢中期特點，而銘文套語則主要流行於東漢晚期至三國，故疑爲東漢晚期之物，時代上限也許能到中晚期之交。

　　衆所周知，以"吾作明鏡"爲句首的銅鏡，是東漢晚期至三國時期最爲常見的銅鏡類型，幾乎佔據了這一時期帶銘銅鏡的主要市場。但"吾作明鏡"銘鏡的肇始時代一直没有定論。此鏡的出土對於"吾作明鏡"銘鏡的分期斷代或許有一定的參考價值。

清華簡《五紀》中的二十八宿初探*

石小力

（清華大學出土文獻研究與保護中心）

清華簡《五紀》曰："日、月、星、辰、歲，唯天五紀。"（簡3）星，指的就是二十八宿，文中依次列舉了二十八宿的名稱，還列舉了二十八宿每一宿所宜之事，與後來的星占有一定的淵源。簡文明確提出了"四維"的概念，還以四維的首尾兩宿、南門、北斗與身體部位相配，爲我們帶來了新的認知。

《五紀》完整記載了二十八宿的名稱，與文獻記載多有不同：

> 后曰：豊（禮）、義、悉（愛）、㥝（仁）、中（忠），六惪（德）㑹（合）五建，四維算行星：建星、觷=（牽牛）、妥=（婺女）、虛、厃（危）、瑩=（營室）、㚔開（壁）、杢（奎）、婁=（婁女）、胃、鼎（昴）、蜀（濁）、參、發（伐）、狼、瓠（弧）、雖（咮）、張、㫏=（七星）、異（翼）、軫、大角、天艮（根）、杲（本）角、駟、心、廌（尾）、笍（箕）。神掌南門，后正北抖（斗）。（簡25～26）

四維，此處指"四象"，即東方蒼龍，北方玄武，西方白虎，南方朱雀，簡文作"東維龍，南維鳥，西維虎，北維蛇"（簡72）。四維又見於清華簡《四時》篇。① 行星，此處指二十八宿，並非後來一般意義上的行星。

二十八宿，在文獻中或稱"二十八星、二十八舍"，②即東方蒼龍七宿角、亢、氐、房、

---

* 本文爲國家社科基金重大項目"先秦兩漢訛字綜合整理與研究"（15ZDB095）的階段性研究成果，得到"清華大學自主科研項目"（2021THZWJC21）的資助。

① 清華大學出土文獻研究與保護中心編，黃德寬主編：《清華大學藏戰國竹簡（拾）》，中西書局，2020年，第128頁。

② 《周禮·春官·宗伯》："馮相氏掌十有二歲，十有二月，十有二辰，十日，二十有八星位，辨其敘事，以會天位。冬夏致日，春秋致月，以辨四時之敘。"《周禮注疏》，《十三經注疏（清嘉慶刊本）》，中華書局，2009年，第1767～1768頁《周禮·秋官·司寇》："硩蔟氏：掌覆夭鳥之巢。以方書十日之號，十有二辰之號，十有二月之號，十有二歲之號，二十有八星之號，縣其巢上，則去之。"《周禮注疏》，第1921頁《史記·天官書》："二十八舍主十二州，斗秉兼之，所從來久矣。"

心、尾、箕，北方玄武七宿斗、牛、女、虛、危、室、壁，西方白虎七宿奎、婁、胃、昴、畢、觜、參，南方朱雀七宿井、鬼、柳、星、張、翼、軫。二十八宿的形成有一個過程，在《書·堯典》中，還只有鳥、火、虛、昴四宿，《詩經》中有火、箕、牽牛、織女、定、昴、畢、參等八宿，《爾雅·釋天》有十七宿，《禮記·月令》在記錄每個月的日躔位置和昏旦中星時，共涉及二十五宿。目前最早的完整記錄二十八宿名稱的出土文物實物，是戰國早期曾侯乙墓中的漆箱："角、坑（亢）、氐、方（房）、心、尾、箕、斗、牽牛、婺女、虛、危、西縈（營）、東縈（營）、圭（奎）、婁女、胃、茅（昴）、繲（畢）、此（觜）佳（觿）、參、東井、與（輿）鬼、栖（柳）、七星、長（張）、翼、車。"①星宿順序和名稱與後世基本相同，這證明在戰國早期，二十八宿已經普遍使用。

　　簡文首先列出的是北方七宿，其中第一宿斗宿簡文作"建星"。建星共六星，與斗宿相鄰，在其北。建星和斗宿位置很近，二十八宿或用斗，或用建星。《史記·律書》用建星，《史記·天官書》一用斗，一用建星。《呂氏春秋·孟秋》"昏斗中"，《禮記·月令》作"昏建星中"。第二宿牛宿原簡作"犖＝"，即"牽牛"合文。犖，從牛，臤聲，古書從臤聲之字常與"牽"通用，②犖應即牽牛之"牽"的異體。牽牛原指河鼓，俗稱扁擔星。《爾雅·釋天》："何鼓謂之牽牛。"河鼓雖然是亮星，但距離赤道太遠，觀象授時並不方便，故後改用赤道附近的牛宿來代替。第三宿女宿原簡作"委＝"，即"婺女"合文。女宿，古書即稱"婺女"。《禮記·月令》："孟夏之月……旦婺女中。"又作"須女"。《爾雅·釋天》："須女謂之婺女。"《開元占經》引《石氏星經》："女四星在牛東北。"曾侯乙墓漆箱作" 女"，首字黃錫全先生釋"伏"，讀作"婺"。③ 孫啟燦先生《曾文字編》從之。④ 李零先生釋"伖"。⑤均與字形不類。疑該字即"炙"字異寫，易上下結構為左右結構，"婺"字以"炙"為基本聲符，故"炙"可讀為"婺"。第四宿虛宿簡文作"虛"，與古書相合。《禮記·月令》："季秋之月……昏虛中。"簡75"虛"字作"虖"，⑥乃音近通假字。第五宿危宿原簡作"ㄓ"，乃"跪"字異體，假借為危宿之"危"，與古書相合。危宿，三星。《禮記·月令》："仲夏之月……旦危中。"第六宿室宿原簡作"瑩＝"，即"營室"合文，與古書相合。《禮記·月令》："孟春之月，日在營室。"室宿在古書中又稱作"定"。《爾雅·釋天》："營室謂之定。"《詩·鄘

①　湖北省博物館：《曾侯乙墓》，文物出版社，1989年，第353頁。

②　參高亨纂著，董治安整理：《古字通假會典》，齊魯書社，1989年，第76頁"牽與堅"條、"牽與掔"條、"牽與掔"條；白於藍：《簡帛古書通假字大系》，福建人民出版社，2017年，第1314頁"掔與牽"條、"堅與牽"條。

③　黃錫全：《湖北出土商周文字輯證》，武漢大學出版社，1992年，第105頁。

④　孫啟燦：《曾文字編》，吉林大學碩士學位論文，2016年，第175頁。

⑤　李零：《曾侯乙墓漆箱文字補證》，《江漢考古》2019年第5期。

⑥　該字原形作 ，釋"虖"乃蒙鄔可晶先生、王挺斌先生賜示。

風·定之方中》:"定之方中,作于楚宮。揆之以日,作于楚室。"曾侯乙墓漆箱作"西縈(營)"。這是因爲營室原爲四星,東壁、西壁各兩星,《周禮·考工記》:"龜蛇四游,以象營室也。"可知營室原是四星的。後把東壁從營室中分出,就成爲室宿和壁宿了。第七宿壁宿原簡作"皀闢",皀,從上下重疊之"白",讀爲何字待考,疑爲"東"字之訛。闢,即開闢之"闢",與"壁"音近可以通用。簡76作"壐",從土,開聲,即"壁"字異體。壁宿,二星,原爲營室之東壁,故又稱"東壁"。曾侯乙墓漆箱作"東縈(營)",與室宿稱"西營"相對。

　　接下來是西方七宿。第一宿奎宿簡文作"坴",從大,圭省聲,即"奎"字異體。曾侯乙墓漆箱作"圭",九店楚簡56號墓《日書》作"恚",[1]皆爲"奎"之音近通假字。《禮記·月令》:"季夏之月……旦奎中。"第二宿婁宿簡文作"婁=",即"婁女"合文,與曾侯乙墓漆箱同。古書一般作"婁"。《禮記·月令》"季冬之月……昏婁中。"第三宿胃宿簡文亦作"胃"。胃三星,《史記·天官書》曰:"胃爲天倉。"第四宿昴宿簡文作"鼎",從晶(星),卯聲,乃"昴"字異體。昴宿七星。《詩·召南·小星》:"嘒彼小星,維參與昴。"《史記·律書》作"留",曾侯乙墓漆箱作"茅",乃"茅"字異體。留、茅與"昴"皆音近可以通用。昴宿古書異名還有"西陸、大梁、髦頭"。《爾雅·釋天》:"西陸,昴也。""昴名大梁。"《史記·天官書》:"昴曰髦頭。"第五宿畢宿簡文作"蜀"。畢宿在《爾雅》《史記·律書》中又稱"濁"。《爾雅·釋天》:"濁謂之畢。"故簡文"蜀"當讀作"濁"。第六宿觜宿簡文作"參",參宿在古書中一般位於西方七宿之末,《史記·律書》在西方第六宿,與簡文同。第七宿參宿簡文作"發",《史記·律書》西方七宿之末宿作"罰",《天官書》有"伐"星,發、罰、伐音近可通,所指相同。伐星,指參宿中央三星。《公羊傳·昭公十七年》:"伐爲大辰。"何休注:"伐,謂參伐也。"《史記·秦始皇本紀》:"蓋得聖人之威,河神授圖,據狼、狐,蹈參、伐,佐政驅除,距之稱始皇。"

　　南方七宿第一宿井宿簡文作"狼",與《史記·律書》同。狼,即天狼星,在井宿内,是全天最亮的星。《史記·天官書》:"其東有大星曰狼。"張守節正義:"狼一星,參東南。"狼,簡84又作"良",乃音近通假字。第二宿鬼宿簡文作"瓴",從"弦"字初文,瓜聲,即弧矢之"弧"異體。弧,即弧矢,共九星,在狼東南,其形如弓矢,故稱。鬼宿在文獻中多稱"輿鬼",《禮記·月令》《史記·律書》作"弧"。第三宿柳宿簡文作"雓",簡87又作"鴞",佳旁和鳥旁在古文字中作爲意符可通用,故"雓、鴞"二字表示的當是一個詞。柳宿原名作"咮",《爾雅·釋天》:"咮謂之柳,柳,鶉火也。"咮,本義指鳥喙,故簡文從"佳"或"鳥"作,豆聲和朱聲兩聲係音近可以通用,故簡文"雓、鴞"二字當爲"咮"之異體。咮,《史

---

① 　湖北省文物考古研究所、北京大學中文系編:《九店楚簡》,中華書局,1999年,第53、54頁。

記·律書》作"注"，乃假借字，《漢書·天文志》則徑稱"喙"。第四宿星宿簡文作"張"，第五宿張宿簡文作"曐＝"，即"七星"合文，二宿位置互易，這與《史記·律書》記載相同。張，簡77又作"鵃"，從鳥，長聲，乃張宿之"張"的專造字。南方七宿之形爲朱雀，張，又稱鶉尾，故字從"鳥"作。《史記·天官書》："張，素，爲廚，主觴客。"張守節正義："張六星，六爲嗉，主天廚食飲賞賚觴客。"星宿有星七顆，故稱七星。第六宿翼宿簡文作"異"，與"翼"音近可通。翼宿二十二星，《史記·天官書》："翼爲羽翮。"相當於朱鳥的翅膀，阜陽雙古堆漢墓出土六壬式盤作"羽"。① 第七宿軫宿簡文作"軫"，與傳世文獻記載相同。軫宿，四星，得名於象車軫之形。曾侯乙墓漆箱作"車"，清華簡《四時》作"輮車"（簡29）。②《開元占經》引《石氏星經》云："軫四星居中，又有二星爲左右轄，車之象也。"《史記·天官書》："軫爲車。"

　　東方七宿，簡文前三宿爲"大角、天艮、杲角"。大角，爲北天的橙色亮星，在左右二攝提之間，後屬亢宿。《史記·天官書》："大角者，天王帝廷。"張守節正義："大角一星在兩攝提間，人君之象也。"天艮，即天根，氐宿別名。《爾雅·釋天》："天根，氐也。"《史記·天官書》："氐爲天根。"簡文"艮"字原作 🐾，寫法較爲特別。杲角，即本角，應指角宿。角宿二星，北星小，南星大，上小下大，形如角。"本"上部從臼的寫法又見於清華簡《厚父》（簡11）。角宿稱"本角"，未見於文獻記載，可能是爲了與大角相區別。角宿最初可能從大角算起，它和角宿二星，形成牛首之形，由於它最亮，所以列爲二十八宿之首。後來列入亢宿。③ "大角、天根、本角"的順序也與文獻"角、亢、氐"不同。第四宿房宿簡文作"駟"，房宿四星並列，故稱爲天駟，或曰駟。《史記·天官書》："房爲府，曰天駟。"《爾雅·釋天》："天駟，房也。"《國語·周語中》："駟見而隕霜。"曾侯乙墓漆箱和睡虎地秦簡《日書》作"方"，乃"房"之假借。第五宿心宿簡文作"心"，與文獻記載同。心，三星，是龍心，古又稱火、大火。心宿二是一等亮星，古人認識極早，在甲骨文中就有記載。"七日己巳夕向［庚午］……有新大晶（星）并火。"（《合集》11503反）《書·堯典》："日永星火，以正仲夏。"《詩·豳風·七月》："七月流火。"第六宿尾宿簡文作"麂"，字形原作 🦌，下部稍有訛變。麂，在楚文字中多用作"存"。④ 存，古音從母文部，尾，明母微部，韻部陰

<hr>

① 安徽省文物工作隊、阜陽地區博物館、阜陽縣文化局：《阜陽雙古堆西漢汝陰侯墓發掘簡報》，《文物》1978年第8期，第25頁圖一〇、第30頁圖二四。

② 清華大學出土文獻研究與保護中心編，黃德寬主編：《清華大學藏戰國竹簡（拾）》，中西書局，2020年，第128頁。

③ 參陳遵嬀：《中國天文學史》，上海人民出版社，2006年，第230頁。

④ 參禤健聰：《戰國楚系簡帛用字習慣研究》，科學出版社，2017年，第74頁。

陽對轉,古音相近,可以通用。① 尾宿九星,取象於龍尾。《左傳·僖公五年》:"龍尾伏辰。"杜預注:"龍尾,尾星也。日月之會曰辰,日在尾故尾星伏不見。"第七宿箕宿簡文作"𠀤",即"箕"字異體。箕宿,四星,其形與"箕"相似,故稱。

綜上,《五紀》二十八宿的名稱、順序與後世多有不同,具體表現在以下幾個方面。第一,從總體看,首尾星宿選擇不同。《五紀》始於建星,終於箕宿,其順序是北→西→南→東,這與傳世文獻始角終軫,即始於東方七宿,終於南方七宿的首尾順序不同。第二,具體星宿的選擇不同。《五紀》用"大角"不用"亢",用"建星"不用"斗",用"伐"不用"觜巂",用"狼""弧"不用"井""鬼"。第三,一些星宿的名稱不同。《五紀》稱"角"爲"本角",稱"氐"爲"天根",稱"房"爲"馴",稱"壁"爲"𪻐壁",稱"畢"爲"濁",稱"柳"爲"咮"。第四,個別星宿的順序不同。東方三宿"角、亢、氐",《五紀》順序作"大角、天根、本角",西方"觜、參"二宿,《五紀》順序作"參、伐",南方"星、張"二宿,《五紀》順序作"張,七星"。

《五紀》二十八宿與《史記·律書》多有相合。《史記·律書》稱"二十八舍",名稱和順序如下:東壁、營室、危、虛、須女、牽牛、建星、箕、尾、心、房、氐、亢、角、軫、翼、七星、張、注、弧、狼、罰、參、濁、留、胃、婁、奎。二者從名稱看,用"建星"不用"斗",用"濁"不用"畢",用"伐"不用"觜巂",用"狼""弧"不用"井""鬼",柳宿稱"咮"等。從順序看,二者南方七宿第四宿皆爲"張",第五宿皆爲"七星",正好與文獻常見的順序相反。這反映了《五紀》二十八宿的記載與《史記·律書》有密切的關係。當然,簡文與《律書》也有不同之處,主要是東方七宿前三宿的名稱和順序不同。

《五紀》中的二十八宿,雖然與後世通行的二十八宿差異很大,但是在《史記》《國語》等書中還有部分遺留,並可據以訂正其中的訛誤。現舉一例,以見一斑。《國語·周語中》:"夫辰角見而雨畢,天根見而水涸,本見而草木節解,馴見而隕霜,火見而清風戒寒。"文中出現了多個星象,馴對應房宿,火對應心宿,這是沒有疑問的。辰角、天根、本三個星象應該對應東方七宿的前三宿,但與文獻所見二十八宿不同,其具體所指,過去多有爭議。② 清代的王念孫曾將這段話校訂作"夫辰,角見而雨畢,本〈亢〉見而水涸,天根見而草木節解,馴見而隕霜,火見而清風戒寒",③對文本的改動非常大。清華簡《五紀》東方七宿前三宿作"大角、天根,本角",對比可知,《國語》的"辰角"對應簡文的"大角","天根"對應"天根","本"對應"本角",《國語》的"本",最早疑作"本角",在傳抄刊刻過程中,因不明辰角、本角的區別,後人誤以爲"辰角"指角宿而省去"本角"之"角"字,從

---

① 該字的釋讀還有爭議。或認爲該字從"鷹"省,"厶"聲,讀"尾"。鄔可晶先生疑爲"麋"字,與"尾"音近通用。

② 徐元誥撰,王樹民、沈長雲點校:《國語集解(修訂本)》,中華書局,2002年,第63頁。

③ (清)王引之撰,虞思徵、馬濤、徐煒君點校:《經義述聞》,上海古籍出版社,2017年,第1177～1178頁。

而導致後來的混亂。

《五紀》中的二十八宿,與後世通行的二十八宿有較大差異,而同屬於楚地的曾國,在戰國早期已經使用與後世基本相同的二十八宿,這反映了即使在戰國時期的楚地,二十八宿的流傳也是多樣性的,這對研究二十八宿的形成和早期流傳有重要意義,爲先秦天文學史的研究提供了重要的文獻材料。

附表:二十八宿名稱對照表

四方	宿名	《五紀》	《爾雅》	《月令》	《史記·天官書》	《史記·律書》	《淮南子》	曾侯乙墓漆箱	睡虎地《日書》	周家臺《日書》	汝陰侯墓式盤
東	角	大角	角(壽星)	角	角	角	角	角	角	角	角
	亢	枭角	亢	亢	亢	亢	亢	堕	亢	亢	亢
	氐	天艮	氐(天根)	氐	氐	氐	氐	氐	牴	抵	氐
	房	駟	房(天駟)	房	房	房	房	力	力	房	方
	心	心	心(大火、大辰)	心	心	心	心	心	心	心	心
	尾	鷹	尾	尾	尾	尾	尾	尾	尾	尾	尾
	箕	竿	箕	*	箕	箕	箕	竿	旗	箕	箕
北	斗	建星	斗	斗、建星	南斗	建星	斗	斗	斗	斗	斗
	牛	堅=	牽牛(何鼓)	牽牛	牽牛	牽牛	牽牛	擯牛	牽牛	牽牛	牛
	女	委=	*	織女	婺女	須女	須女	伏(婺)女	須女婺=	婺=	女
	虛	虛	虛(玄枵)	虛	虛	虛	虛	虛	虛	虛	丘
	危	産	*	危	危	危	危	危	危	危	危
	室	瑩=	營室(定)	營室	營室	營室	營室	西縈	營室	營=	營
	壁	𡆥開	東壁	東壁	*	東壁	東壁	東縈	東辟	東辟	壁
西	奎	至	奎	奎	奎	奎	奎	圭	奎	奎	窐
	婁	婁=	婁	婁	婁	婁	婁	婁=	婁	婁	婁
	胃	胃	*	胃	胃	胃	胃	胃	胃	胃	胃

續　表

四方	宿名	《五紀》	《爾雅》	《月令》	《史記·天官書》	《史記·律書》	《淮南子》	曾侯乙墓漆箱	睡虎地《日書》	周家臺《日書》	汝陰侯墓式盤
	昴	鼎	昴(大梁、西陸)	*	昴	留	昴	茅	卯	卯	昴
	畢	蜀	畢(濁)	畢	畢	濁	畢	緯	畢	畢	畢
	觜	參	*	觜嶲	觜觿	參	觜嶲	此隹	此觿	此觿	此
	參	發(伐)	*	參	參	罰	參	參	參	參	參
南	井	狼	*	東井	東井	狼	東井	東井	東井	東井	井
	鬼	瓞(弧)	*	弧	輿鬼	弧	輿鬼	與鬼	輿鬼	輿鬼	鬼
	柳	雉、鶉	柳(咮)	柳	柳	注	柳	酉	酉	柳	柳
	星	鶉(張)	*	七星	張	張	七星	七壘	七星	七星	星
	張	臺=	*	*	七星	七星	張	長	張	張	長
	翼	異(翼)	*	翼	翼	翼	翼	翼	翼	翼	羽
	軫	軫	*	軫	軫	軫	軫	車	軫	軫	軫

注:"*"表示未見記載。

談清華十《四時》《司歲》《病方》的製作與書寫*

李松儒

（吉林大學文學院）

　　清華大學藏戰國竹簡第十册(下簡稱作清華十)公布了《四告》《四時》《司歲》《行稱》《病方》五篇竹書。[①] 這五篇的書寫情況較爲複雜。其中,《四告》是由三個書手交替書寫正文,一個書手校補完成的。[②]《四時》《司歲》《病方》與清華五《湯處於湯丘》《湯在啻門》、清華六《管仲》、清華九《廼命一》《廼命二》《禱辭》共計九篇,爲同一書手所寫。《行稱》與《病方》爲兩個不同書手所寫的合編一卷的竹書。

　　本文將從竹簡形制、字迹特徵、竹簡編聯等角度對《四時》《司歲》《病方》三篇竹書的書寫與製作進行研究。

一、竹 簡 形 制

　　《四時》全篇共 43 支竹簡,據整理者介紹簡長 45 釐米,寬 0.6 釐米,竹簡正面簡尾有表示次序的編號,部分簡背有劃痕,無篇題。[③]

　　《司歲》全篇共 15 支竹簡,據整理者介紹簡長 45 釐米,寬 0.6 釐米,該篇接抄於《四

＊　本文受到 2021 年國家社科基金重點項目"清華簡佚《書》類文獻整理與研究"(21AYY017)的資助。

① 　清華大學出土文獻研究與保護中心編,黃德寬主編:《清華大學藏戰國竹簡(拾)》,中西書局,2020 年。

② 　參賈連翔先生"《清華大學藏戰國竹簡(拾)》成果發布會"發言,2020 年 11 月 20 日,又參賈連翔:《清華簡〈四告〉的制形及其成書問題探研》,"古文字與出土文獻"青年學者西湖論壇論文集,2021 年 5 月 29～30 日。

③ 　參看清華大學出土文獻研究與保護中心編,黃德寬主編:《〈四時〉說明》,《清華大學藏戰國竹簡(拾)》,第 127 頁。

時》之後,竹簡正面簡尾有表示次序的編號,部分編號連續,部分編號重疊,部分簡背有劃痕,無篇題。①

　　《病方》全篇應最多有 3 支竹簡,存 2 支,還有 5 支空白簡,據整理者介紹簡長 32.8 釐米,寬 0.6 釐米,該篇接抄在《行稱》之後,竹簡正面簡尾有表示次序的編號,編號連續,部分簡背有劃痕,無篇題。②

表 1　《四時》與《管仲》等篇形制表　　　　　　（單位：釐米）

篇　　名	簡數	介紹簡長	測量簡長	簡寬	簡首至一契	一契至二契	二契至三契	三契至簡尾	簡號
《湯處於湯丘》	19	44.7	44.4	0.6	1.4	20.9	20.6	1.5	無
《湯在啻門》	21	44.4	44.4	0.6	1.4	20.7	20.8	1.5	無
《管仲》	30	44.4	44.5	0.6	1.3	21.6	20.4	1.2	無
《廼命一》	12	44.6	44.2	0.6	1.2	20.8	21	1.2	正面簡尾
《廼命二》	16	44.6	44.2	0.6	1.2	20.8	21	1.2	正面簡尾
《禱辭》	23	44.5	44.5	0.6	1.1	20.8	20.9	1.4	正面簡尾
《四時》	43	45	44.7	0.6	1.2	21.6	20.8	1.1	正面簡尾
《司歲》	15	45	44.7	0.6	1.2	21.6	20.8	1.1	正面簡尾
《病方》	7/8	32.8	32.7	0.6	1	15.4	15.1	1.2	正面簡尾

　　從竹簡形制上看,《四時》《司歲》與《管仲》的形制相近些,《病方》與《良臣》《祝辭》簡長相同,《良臣》《祝辭》爲兩道編繩,《病方》是已公布清華簡三道編繩的竹簡中最短的一篇。

二、文　字　布　局

　　《四時》字間距較密集,滿簡容 36~46 字,其中簡 9 第一契口上有一處補文,未佔據整簡布局,簡 10、18、21、30、32、36、39、41 均有一處補文,簡 21、22、35 有段文字字間距密

---

① 　參看清華大學出土文獻研究與保護中心編,黃德寬主編:《〈司歲〉説明》,《清華大學藏戰國竹簡(拾)》,第 143 頁。

② 　清華大學出土文獻研究與保護中心編,黃德寬主編:《〈行稱〉説明》,《清華大學藏戰國竹簡(拾)》,第 149 頁;又清華大學出土文獻研究與保護中心編,黃德寬主編:《〈病方〉説明》,《清華大學藏戰國竹簡(拾)》,第 154 頁。

集,應有不同字數的補文。若排除補文形式,《四時》正常容字應在 36～44 字之間,文字布局疏密不均。

表 2 《四時》每簡容字情況

簡號	1	2	3	4	5	6	7	8	9	10	11
容字	37	39＋3	39＋3	44	43	43	42	42	44	44	42
簡號	12	13	14	15	16	17	18	19	20	21	22
容字	40	43	42	40	38	40	41	38	38	40	45
簡號	23	24	25	26	27	28	29	30	31	32	33
容字	42	42	38	41	38	39	40	43	36	41	39
簡號	34	35	36	37	38	39	40	41	42	43	
容字	41	46	45	43	40	43	42	42	40	7	

《司歲》字間距較密集,滿簡容 37～42 字,其中簡 4 有一處補文,各簡容字分布不均。《司歲》與《四時》雖寫在同一卷竹簡上,但是其文字布局較《四時》疏朗些。

表 3 《司歲》每簡容字情況

序號	1	2	3	4	5	6	7	8
簡號	44	45	46	47	48	49	50	51
容字	42	41	39	39	38	41	38	41
序號	9	10	11	12	13	14	15	
簡號	47	48	49	50	51	52	53	
容字	38	38	38	37	37	23	0	

《病方》僅存兩支有字竹簡,簡 2 滿簡書寫 24 字,末簡簡 3 存 9 個字,下面留白,可見《病方》的書寫布局更疏朗。

《四時》《司歲》《病方》三篇文字書寫在第一與第三編繩間,①《四時》簡長 45 釐米,正常容字 36～44 字,《司歲》簡長 45 釐米,滿簡容字 37～42 字。《廼命一》簡長 44.6 釐米,

---

① 《四時》簡 9 第一契口上有一處補文。

滿簡容字 29～32 字,《廼命二》簡長 44.6 釐米,滿簡容字 27～30 字,《廼命》兩篇每字間隔約一字空間;《禱辭》44.5 釐米,滿簡容字 35～39 字。可見《四時》《司歲》文字布局較《廼命一》《廼命二》《禱辭》三篇更爲緊湊。

三、運 筆 特 徵

《四時》《司歲》《病方》三篇都是頓壓起筆,起筆處頓壓痕迹明顯,側鋒行筆,運筆速度較快,側鋒收筆。其中長橫頓壓起筆後略提,順勢向右上方行筆,行至收尾處略向下行收筆,作 (時 39)形,其收筆處這種側鋒下行的形態是十分有特點的。縱向筆畫先是側鋒頓壓起筆,起筆後運筆速度較快,直接行筆出鋒,收筆處或尖尾,作 (歲 2)形;或有明顯筆鋒痕迹,作 (時 5)形。我們將《四時》等篇與《管仲》《廼命》等篇橫畫、豎畫形態對比如下:

表 4 《四時》等篇與《管仲》《廼命》等篇橫畫形態對比表

《管仲》等篇	丘 13		丘 3		啻 6		啻 20		管 13		啻 3
《廼命》等篇	廼一 1		廼一 1		廼一 3		廼二 1		禱 7		廼二 7
《四時》等篇	時 3		時 31		歲 3		病 2		時 39		歲 1

表 5 《四時》等篇與《管仲》《廼命》等篇豎畫形態對比表

《管仲》等篇	啻 1		管 8		啻 7		丘 3		管 18		丘 13
《廼命》等篇	廼一 10		廼一 8		廼二 3		廼二 3		禱 22		禱 22
《四時》等篇	時 28		時 2		歲 3		歲 3		時 33		歲 6

《四時》《司歲》《病方》三篇書寫速度較快,縱向筆畫收筆處呈現出筆鋒分叉現象,如: (時 33)、 (歲 13)等。該書手運筆力度不穩定,常在《四時》篇中表現更爲明顯,主要體現在筆畫綫條不均勻,側鋒行筆痕迹明顯,尤其書寫較長的橫畫或豎畫時抖

動較大,斜畫則粗細變化較大,如下:

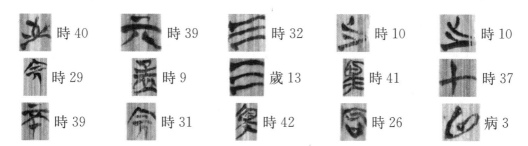

該書手在《四時》篇末幾支簡中書寫速度更快,這主要體現在頓筆快出,形成筆畫短促的效果,如下:

《四時》簡 42 是該篇倒數第二支竹簡,滿簡 40 個字,屬於該篇平均容字量,這應該是該書手書寫到最後兩支簡時加快了書寫速度,於是就縮短了運筆過程,形成了這樣的短促筆畫。

四、筆畫搭配比例

《四時》等篇的一些文字筆畫搭配比例也較爲穩定,如"之"字各筆畫交接位置: ![之](時 5)。再如"止"部的筆畫搭配較爲有特點,我們將"止"部的三個筆畫分別命名爲 α、β、γ,如 ![止] ,該書手所寫"止"部的 β 與 γ 大多不相交,尤其在辵旁中常表現爲兩筆平行關係,作 ![止] 形,如下:

《四時》: ![字] 6、![字] 26、![字] 7、![字] 8、![字] 14、![字] 3、![字] 37、![字] 18、![字] 21、![字] 5、![字] 17、![字] 19、![字] 33、![字] 41、![字] 42、![字] 37、![字] 37、![字] 37、![字] 37

《司歲》: ![字] 1

該書手所寫"止"部的 β 與 γ 少部分相交,並且相交多在收筆處,如下:

《四時》: ![字] 1、![字] 20、![字] 42、![字] 3;![字] 31、![字] 11、![字] 30、![字] 42、![字] 42

《司歲》：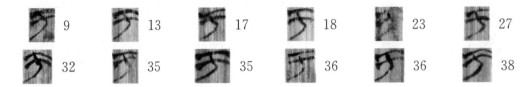 1、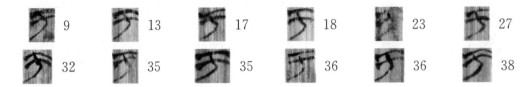 13

一般來説，"于"字折筆的角度較爲穩定，由於該書手書寫水平較低，"于"字折筆處書寫也過於生硬，但是該筆畫寫成弧筆時則較爲穩定，如下所舉《四時》中"于"所寫：

通過對字部搭配特徵的分析可以看出書手的書寫水平。雖然該書手字迹潦草，但是其書寫不穩定性均表現在筆畫綫條的不穩定，而所寫文字字部間搭配比例都較爲合適。這證明該書手的書寫水平雖然不高，但是書寫文字結構時是穩定的。

五、文 字 寫 法

(一) 特徵字

我們將一些在清華簡中出現頻率較高的文字在《四時》等篇中的寫法列出：

表 6 《四時》等篇特徵字寫法

之	于	"於"部	天	而	女
時5	時23	歲3	時14	時36	時28
民	余	方	爲	若	"虍"旁
時17	歲3	時13	時37	歲11	病3

通過文字寫法的對比，總結書手的書寫習慣，可對理解該篇文字釋讀提供幫助。如《四時》簡 28 有句話整理者作：

北雲作女(焉)，不至，青維乃繡。①

其中所謂的"女"作 形，實爲"女"字，②《四時》中"女"讀爲"焉"，均寫作 形。

---

① 參看清華大學出土文獻研究與保護中心編，黄德寬主編：《《四時》釋文》，《清華大學藏戰國竹簡(拾)》，第 130 頁。

② 該字在《字形表》中已歸入"女"字頭下。參看清華大學出土文獻研究與保護中心編，黄德寬主編：《字形表》，《清華大學藏戰國竹簡(拾)》，第 215 頁。

所以該字不可讀"焉"，應讀爲"如"。如此，該句應重新斷讀作：

　　北雲作，女（如）不至，青維乃繻。

與此辭例相類者，可參以下諸簡：

　　寒門乃軋，奴（如）不至，玄維乃需。（簡2）

　　猇星女（如）不至，白維乃繻。（簡10）

　　赤帑昏解，以發赤雲，女（如）不至，赤鉤乃繻。（簡14）

與"如"相當者，或作"亓（其）"，或省"如""其"字。如：

　　關皆軋，青雲啟發，以生百木，亓（其）不至，白鉤乃需。（簡5）

　　四【7】轄乃軋，青雲作，以雨，以奮英華，亓（其）不至，天豕乃需。（簡7＋8）

　　青鉤乃軋，互雲賓，不至，赤維乃需。（簡20）

（二）一字多形

《四時》中一字多形現象較爲頻繁，但是多數還是增減或者變換字部造成的，如"復"字作 ▨（簡42）、▨（簡12）、▨（簡42）、▨（簡42）等形；"躞"字作 ▨（簡4）、▨（簡14）、▨（簡15）、▨（簡24）、▨（簡31）等形；"寒"字作 ▨（簡2）、▨（簡19）、▨（簡21）、▨（簡28）、▨（簡33）、▨（簡35）等形。還有一些一字多形可能是因爲書寫較快且潦草造成的書寫不標準，如"轄"字作 ▨（簡10）與 ▨（簡21）兩形；"赤"字多作 ▨（簡14）、▨（簡14）兩形，簡42寫作 ▨ 形。

《四時》中"目"字多作 ▨（簡6）形，簡34"赤目"之"目"作 ▨ 形，該字外框起筆處較用力，綫條較粗，框中的兩個斜筆起筆處正與其相接，《字形表》作 ▨ 形，[1]並不準確，應作 ▨ 形更好。

（三）衍文與衍符

1. 衍文

《四時》簡41＋42有這樣一句話：

　　其三不雨，及【41】{及}孟春乃有蟄蟲見。

書寫在簡41末尾的"及"字在簡42首又重複書寫，爲衍文（見圖1）。

---

① 參看清華大學出土文獻研究與保護中心編，黃德寬主編：《字形表》，《清華大學藏戰國竹簡（拾）》，第178頁。

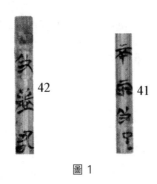

圖 1

2. 衍符

簡 21 有"古﹦(十日)又四﹦日"一句,其中"四"下有"﹦"形符號,該符號應該是衍符。

簡 22 有句作"赤安﹦旦章",其中"安"字下有"﹦"形符號,作,該符號應該是衍符。

(四) 誤寫的修改

《四時》出現兩處在誤寫基礎上修改的情況,如簡 3 殘斷處最後一字"維"字寫法,可能是在"人"旁基礎上改成的"糸"旁,見圖 2;篇中"十四日"合文共 3 處,簡 15 上的"十四日"中"十四"的合文作形,是在"十日"基礎上後改的,見圖 3。

圖 2　　　　圖 3

六、標 識 符 號

《四時》全篇有合文符號 107 處、重文符號 19 處、句讀符號 96 處、章號 5 處,末簡 43 文末有表示篇末結束的符號。《司歲》有合文 2 處、句讀符號 25 處。《病方》全篇有句讀符號 2 處,末簡 14 文末有一處表篇末結束的符號。

《四時》合文頻率較高的有"七日""十日""十四""二十""十七""三十",其中"十七""三十"均有合文符號,"七日""十日""十四""二十"還有各一處無符號的合文。

表 7　《四時》中頻見的合文

合　文	七日	十日	十四	二十	十七	三十
數　量	26	17	3	46	5	9

續　表

寫　法	〔字〕7	〔字〕6	〔字〕15	〔字〕4	〔字〕6	〔字〕31
無符號	〔字〕32	〔字〕11	〔字〕31	〔字〕27	—	—

七、簡文的校補

　　我們可以通過字間距、文字大小、墨色濃淡等方面來判斷補文。《四時》書寫時文字布局較爲密集，但是字與字也有一定的間隔，通過文字布局文中十一處補文較容易辨識。在簡 9、10、18、21、22、30、32、35、36、39、41 上均有不同形式、不同字數的補文。如簡 9 補文寫在第一契口上，可能因爲"口"字與"四"文字形體略像，造成脱文(見圖 4)。同一書手所寫《廼命二》簡 4 第一契口上緊挨簡首也有一字補文"不"字。一些補文是形體較小書寫在兩字之間，寬度約佔簡寬的二分之一，如簡 10、30、36、39、41(見圖 5)；一些兩字補文佔據一字空間，應該是刮削後重新補寫，如簡 18、32(見圖 6)；

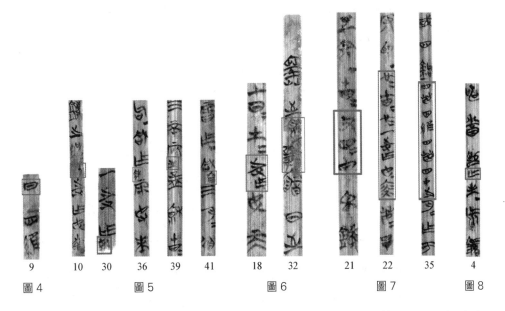

9	10	30	36	39	41	18	32	21	22	35	4
圖 4		圖 5				圖 6		圖 7			圖 8

　　《四時》簡 21、22、35 有段文字字間距密集，參看其他簡即知，簡 21 有 3 個字字距緊密，簡 22 有 8 個字佔據 6 個字的空間，簡 35 有 9 個字佔據 5 個字的空間(見圖 7)。這些字間距低於平均間距的文字，應該是在刮削後補入的，其文字形體或扁或形體較小。

　　《司歲》簡 4 有　處補文(見圖 8)。

八、編聯與收捲

(一)《四時》與《司歲》竹簡的使用情況

《四時》與《司歲》是合編在一卷上的兩篇竹簡,據整理者言:

> (《四時》)簡尾有編號……本篇與《司歲》連續編號,從形制上看,爲一卷竹書。本卷竹書正面簡尾編號分兩組,第一組爲一—五一,第二組爲四七—五三,第一組末簡,即編號爲五一的簡與第二組的首簡,即編號爲四七的簡,據內容當編排在一起。本篇簡文的編號爲一—四三,《司歲》篇編號爲四十三—五十一,四十七—五十三,編號存在重疊。故《司歲》篇重加整理號,本卷竹書共用了四節竹筒,其中《四時》簡一至一四爲一節竹筒,簡一五至三四爲一節竹筒,《四時》簡三五至四三和《司歲》簡一至八爲一節竹筒,《司歲》簡九至一五爲一節竹筒,每一節竹筒簡背都有單獨的刻劃綫。不同篇的竹書連續編號,同一篇竹書重複部分編號,爲我們提供了戰國竹書形制的新認識。[①]

根據整理者所言,《四時》與《司歲》共使用四個竹筒,我們將這兩篇簡號書寫及竹筒使用情況列出:

表 8　《四時》與《司歲》竹筒使用情況

	《四時》			《司歲》	
簡序	1～14	15～34	35～43	1～8	9～15
簡號	1～14	15～34	35～43	44～51	47～53
竹筒	Ⅰ	Ⅱ	Ⅲ		Ⅳ
簡數	14	20	9+8＝17		7

整理者指出《四時》與《司歲》爲合編一卷,這兩篇簡長相同、使用了相同的竹筒,《司歲》簡 1～8 編號與《四時》連續,簡 9～13 編號與簡 4～8 重疊。考慮到《司歲》編號的複雜性,我們將《司歲》的簡序與對應的簡下所記編號列出:

---

① 　清華大學出土文獻研究與保護中心編,黃德寬主編:《〈四時〉説明》,《清華大學藏戰國竹簡(拾)》,第 127 頁。

表 9 《司歲》簡序對應的簡下所記編號

簡　序	1	2	3	4	5	6	7	8
簡下所記編號	44	45	46	47	48	49	50	51
寫　法	──		4	5	6	7	8	

簡　序	9	10	11	12	13	14	15
簡下所記編號	47	48	49	50	51	52	53
寫　法	9	10	11	12	13	14	15

　　《司歲》簡序數字出現了部分重疊，即"四十七"至"五十一"這部分，對比這兩組數字寫法，字迹風格一致，第二組簡序數字的"五十二""五十三"綫條纖細，看似與之前的簡序數字書寫時間不一致。不過第二組竹簡的竹節位置一致，這些竹簡製作時間是一致的，僅是簡 14～15 的編號爲後接續寫的，這正説明之前所寫《司歲》竹簡編號不夠，在用了兩組其他篇竹書剩餘的寫有編號的竹簡後，又添加了兩支竹簡完成了該篇的書寫。

　　已公布的清華簡多篇竹簡合編一卷的情況不少，其中僅《尹至》《尹誥》《赤鵠之集湯之屋》這一卷簡背有編號，[①]並且是各篇有各自的編號。《四時》與《司歲》兩篇連續編號的情況首見，而《司歲》這種編號重疊的情況更是未見。我們將《四時》與《司歲》的竹書製作、書寫與編聯過程整理如下：

　　1.《四時》的書手製作了至少 51 支竹簡，並在竹簡正面尾端寫了表示簡序的數字"一"至"五十一"；

　　2. 該書手書寫《四時》時用了 43 支竹簡，取自三節竹筒，即竹筒Ⅰ、竹筒Ⅱ、竹筒Ⅲ。竹筒Ⅲ所製竹簡未使用完畢，餘下了編號是"四十四"至"五十一"的 8 支竹簡；

　　3. 該書手用這餘下的 8 支簡接著書寫《司歲》簡 1～8 的內容，原編號保留了下來；

────────

① 有關《尹至》《尹誥》與清華三《赤鵠之集湯之屋》三篇應合編一卷的意見爲肖芸曉女士提出。參見肖芸曉：《試論清華竹書伊尹三篇的關聯》，簡帛網，2013 年 3 月 7 日；肖芸曉：《試論清華竹書伊尹三篇的關聯》，《簡帛》第八輯，第 471～476 頁，上海古籍出版社，2013 年；肖芸曉《清華簡簡册制度考察》，武漢大學碩士學位論文，2015 年；Xiao Yunxiao, *Restoring bamboo scrolls Observations on the materiality of Warring states bamboo manuscripts*, *Chinese Studies in History*, VOL 50, ISS 3, 2017.其他可合編的篇目如《良臣》《祝辭》竹簡上均無編號。郭店簡《六德》《尊德義》《成之聞之》《性自命出》也是可能合編一卷，部分簡背有數字，但是這些數字與簡序並不完全相合，參看單育辰：《郭店〈尊德義〉〈成之聞之〉〈六德〉三篇整理與研究》，科學出版社，2015 年，第 1～3 頁。

4.《司歲》全文書寫還需要更多的竹簡,該書手又拿取了製作其他篇竹書餘下的竹簡來書寫簡 9～13 的内容。這些竹簡來自竹筒Ⅳ,上面寫有編號"四十七"至"五十一",應是源自其他篇剩餘的竹簡,這些編號也是該書手所寫。① 由於該書手未對第二組剩餘竹簡上原有的編號刮削重寫,所以出現了部分編號重疊的現象;

5. 在使用了兩組其他篇剩餘的 13 支竹簡後,《司歲》仍未抄寫完畢。該書手又選取了兩支竹簡,即簡 14～15,這兩支竹簡與簡 9～13 爲同一竹筒(即竹筒Ⅳ),該書手寫上編號"五十一""五十二",至此,《司歲》全文抄寫完畢。

我們可以想象其實竹書的製作的數量與書寫所用竹簡的數量未必相同,截竹成筒,破筒爲簡,這些簡長一致,但是製作成竹簡後未必在這一篇全部用完,那剩餘製作好的竹簡應該留下來再次利用,所以有時候出現不同篇的竹簡形制相同的情況也屬正常。《司歲》簡 9～15 這部分來自竹筒Ⅳ的竹簡可能與《四時》的簡長相同,也可能是一組長於《四時》的竹簡經過修治後與其簡長相同。如整理者曾指出《厚父》所用竹簡與《封許之命》有共同竹筒,還使用了裁剪《攝命》剩餘的竹材。②

(二)《四時》與《司歲》的編聯

《四時》與《司歲》契口在右側,《四時》許多字書寫在契口較近,並被編痕覆蓋住字迹,如 (簡 14),應該是先寫後編而成。《司歲》一些字距離第二契口較近,如 (簡 2),該篇也應該是先寫後編而成。

我們認爲若是先編後寫的話,在有編繩的位置是一條橫綫,書寫者會迴避這些橫綫,而作爲先寫後編的情況的話,由於契口處不如一條編繩明顯,書手避讓契口時是會不自覺的將一些筆畫寫過契口的位置,這如同我們今天在裝訂好的紙上書寫文字不會寫到裝訂界綫外,而在未裝訂的、雖然已畫出裝訂界綫的紙上書寫時,筆畫或字迹往往會越過界綫。

(三)《四時》的收捲

《四時》簡 19 與 20 第一契口上各有一處反印文可識讀,簡 19 上的反印文爲"以"字

---

① 另一篇的竹書全篇可能是 46 支簡,《四時》爲 43 支簡,該書手寫了 51 個編號,另一組剩餘竹簡的編號是"四十七"至"五十一",也是 51 支簡。那麼,另一篇竹書内容也有可能是《四時》的另一個抄本,兩個版本剩餘的竹簡可以被該書手再利用。

② 參看賈連翔:《清華簡"〈尹至〉書手"字迹的擴大及相關問題研究》,"出土'書'類文獻研究高端學術論壇"會議論文,西南大學漢語言文獻研究所(騰訊會議),2021 年 3 月 27 日。

（見圖 9），簡 20 上的反印文爲"四"字（見圖 10）。

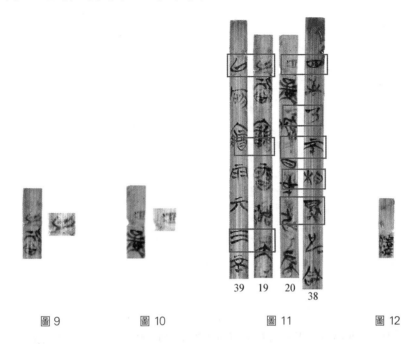

39　19　20

38

圖9　　　　　圖10　　　　　　圖11　　　　　圖12

以《四時》的兩處反印文爲綫索，我們發現簡 19、20 上的反印文多能與簡 39、38 對應，即這篇竹簡在入藏時簡 19 應與簡 39 疊壓在一起、簡 20 應與簡 38 疊壓在一起，見圖 11。

《司歲》簡 1 與簡 8 上都有部分墨迹，但是無法在《四時》《司歲》其他簡中找到對應的反印文。所以，《四時》《司歲》的具體收捲或折疊方式還無法確定。

（四）《病方》的編聯

《病方》契口在右側，該篇字數較少，簡 3 首字寫在編痕很近處（見圖 12），由此可推知該篇也應該是先寫後編。

《病方》與《行稱》爲寫在一卷竹簡上的兩篇，整理者言：

> 《行稱》與下篇《病方》原當抄録在一卷竹書上。……竹簡正面地腳處有次序編號，已編至"十九"，今第十二、十五簡佚失，第十一簡僅剩下部一小半，其餘十六支簡基本完整。第一至十簡與十三、十四簡内容性質全然不同，字迹也分屬兩種，今分作兩篇處理。第十六至十九簡首尾完整，除編號外無其他文字，在清華簡中尚屬首見。因第十四簡文末已見截止符，可推知本卷原自第十五簡後均爲空白簡，從用途看，其上應還可備抄其他内容。

> 《行稱》内容見於本卷竹書前十支簡，僅剩一小部分的第十一簡，除編號

外,未見正文文字,由此推測本篇内容不會超過十一支簡。第十簡末句雖已寫至簡尾,但内容已很完整,不排除本篇有就此完結的可能。如果再參考本輯收録《四告》全卷的抄寫格式,第十一簡也可能原爲一支空白的"隔簡"。①

《行稱》與《病方》共使用兩個竹筒,其竹筒使用情況如下所示:

表 10　《行稱》與《病方》竹筒使用情況

	《行稱》	《病方》	
簡　　序	1~11	1~2	3~8
簡下所記編號	1~11	13	14,16~19
竹　　筒	V		VI
簡　　數	11+2＝13		6

《行稱》中的簡序數字與正文並非同一書手所寫,而是《病方》的書手,即《四時》《司歲》的書手所寫,又兩篇有共用的竹筒,這説明《行稱》的書手是在使用《病方》書手所做的竹簡書寫竹書。

《行稱》簡序數字"四""五""六""九"的寫法與《四時》《司歲》簡序數字寫法不同,與《四時》正文數字寫法相近。這表明《行稱》《病方》下的簡序數字與《四時》《司歲》書寫非同一時間。

表 11　《四時》《行稱》簡序數字寫法對比

	一	二	三	四	五
《四時》	21	12	13	4	5
《行稱》					
	六	七	八	九	十
《四時》	6	7	8	19	10
《行稱》					

《病方》簡 1 缺失,簡 2 與《行稱》所用竹筒相同(即竹筒 V),簡 3 應該是該篇末簡,

---

① 清華大學出土文獻研究與保護中心編,黄德寛主編:《〈行稱〉説明》,《清華大學藏戰國竹簡(拾)》,第 149 頁。

而該簡是從另一竹筒Ⅵ選出,簡 4 缺失,簡 5～8 也是利用竹筒Ⅵ,其下記錄的簡號是"十六"至"十九",均爲空白簡,標記了對應的表示簡序的數字。《病方》簡 5～8 這種寫好簡號的空白簡作爲留白簡編於《病方》之後,這可能是因該篇竹簡較短,剩餘的竹簡暫時不能得到再利用,不同於《司歲》簡 9～15 是利用其他篇寫好簡號的竹簡所寫。清華十《四告》缺失的簡 15 與簡 25 應無正文書寫,整理者推測或是無字的留白簡,用來間隔不同篇章。① 從這兩支簡的相鄰竹簡簡背編號看,這兩支缺失的竹簡按次序編號。整理者認爲《行稱》簡 11 的性質可能與《四告》缺失的簡 15 與簡 25 一樣,均是"空白的'隔簡'"。戰國竹書中出現留白簡的現象應該不少,其用途可能是相當於今天的輯封,只是出土竹簡散落後較少有人關注這些無字的留白簡。隨着清華簡《四告》《行稱》《病方》等竹書的公布,讓我們看到這些與正文内容無關或是無字留白簡也編入竹簡全卷中的情況,這更加豐富了我們對古書製作、書寫與編聯的認識。

① 參看程浩:《清華簡〈四告〉的性質與結構》,《文物》2020 年第 9 期,第 35 頁;趙平安:《清華簡〈四告〉的文本形態及其意義》,《文物》2020 年第 9 期,第 72 頁。

清華簡《攝命》字詞補論*

吳毅强

（四川大學歷史文化學院）

　　清華簡《攝命》是新近公布的一篇重要文獻，全篇主體部分爲周天子册命"攝"之命辭，文句與《周書》、西周中晚期銅器銘文相類。整理者推測"攝"或即懿王太子夷王燮。簡文中天子命攝"出納朕命"，協於畿内御事百官與畿外四方小大邦，告誡攝當勤恤政事、恫瘝小民，毋敢怠惰、酗酒，可見册命的等級規格。又指出本篇屬"書"類文獻，對於西周史研究有重要意義。①

　　整理者已從字詞、人物、篇名、文本等方面做了很好的解釋。此外，多位學者亦有研討。② 筆者在研讀過程中，亦有些許看法，今就字詞、斷句、文意等方面，略陳己見，以就教於方家。

　　1. 女（汝）亦母（毋）敢�（惰），才（在）乃死服，敂（敬）學盓明，勿繇之，庶不訓。（簡10）

　　整理者："死，讀爲'尸'，訓爲'主'。服，事。追簋蓋有'追虔夙夕卹厥死事'（《集成》

---

*　本文受國家社科基金項目"清代民國學者商周金文拓本題跋研究"（編號：21BZS045）和成都師範學院2020年度科研創新團隊項目（編號：CSCXTD2020B06）資助。另，本文得到段凱、陳夢兮的指教，特致謝意。

①　清華大學出土文獻研究與保護中心編，李學勤主編：《清華大學藏戰國竹簡（捌）》，中西書局，2018年，第109頁。

②　馬楠：《清華簡〈攝命〉初讀》，《文物》2018年第9期，第46～49頁；李學勤：《清華簡〈攝命〉篇"粦"字質疑》，《文物》2018年第9期，第50～52頁；賈連翔：《"攝命"即〈書序〉"臩命""囧命"説》，《清華大學學報（哲學社會科學版）》2018年第5期，第49～53頁；程浩：《清華簡〈攝命〉的性質與結構》，《清華大學學報（哲學社會科學版）》2018年第5期，第53～57頁；甯鎮疆：《清華簡〈攝命〉"亡承朕鄉"句解——兼説師詢簋相關文句的斷讀及理解問題》，《中華文化論壇》2019年第1期，第50～55頁。以及復旦網、簡帛網等網絡亦有大量論文，爲免繁冗，在此不一一列舉。

四二二二）……鯀，用。'之'指代'庶不順'。"①

訓，整理者讀爲"順"。雖然訓、順通假較常見，《尚書》中亦有不少例子。② 但此處本字讀即可，"訓諫""訓教"之意。常見於《尚書》：

> 《盤庚上》：王若曰："格汝衆，予告汝訓，汝猷黜乃心，無傲從康。"
>
> 《説命下》：王曰："來，汝説……爾惟訓于朕志，若作酒醴，爾惟麯糵；若作和羹，爾惟鹽梅。"
>
> 《高宗肜日》："高宗肜日，越有雊雉。祖己曰：'惟先格王，正厥事。'乃訓于王。曰：'惟天監下民，典厥義。'"
>
> 《康誥》："汝丕遠惟商耉成人，宅心知訓。"

上引《盤庚上》"予告汝訓"，孔傳釋作"告汝以法教"；《説命下》"爾惟訓于朕志"，孔傳曰："言汝當教訓於我，使我志通達。"《高宗肜日》"乃訓于王"，孔傳解作"以道訓諫王"；《康誥》這句話，孔傳解作："汝當大遠求商家耉老成人之道，常以居心，則知訓民。"《攝命》這句話的意思是説，那些不可訓教之人，你不能用之。

毛公鼎："女（汝）母（毋）敢象（惰），才（在）乃服，圍（恪）夙夕，敬念王，畏不賜。"（《集成》2841）與該句可對照。

2. 女（汝）亦母（毋）不夙夕巠（經）悳（德）【10】，甬（用）事朕命，谷（裕）女（汝）彙＝（懌懌），弗弈（功）我一人才（在）立（位），亦則乃身，亡（無）能諫（像）甬（用），非頌女（汝）正命。（簡 10～11）

整理者："谷，讀爲'欲'。于省吾説毛公鼎'俗我弗作先王羞'、'俗我弗以乃辟圅于艱'，及《尚書》八見之'裕'，皆當讀爲'欲'，用於祈使句句首（《雙劍誃尚書新證》，中華書局，二〇〇九年，第一二七—一三〇頁）。彙＝，鐘鎛銘文習見，正始石經《多士》用作'配天其澤'之'澤'，可讀爲'繹繹'。《漢書·韋玄成傳》'繹繹六轡'，顏注云：'繹繹，和調之貌。''弗弈我一人在位'，略同於毛公鼎'毋童（動）余一人在位'，'弈'讀爲'功'，《説文》'以勞定國也'，功、動皆訓爲'勞'。諫，讀爲'像'，《説文》'放也'，段玉裁以爲與'豫'

---

① 清華大學出土文獻研究與保護中心編，李學勤主編：《清華大學藏戰國竹簡（捌）》，第115～116頁。

② 《尚書·洪範》："曰皇極之敷言，是彝是訓，于帝其訓。凡厥庶民，極之敷言，是訓是行，以近天子之光。"孔傳："言以大中之道布陳言教，不失其常，則人皆是順矣。天且其順，而況於人乎？凡其衆民中之所陳言，凡順是行之，則可以近益天子之光明。"《尚書·立政》："謀面，用丕訓德，則乃宅人，茲乃三宅無義民。"孔傳："謀所面見之事，無疑則能用大順德，乃能居賢人于衆官。"另外，筆者在引用《尚書》時，對所謂的僞古文《尚書》和僞孔傳，一律不加"僞"字，筆者認爲其淵源有自，文本生成的過程較爲複雜，不能簡單加一"僞"字了事。

'媤'等字通用。正命,見塑盨'厥非正命'(《集成》四四六九)。"①

"甚谷(裕)女(汝),寵乃服"(簡31)。"谷",整理者亦讀爲"欲",指出:"甚,副詞。'甚欲'見《史記·樗里子甘茂列傳》。毛公鼎:'俗(欲)我弗作先王羞。'或疑'甚欲汝寵乃服,弗爲我一人羞'接第三二簡之後,承'王呼作冊任冊命伯攝:虔'爲句。"②

筆者認爲,這兩處"谷"皆當讀爲"裕","寬裕""寬綽"之意。"彙"可讀爲"懌"。據筆者統計,《尚書》中"裕"凡十見,③用法一致,並非是于老所説的讀爲"欲",用於祈使句句首。而皆當本字讀,"寬裕""寬綽"之意。例如:

> 《仲虺之誥》:"王懋昭大德,建中于民,以義制事,以禮制心,垂裕後昆。予聞曰:'能自得師者王,謂人莫己若者亡。好問則裕,自用則小。'"

> 《康誥》:王曰:"嗚呼!封,汝念哉!今民將在祗遹乃文考,紹聞衣德言。往敷求于殷先哲王,用保乂民。汝丕遠惟商耇成人,宅心知訓。別求聞由古先哲王,用康保民。弘于天,若德裕乃身,不廢在王命。"

> 《康誥》:王曰:"汝乃其速由茲義率殺,亦惟君惟長。不能厥家人,越厥小臣外正,惟威惟虐,大放王命,乃非德用乂。汝亦罔不克敬典,乃由裕民,惟文王之敬忌。乃裕民,曰:'我惟有及。'則予一人以懌。"

> 《康誥》:王曰:"嗚呼!封,敬哉!無作怨,勿用非謀非彝。蔽時忱,丕則敏德,用康乃心,顧乃德,遠乃猷,裕乃以民寧,不汝瑕殄。"

> 《洛誥》:周公曰:"王肇稱殷禮,祀于新邑,咸秩無文。……往新邑,伻嚮即有僚,明作有功,惇大成裕,汝永有辭。"

> 《君奭》:公曰:"嗚呼!君,肆其監于茲。我受命無疆惟休,亦大惟艱。告君乃猷,裕我不以後人迷。"

> 《多方》:"今我曷敢多誥,我惟大降爾四國民命。爾曷不忱裕之于爾多方?"

上引《仲虺之誥》:"好問則裕,自用則小",孔傳解作:"問則有得,所以足;不問專固,所以小。""裕""小"對文,孔傳解作"足",甚恰。

《康誥》:"若德裕乃身,不廢在王命",孔傳:"大於天,爲順德,則不見廢,常在王命。"此段講的是成王告誡康叔治民之道,應采用其父考、商老成人及先哲王之道。這樣的話,就能使自身德行寬裕,不廢王命。

---

① 清華大學出土文獻研究與保護中心編,李學勤主編:《清華大學藏戰國竹簡(捌)》,第116頁。

② 清華大學出土文獻研究與保護中心編,李學勤主編:《清華大學藏戰國竹簡(捌)》,第119頁。

③ 于老説《尚書》"裕"凡八見,應是未計所謂的僞古文《仲虺之誥》。

又，《康誥》：“乃由裕民，惟文王之敬忌。乃裕民，曰：‘我惟有及。’則予一人以懌。”孔傳解爲：“常事人之所輕，故戒以無不能敬常。汝用寬民之道，當惟念文王之所敬思而法之。”“汝行寬民之政，曰：‘我惟有及於古。’則我一人以此悦懌汝德。”曾運乾：“裕者，方言云：裕、猷、道也。東齊曰裕，或曰猷。皆啟迪誘導之意……懌，悦也。”①

又，《康誥》：“用康乃心，顧乃德，遠乃猷，裕乃以民寧，不汝瑕殄。”孔傳：“行寬政乃以民安，則我不汝罪過，不絕亡汝。”曾運乾將“遠乃猷”與“裕”連讀，云：“猷裕，道也。”②曾氏此種讀法不確。

《洛誥》：“惇大成裕，汝永有辭”，孔傳：“厚大成寬裕之德，則汝長有歡譽之辭於後世。”曾運乾：“惇，厚也。裕，寬也。言舉行祭祀、惇敍宗族、以成寬裕之政。”③

《君奭》：“告君乃猷，裕我不以後人迷。”孔傳：“告君汝謀寬饒之道，我留與汝輔王，不用後人迷惑，故欲教之。”曾運乾：“猷裕雙聲連綿詞，猶寬綽也。”④孔傳和曾運乾皆將“猷”“裕”連讀，誤。此處“猷”乃“謀”之意。“裕我”連讀，亦見毛公鼎“俗（裕）我弗乍（作）先王憂”，意即使我寬裕、寬綽。這段話的意思是你要監于此，我有周受命有無疆之休，也有無窮之艱難。告知你謀猷，使我寬裕，不要以後人之故而迷惑。

《多方》：“爾曷不忱裕之丁爾多方！”孔傳：“汝何不以誠信行寬裕之道於汝衆方？欲其戒四國，崇和協。”曾運乾：“忱裕猶優游也……言爾多方諸侯，曷不優游於爾境土。”⑤解作“寬裕”“優游”皆可。“忱”，誠、信之意。這段話的意思是今我何敢多誥汝，我惟大降教令於你們四國之民。你們應該在各自的國內施行誠信寬裕之道。

《攝命》“汝亦毋不夙夕經德，用事朕命，裕汝懌懌，弗功我一人在位”，正可與《康誥》“汝亦罔不克敬典，乃由裕民，惟文王之敬忌。乃裕民，曰：‘我惟有及。’則予一人以懌”相對應。

《説文·衣部》：“裕，衣物饒也。从衣，谷聲。《易》曰：‘有孚，裕無咎。’”《説文·心部》新附字：“懌，説也。从心，睪聲。經典通用釋。”⑥《説文·言部》：“説，釋也。从言、兑。一曰談説。”這裏的“説”即“悦”。《説文》無“悦”字，爲後起字。《尚書·梓材》：“王惟德用，和懌先後迷民。用懌先王受命。”孔傳：“今王惟用德，和悦先後天下迷遇之民。先後謂教訓。所以悦先王受命之義。”“裕汝懌懌”，大意是使你寬綽和悦。

① 曾運乾：《尚書正讀》，中華書局，2015年，第169頁。

② 曾運乾：《尚書正讀》，第170頁。

③ 曾運乾：《尚書正讀》，第205頁。

④ 曾運乾：《尚書正讀》，第232頁。

⑤ 曾運乾：《尚書正讀》，第242頁。

⑥ 《説文·糸部》：“繹，抽絲也。从糸，睪聲。”

此外,西周金文有"谷天""谷汝""俗我""俗汝"等語:

何尊:"烏(嗚)虖(呼)!爾有唯小子亡哉(識),覎(視)于公氏,有爵于天,叡(徹)令,敬亯(享)哉!叀(助)王龏德谷(裕)天,順我不每(敏)。"(《集成》6014)

師訇簋:"今余佳(唯)繡(申)憙(就)乃令=(命,命)女叀(助)雝我邦小大猷,邦佑渀辥,敬明乃心,徫(率)以乃友干(捍)吾(禦)王身,谷(裕)女(汝)弗以乃辟圅(陷)于囏(艱)。"(《集成》4342)

毛公鼎:王曰:"父厝,今余唯肇巠(經)先王命=(命,命)女(汝)辥我邦、我家内外,惷于小大政,粤朕立(位),虩許上下若否,雩(越)三(四)方,死母(毋)童余一人才(在)立(位)。引唯乃智,余非亯(庸)又辭(昏),女(汝)母(毋)敢妄(荒)寧,虔夙夕,叀(助)我一人,雝我邦小大猷。母(毋)折緘告余先王若德,用卬(仰)邵皇天,盧(申)圉(恪)大命,康能三(四)或(國),俗(裕)我弗乍(作)先王憂。……女(汝)母(毋)弗帥先王乍(作)明井(型),俗(裕)女(汝)弗以乃辟圅(陷)于囏(艱)。"(《集成》2841)

谷、俗,皆當讀爲"裕"。今本《禮記·緇衣》:"故君民者,章好以示民俗,慎惡以御民之淫,則民不惑矣。""俗",上博簡作"谷"。① 又,馬王堆漢墓帛書《黄帝四經·果童》:"地俗德以静,而天正名以作。"②劉釗、白於藍先生已將"俗"讀作"裕"。③ 無疑是正確的。前引《康誥》"若德裕乃身",可與何尊"龏德裕天"相參。

3. 乃亦佳(唯)肇愳(謀),亦則句(逅)逆于朕,是佳(唯)君子秉心,是女(汝)則佳(唯)肇悷(變)弜羕(永),乃既咠(誨),女(汝)廼(乃)敢【14】整瓺(恒)。(簡14～15)

"悷",整理者:"悷,讀爲'咨'。《説文》:'謀事曰咨。'句謂君子秉心,汝始謀則亦逅逆於我;汝始謀不永之事,終則必悔。"④

筆者認爲,此處"悷",讀爲"咨",可商。從整理者的理解來看,是把"咨"解作"謀"。《尚書》中,"咨"多用爲語詞。如:

---

① 馬承源主編:《上海博物館藏戰國楚竹書(一)》,上海古籍出版社,2001年,第48頁;白於藍:《戰國秦漢簡帛古書通假字彙纂》,福建人民出版社,2012年,第434頁。

② 整理者:"俗,疑讀爲育。《周易·蒙》:'君子以果行育德。'"參國家文物局古文獻研究室編:《馬王堆漢墓帛書(壹)》,文物出版社,1980年,第66頁。

③ 劉釗曾引《管子·勢》:"中静不留,裕德不求",參湖南省博物館、復旦大學出土文獻與古文字研究中心編纂:《長沙馬王堆漢墓簡帛集成(肆)》,中華書局,2014年,第158頁;白於藍:《戰國秦漢簡帛古書通假字彙纂》,第435頁。

④ 清華大學出土文獻研究與保護中心編,李學勤主編:《清華大學藏戰國竹簡(捌)》,第117頁。

《堯典》：“帝曰：‘咨！汝羲暨和。’”孔傳：“咨，嗟。”

《大禹謨》：“帝曰：‘咨！禹，惟時有苗弗率，汝徂征。”

《君牙》：“夏暑雨，小民惟曰怨咨；冬祁寒，小民亦惟曰怨咨。”孔傳：“夏月
暑雨，天之常道，小人惟曰怨歎咨嗟。言心無中也。”

據筆者統計，《尚書》中“咨”常常是作爲語詞，多見於《堯典》《舜典》。要注意的是，“咨”
訓爲“謀”，《尚書》中並無明確的例子。僅有一處的例子見《舜典》：“明四目，達四聰。咨
十有二牧”，孔傳：“咨亦謀也。所重在於民食，惟當敬授民時。”筆者認爲，此處孔傳不
確，此處“咨”同樣應是語詞。曾運乾《尚書正讀》此處注云：“咨、嗟而勅之也。”①所言甚
確。《舜典》緊接著下文有：

舜曰：“咨！四岳，有能奮庸熙帝之載，使宅百揆，亮采惠疇？”

帝曰：“俞，咨！禹，汝平水土，惟時懋哉！”

帝曰：“俞，咨！垂，汝共工。”

帝曰：“俞，咨！益，汝作朕虞。”

帝曰：“咨！四岳，有能典朕三禮？”僉曰：“伯夷。”

帝曰：“俞，咨！伯，汝作秩宗。夙夜惟寅，直哉惟清。”

帝曰：“咨！汝二十有二人，欽哉！惟時亮天功。”孔傳：“禹、垂、益、伯夷、
夔、龍六人新命；有職四岳、十二牧，凡二十二人，特勅命之。”

這七處“咨”，用法皆同。尤其是最後一句，說的很明確，“汝二十有二人”即包括前面的
“十二牧”，故上引“咨”皆語詞。

筆者認爲，此處“悽”，應是“謨”之異體，字形方面：

簡14“悽”，原篆作“🀫”，簡28“謨”，原篆作“🀫”，②古文字中，“心”“言”兩個偏旁，
在作爲義符時，往往可互換。則“悽”與“謨”爲異體關係應無問題。

《攝命》簡22“夏”原篆作“🀫”，整理者讀爲“辯”，③實則應讀爲“變”。《邦家之政》
簡8：“其樂繁而諓”，“諓”原篆作“🀫”④；又，簡7：“其君聽佞而速虔”，“虔”原篆作

---

① 曾運乾：《尚書正讀》，第23頁。

② 清華大學出土文獻研究與保護中心編，李學勤主編：《清華大學藏戰國竹簡（捌）》，第221、180頁。

③ 清華大學出土文獻研究與保護中心編，李學勤主編：《清華大學藏戰國竹簡（捌）》，第208、111頁。

① 清華大學出土文獻研究與保護中心編，李學勤主編：《清華大學藏戰國竹簡（捌）》，第203頁。

"𤦡"。① 這兩處,整理者皆讀爲"變"。②

筆者注意到《攝命》的三處文句:

"是女(汝)則隹(唯)肇悽〈諐(變)〉弜羕(永)"。(簡14)
"寺(時)隹(唯)子乃弗受糒(幣),亦尚(當)夏(變)逆于朕。"(簡22)
"亦則隹(唯)肇不(丕)諌〈諐(變)〉逆所(許)朕命"。(簡28)

簡14"悽",整理者讀爲"咨";簡22"夏",整理者讀爲"辯";簡28"諌",整理者讀爲"咨"。③
通過簡22"夏(變)逆于朕",簡28"肇不(丕)諌(變)逆所(許)朕命",認爲這兩處辭例相
同;然後聯繫到簡14"肇悽(變)弜羕(永)",又考慮到《邦家之政》"變"寫作"諐""叟",故
推測"諌""悽"所从的"妻",可能是書手把下面的"又"誤寫成"女"。故認爲"諌""悽"是
"諐"字之訛,這三處皆應讀爲"變"。④

"變逆"應作爲一個詞來用。《説文·攴部》:"變,更也。"《説文·攴部》:"改,更也。"
《説文·辵部》:"逆,迎也。从辵,屰聲。關東曰逆,關西曰迎。"雖然"逆"在先秦文獻中
多爲"迎"之意,但"逆"已有"反""悖""相反""違背"之意,如:

《尚書·太甲下》:"有言逆于汝心,必求諸道",孔傳:"人以言咈違汝心,必
以道義求其意,勿拒逆之。"

《尚書·洪範》:"汝則從、龜從、筮從,卿士逆、庶民逆,吉。卿士從、龜從、
筮從,汝則逆、庶民逆,吉。庶民從、龜從、筮從,汝則逆、卿士逆,吉。汝則從、
龜從、筮逆、卿士逆、庶民逆,作内吉,作外凶。龜筮共違于人,用静吉,用
作凶。"

《左傳·文公二年》:"秋,八月,丁卯,'大事于大廟,躋僖公',逆祀也。"杜
注:"僖是閔兄,不得爲父子。嘗爲臣,位應在下,令居閔上,故曰逆祀。"

《國語·周語中》:"温之會,晉人執衛成公歸之于周。晉侯請殺之,王曰:
'不可。夫政自上下者也,上作政,而下行之不逆,故上下無怨'。"

《國語·晉語八》:"辭曰:'臣嘗陳辭矣,心以守志,辭以行之,所以事君也。
若受君賜,是墮其前言。君問而陳辭,未退而逆之,何以事君?'"韋昭注:"逆,
反也。"

---

① 清華大學出土文獻研究與保護中心編,李學勤主編:《清華大學藏戰國竹簡(捌)》,第183頁。
② 清華大學出土文獻研究與保護中心編,李學勤主編:《清華大學藏戰國竹簡(捌)》,第122頁。
③ 清華大學出土文獻研究與保護中心編,李學勤主編:《清華大學藏戰國竹簡(捌)》,第111頁。
④ 這一推測我其實没有把握,並没有堅强的文字學證據。但整理者把"悽""諌"讀"咨",與《尚書》"咨"用法不符,
對句意的解釋也不是很好。

上引《太甲下》"有言逆于汝心",孔傳以"咈違"訓之,甚確;《洪範》八處"逆",可訓爲"違""反";《左傳》之"逆祀",意即"違反祭祀";《國語》"而下行之不逆",逆,即相反、違背之意。

又,侯馬盟書常見"變改"一詞,如"宗盟類二"第一:一〇號:"敢不半(判)其复(腹)心,以事其主而敢不盡從嘉之明(盟)定宮平寺之命者,而敢或叀(變)改助及𤰙(奐)卑(俾)不主二宮者,而敢又(有)志,復趙尼及其子孫于晉邦之墜(地)者,及群虖明(盟)者,盧(吾)君其明亟(殛)睍(視)之,麻(摩)叀(夷)非(彼)是(氏)。"①"變",原篆作"𤲅"。字形寫法和清華簡八《邦家之政》簡7,大致相同。唯"又"旁左下多"="",應是裝飾性筆畫。

《説文・攴部》:"變,更也。"《説文・攴部》:"改,更也。"變逆、變改,當是一組同義詞。此外,《尚書・無逸》有"變亂"一詞,原文作:"此厥不聽,人乃訓之,乃變亂先王之正刑,至于小大。""變逆""變改""變亂"義近。

4. 曰:"毋(毋)朋多朋,鮮佳(唯)楚(胥)台(以)夙夕,敬(敬)亡(罔)非楚(胥)目(以)墮(墮)【16】遜(愻);鮮佳(唯)楚(胥)學于威義(儀),遪(德)亡(罔)非楚(胥)目(以)淫〈淫〉惡(恒)。"(簡16~17)

惡,整理者讀爲"極",應讀爲"恒"。如清華簡《厚父》:"亦佳(唯)酉(酒)甬(用)惡(恒)瘝(狂)。"惡,整理者讀爲"恒",引《書・多方》:"惟聖罔念作狂,惟狂克念作聖。"同樣,前文簡14~15"女(汝)廼(乃)敢【14】整惡(恒)","惡"亦應讀爲"恒"。

5. 民有曰之,余一人害(曷)叚(瑕)不則,戠(識)智(知)之䎽(聞)之言;余【26】害(曷)叚(瑕)不則,高誄(奉)乃身,亦余一人永喬(顏)才(在)立(位)。所弗克戠(識)甬(用)朕命、朕敄(教),民崩(朋)亦則興变(仇)㫊(怨)【27】女(汝),变(仇)菁(䍀)女(汝),亦則佳(唯)肇不(丕)諫(變)逆所(許)朕命,隻(獲)𩒝(憂)毓子。(簡26~28)

"菁",原篆作"𧮫",整理者指出該字"從艸從言,右下不詳",但未隸定。② 仔細觀察,下從"言",上部爲"艸",右下似無筆畫,應隸作"菁",讀爲"䍀"。《説文・网部》:"䍀,罵也。"又:"罵,䍀也。"雖然目前尚未有具體的書證支持二字通假,但從音理上二字可通假。③ 上古音方面,"䍀"屬來母支部,④"菁"應屬影母(或疑母)元部(從言之字,多屬疑、

---

① 山西省文物工作委員會:《侯馬盟書》,文物出版社,1976年,第164頁。"摩夷彼氏",參朱德熙、裘錫圭:《戰國文字研究(六種)》,《考古學報》1972年第1期。其餘釋讀是筆者自己的理解。

② 清華大學出土文獻研究與保護中心編,李學勤主編:《清華大學藏戰國竹簡(捌)》,第119頁。

③ 如"㹜",從"來"聲(參鄭張尚芳:《上古音系》,上海教育出版社,2003年,第81頁),即爲"影母"字,但"來"爲"來母"字,可見"影母""來母"關係密切。

④ 鄭張尚芳:《上古音系》,第401頁"䍀"字條;郭錫良:《漢字古音手冊(增訂本)》,商務印書館,2010年,第133頁"䍀"字條,唐作藩:《上古音手冊(增訂本)》,中華書局,2013年,第92頁"䍀"字條。

影二母,"言"上古音在疑母元部)①。聲母影、來關係密切,韻部支、元也是如此。②《尚書》"怨""詈"常常並舉,如:

> 《尚書·無逸》:周公曰:"嗚呼! 自殷王中宗、及高宗、及祖甲、及我周文王,兹四人迪哲。厥或告之曰:'小人怨汝詈汝。'則皇自敬德,厥愆,曰:'朕之愆。'允若時不啻不敢含怒。此厥不聽,人乃或譸張爲幻,曰:'小人怨汝詈汝。'則信之。則若時,不永念厥辟,不寬綽厥心,亂罰無罪,殺無辜,怨有同,是叢于厥身。"周公曰:"嗚呼! 嗣王其監于兹。"

此段引文説的是,周公告誡成王,上面提到的四位先哲王,當"小人抱怨、辱罵他們的時候,他們只有更加敬德,曾修善政。遇到過錯,也説是自己的過錯"。緊接著從反面論説:"此其不聽中正之君,有人誑惑之,説小人怨憾詛詈他,他就相信了。這個時候,這些君主就不顧法律,不寬綽其心。處罰無罪之人,殺戮無辜之人,這樣小民的怨恨就一起聚集到這些君主的身上了。"《攝命》此句的意思是:"你不能施行我的命令和教誨時,小民也就多仇怨、辱罵你。"顯然,《無逸》正與《攝命》此段主旨相合,反映了西周"德政"的思想觀念。

最後附帶談談《攝命》的撰作時代,從該篇命辭的行文格式、語言風格、銘文内容,册命銘文的發展歷程以及西周晚期的政治形勢等方面綜合分析,《攝命》的撰作時代應與元年師旬簋(或稱師詢簋)、毛公鼎最爲接近。元年師旬簋,一般認爲是宣王元年器。毛公鼎亦屬宣王初年器。多位學者已指出從師旬簋、毛公鼎銘文的内容情景看,應是宣王初即位所作的誥命。③ 綜合來看,《攝命》的撰作時代應大致在宣王初年。④

2019 年 5 月 7 日初稿

5 月 18 日二稿

---

① 鄭張尚芳:《上古音系》,第 512 頁;郭錫良:《漢字古音手册(增訂本)》,第 317 頁;唐作藩:《上古音手册(增訂本)》,第 181 頁。

② 段凱給筆者的信指出:"'詈',《説文》分析爲會意字,清代《説文》學家一般也是這樣解釋,我所查的郭錫良《漢字古音手册》和唐作藩的《上古音手册》都歸爲來母支部開口三等字,'菅'應該是從'言'聲,疑母元部開口三等字。楚地方言中存在歌支通轉的現象,這已經爲學界所公認。楚地歌部和支部關係比較密切,而歌部又是元部的陰聲字。'詈'和'菅'雖然缺乏通假的例證,但從韻部來看,開合口和等位一致,加上楚地歌支通轉的現象,兩字或許有通假的可能。若此,則'詈'可能從'言'聲,是個形聲字。""歌""支"的分合,是當今音韻學界爭論的熱點,多位學者指出"歌""支"二部音讀的相近或相同之處。在《楚辭》《老子》等書中,"歌""支"有合韻現象(參楊建忠:《秦漢楚方言聲韻研究》,中華書局,2011 年,第 114 頁)。總之,歌、支、元三部之關係一定非常密切。

③ 彭裕商:《西周青銅器年代綜合研究》,巴蜀書社,2003 年,第 466~467 頁。

④ 詳參筆者:《清華簡〈攝命〉的撰作時代及相關問題探微》,《西北早期區域史學術研討會暨第十一屆中國先秦史學會年會論文集》,三秦出版社,2020 年。

上博簡《内禮》篇"冠不力"重釋 *

段 凱

（中國美術學院）

上海博物館藏戰國楚簡第四册中收有《内豊》（整理者將"内豊"括注爲"内禮"，下文徑稱作《内禮》）一篇，①該篇核心内容講述了君子的"孝悌之道"。整理者在篇首《説明》中指出"本篇内容多與《大戴禮記》中《曾子立孝》等篇有關"，②可見這是一篇與《大戴禮》有關的"儒家類""禮記類"文獻。本篇竹書文句較爲淺白，部分簡文可與傳世文獻相對照，簡文内容已基本釐清，但個别字句的釋讀尚存争議，本文所要討論的第 8 簡"父母有疾"句便爲一例。此段簡文講述在父母有疾之時，孝子應恪守的侍親之道，但簡文中有一疑難字作"![字形]"形，争議頗多，未有定論。此字的正確釋讀關係到簡文的具體解釋，值得進一步考釋辨析。本文擬在諸家研究基礎上，參考新出《安徽大學藏戰國竹簡》對此例疑難字進行考釋，並在考釋基礎上對相關文句進行重新解釋。

爲了方便討論，現將相關簡文引録如下（簡文盡量用寬式隸定）：

君子曰：孝子，父母又（有）疾，冠不 ![字形] ，行不頌（翔），不卒（萃）立，③不庶

---

* 本文爲 2020 年浙江省哲學社會科學規劃課題青年項目《〈古文四聲韻〉注釋及疑難字考釋》（項目號：20NDQN253YB）、2019 年上海市教委科創重大項目《古陶文編》（項目號：2019 - 01 - 07 - 00 - 05 - E00048）中期成果。初稿完成后承蒙魏宜輝先生審閲指教，謹致謝忱。

① 第一簡簡背有篇題《内豊（禮）》，整理者（馬承源主編：《上海博物館藏戰國楚竹書（四）》，上海古籍出版社，2004 年，第 219 頁）在篇首《説明》中指出："'内禮'一詞，文獻中未見。《禮記》中有《内則》，篇題鄭玄注云：'以其記男女居室事父母舅姑之法。'《内禮》或與《内則》有關。"

② 馬承源主編：《上海博物館藏戰國楚竹書（四）》，第 219 頁。

③ "卒"字整理者原釋爲"衺"，認爲是"依"字異體，訓爲"倚也"。今從曹建墩先生《〈讀上博藏楚竹書〈内豊〉篇札記〉，簡帛研究網，2005 年 3 月 4 日）釋爲"卒"，讀爲"萃"，訓爲"聚集"，簡文"不卒（萃）立"指"不於人群而立"，大意爲"父母患疾，孝子因心憂而不願父接衆人"。

語。時昧礼(攻)縈(祭)行,祝於五祀,剴(豈)必又(有)益,君子以城(成)亓(其)考(孝)。

整理者將"示"釋爲"力",並指出簡文首句與《禮記·曲禮上》"父母有疾,冠者不櫛,行不翔,言不惰"一句相近。認爲"冠不力"與文獻"冠者不櫛"同,"'櫛',男子束髮用的梳篦;'不櫛',即不束髮。'不力',不得力,義應與之近"。① 此篇竹書公布後,研究者針對"示"字的釋讀掀起了很多討論。首先是魏宜輝先生在讚同整理者釋"力"之説的基礎上提出"'力'疑讀作'飭'。力、飭皆爲舌頭音、職部字,音近可通。'冠不飭'猶言'冠不正'"。② 然後是釋"介"和"奐"兩説,這兩種釋法都是在否定整理者釋"示"爲"力"基礎上的改釋。

曹建墩先生最早提出釋"介"之説。認爲:"'冠不介',整理者原注爲'冠不力,不力,不得力'。明顯文意很難講通。承蒙吉林大學張新俊先生見告,力當爲介字誤釋,讀爲'紒'。筆者仔細核對簡文,贊同這種意見。案:《儀禮·士冠禮》:'采衣,紒',鄭玄注:'紒,結髮。古文紒通結。'簡文意思指孝子因憂父母之疾而顧不上結髮爲髻。"③黃人二先生亦持此説,但在通假的選擇以及解釋上則有所不同,認爲"介"字"古見母祭部,與見母脂部的'櫛'字音近互假。謂父母有疾之時,孝子無心對頭髮細加梳理"。④

黃人二先生將"示"釋爲"介"並通假爲"櫛"的説法與傳本《禮記·曲禮》之"冠者不櫛"只差一"者"字,似乎直接對應,此説有一定影響力。如曹建墩先生在後來出版的《戰國竹書與先秦禮學研究》第三章《上博簡〈内豊〉與〈昔者君老〉研究》一節放棄原有的觀點,轉而支持通"櫛"之説,"筆者曾認爲此字爲'介',並引《儀禮·士冠禮》鄭玄注'紒,結髮。古文紒通結',認爲簡文指孝子因憂父母之疾而顧不上結髮爲髻。黃人二先生釋爲'介(櫛)',謂父母有疾之時,孝子無心對頭髮細加梳理。今按:今本作'不櫛',指孝子因心憂父母之疾而顧不上梳理頭髮。黃説可從"。⑤

釋"奐"之説則是田煒先生提出。田煒先生在否定"力""介"兩説的基礎上提出,侯馬盟書"奐"字作、等形,"祶"字作作、等形,"寏"字作,所從之"奐"與示形同。進而將"示"改釋爲"奐"。認爲"奐"可以讀爲"綄",訓爲"結也""繫也"。簡文"冠不示(奐)"指的是"成年的男子因父母有疾而不綰髮,不綰髮就不能戴冠。

---

① 馬承源主編:《上海博物館藏戰國楚竹書(四)》,第 226 頁。

② 魏宜輝:《讀上博楚簡(四)札記》,簡帛研究網,2005 年 3 月 10 日。

③ 曹建墩:《讀上博藏楚竹書〈内豊〉篇札記》,簡帛研究網,2005 年 3 月 4 日。

④ 黃人二:《讀上博四〈内豊〉書後》,《戰國楚簡研究》,上海古籍出版社,2012 年,第 8 頁。

⑤ 曹建墩:《戰國竹書與先秦禮學研究》,人民出版社,2018 年,第 106 頁。

《曲禮》中所説的'櫛',是男子用的梳篦,所謂'不櫛',就是不梳理頭髮,不梳理頭髮同樣不能戴冠。所以《内禮》的'冠不兔'和《曲禮》的'冠者不櫛',意思大概是一樣的"。①

上引釋"力""介""兔"三説以田煒先生的字形考釋最爲詳備,影響力最大,如《上博楚簡文字聲系(一～八)》"曉紐兔聲"的"兔"字條,②《上博藏戰國楚竹書字匯》等均從田説。③ 近年侯乃峰先生在總結曹建墩以及田煒先生兩説的基礎上按語云:

> 按,田説字形上有據,似當可從。今《清華大學藏戰國竹簡(貳)·繫年》簡30、31、32 有個與傳世典籍"奚"對應之字作" 𦚠 "形,學者或以爲其右部字形與本篇此字有關。然此字構形仍不明,待考。④

侯乃峰先生觀點後出,誠如其在按語中所總結"此字構形仍不明,待考",可見目前學界對此字的形音義仍存疑問,未有定論。

一、諸説字形上的檢討

關於 𣥂 字的考釋,至少有形、音、義以及典籍對讀幾個層面需要解釋,而最核心的則在於字形考釋,即此字應該釋爲何字的問題。下面先從字形上檢驗以上諸説的是非。

"介"字説的字形問題田煒先生已經有所批駁,下面稍作補充。在上博簡第四册公布的 2004 年以及田文發表的 2005 年楚簡中"介"字字形尚少,但隨著上博簡的進一步披露以及清華簡的公布,楚簡中除田煒先生所舉證的信陽楚簡 𠆧 字外,還有以下幾例"介"字:

𠆧(上博六《平王問鄭壽》簡 5) 𠆧(上博七《吴命》簡 4) 𠆧(上博九《舉治王天下》簡 8) 𠆧(清華三《周公之琴舞》簡 14) 𠆧(清華四《別卦》簡 4) 𠆧(清華八《邦家處位》簡 1) 𠆧(上博四《〈昭王毀室〉〈昭王與龔之脽〉》簡 6)

此外,上博簡中還有一從兩"介"之字作以下之形:

𠈌(上博二《容成氏》簡 14)

上引"介"字及"介"旁"人"形旁兩筆均不相連,與 𣥂 字差別明顯,可見釋"介"之

---

① 田煒:《讀上博竹書(四)瑣記》,簡帛研究網,2005 年 4 月 3 日;又見氏著《讀〈上海博物館藏戰國楚竹書〉零札》(《江漢考古》2008 年第 2 期),論證稍有不同,今引前者。

② 徐在國:《上博楚簡文字聲系(一～八)》,安徽大學出版社,2013 年,第 2954 頁。

③ 饒宗頤主編:《上博藏戰國楚竹書字匯》,安徽大學出版社,2012 年,第 247 頁。

④ 侯乃峰:《上博楚簡儒學文獻校理》,上海古籍出版社,2018 年,第 213 頁。

説在字形上確實缺乏根據。而釋"奐"之説,①從田文中所舉侯馬盟書的字形來看,確實很有依據。但本篇戰國竹書均爲典型楚文字,而侯馬盟書則爲戰國早期三晉系的文字。將不同時段的他系文字和楚文字進行字形比對雖無不可,②楚簡之中同一篇包含其他系文字的現象越來越多見,但是若 $\nvdash$ 能跟楚文字之中已有的形體相聯繫,更爲保險的做法應該還是考察目前已公布的楚文字中哪個字與 $\nvdash$ 形最爲相近或相同。除此之外,釋"奐"之說在訓詁上也有一些疑問。鄔可晶先生在新近公布的一篇文章中就指出:"訓'繫'、'結'的'縮'的用例偏晚,如《漢語大字典》'縮'的'繫掛;佩戴'義項下所舉最早書證爲《漢書·周勃傳》,而且'繫掛'的意思與'繫結'也還有距離;《漢語大字典》'將頭髮等條狀物繫結起來,或盤打成結'的義項下所舉最早書證爲唐代劉禹錫《楊柳枝詞九首》之七,上古'縮'當無此義。"③

在最新公布的《安徽大學藏戰國竹簡(一)》中有幾個从力的"㔟"字作以下之形:

A1: (簡 53"㔟"字) A2: (簡 116"㔟"字)

其中 A1 所从"力"即楚文字中常規寫法的"力",而 A2 所从之"力"作 便與 $\nvdash$ 形基本相同。

再,安大簡《詩經》對應今本《摽有梅》的"摽"字作:

B1: (簡 34) B2: (簡 34) B3: (簡 34)

整理者原將這三形隸定爲"芨",云:"'芨',簡文作' ',下部从兩'又',所从'又'與《無衣》' (復)'所从同。从兩手,會意,即受。'芨','芰'之異體。《魯詩》《韓詩》作

---

① 需要指出的是實際上侯馬盟書所謂从"奐"的諸字,如"裸" 、 、"奐" 所从之 、 、 形實爲"奐"字的聲符"肉","肉"或當獨立成字,詳參裘錫圭、陳劍先生《説"狥""諼"》(《漢語歷史語言學的傳承與發展——張永言先生從教六十五周年紀念文集》,復旦大學出版社,2016 年),以及徐寶貴、孫臣先生《古文字考釋四則》(《考古與文物》2001 年第 1 期)兩文。

② 至於侯乃峰先生按語中所提出的"今《清華大學藏戰國竹簡(貳)·繫年》簡 30、31、32 有個與傳世典籍'奚'對應之字作' '形,學者或以爲其右部字形與本篇此字有關",核查清華簡《繫年》中用爲"奚"的三個字形 (《繫年》簡 31)、 (《繫年》簡 32)、 (《繫年》簡 32),其右旁實爲 、 、 形,已有學者指出《繫年》此形"和侯馬盟書的'奐'字字形差別明顯。清華簡這個偏旁左下豎筆和中間橫筆交叉,而侯馬盟書的'奐'字兩筆相接,但不交叉。兩字形間差異恐怕不能忽視"(詳見孟蓬生:《清華簡〈繫年〉初札(二則)》,復旦大學出土文獻與古文字研究中心網站,2011 年 12 月 21 日,"學者評論"第 11 樓"在宥"發言)。對比正文中所引侯馬盟書的"奐"及"奐"形,網友"在宥"的評論是公允可信的。

③ 鄔可晶:《釋清華簡〈五紀〉的"介"》,復旦大學出土文獻與古文字研究中心網站,2021 年 11 月 18 日。

'荾',《齊詩》作'藆'。《説文·爪部》:'受,物落,上下相付也。从爪,从又。凡受之屬皆从受,讀若《詩》"摽有梅"。'毛傳:'摽,落也。'段玉裁以《毛詩》'摽'字爲'受'之假借。"①從字形來看,字形、字形、字形三形"艸"下部分與"又"形差別明顯,整理者所舉《無衣》篇的"俊"作字形形,下面所从亦早已有學者指出應是"力"旁。② 可見,將 B 類三形"艸"下所从釋爲兩"又"難以令人信服。有學者聯繫傳抄古文"艸"下所从釋爲"抛"字聲旁,③釋"抛"的意見正確與否還有待更多材料的印證,但對比 A 類"枛"字以及楚簡中繁出迭見的"力"形,B 類三形"艸"下从兩個"力"則是可以肯定的。仔細觀察這三個字形所从的六個"力"形,B2、B3 所从之"力"均爲楚文字常見寫法的"力"形,而 B1 所从的兩個"力",第一個"力"形與 B2、B3 所从"力"形相同,而第二個"力"形字形則與 A2"枛"字所从"力"形字形相同。

據此,將本篇字形與安大簡字形(簡 116"枛"字)、字形(簡 34 對應今本"摽"字)所从"力"形字形、字形相比較,上博簡整理者將字形釋爲"力"是有字形依據的,在楚文字的内證上釋"力""介""奐"三説中應該也是要以釋"力"之説更爲合適。④

需要指出的是在本篇公布的 2004 年,"介"字字例尚少,導致學者判斷失誤。而"力"字雖字例極多,但特殊寫法也是在 2019 年安大簡公布後才爲人所知,從而導致了整理者最開始的釋法不爲更多學者接受。至於"奐"字説確實有三晉系侯馬盟書的例子作爲支撐,此釋接受度也最爲廣泛。現通過楚文字的内部字形證據肯定了釋"力"之説的正確,可見文字的字形考釋有時候具有一定的偶然性,新出的材料會對舊説提供支撐或形成挑戰,體現了新材料的寶貴之處。

二、文義上的再梳理

整理者最先指出簡文"君子曰:孝子,父母又(有)疾,冠不力,行不頌(翔),不卒(萃)立,不庶語"可與《禮記·曲禮上》部分字句對讀。認爲簡文"父母又(有)疾,冠不力"與《禮記·曲禮上》"父母有疾,冠者不櫛"可以參照,諸家研究者亦均采用這一對讀方案,

---

① 黃德寬、徐在國主編:《安徽大學藏戰國竹簡(一)》,中西書局,2019 年,第 92 頁。

② 侯瑞華:《讀安大簡〈詩經·摽有梅〉札記一則》,武漢大學簡帛網,2019 年 10 月 7 日。

③ 侯瑞華:《讀安大簡〈詩經·摽有梅〉札記一則》。

④ 楚文字中常見的"力"形從筆勢上看一般爲兩筆寫成,而本篇"力"字字形和安大簡"力"旁字形、字形至少要三至四筆才能寫成,其左側多一丿筆,是與常規"力"字最大的不同。上博七《凡物流形(甲)》和上博九《舉治王天下》"力"分別作字形(簡 30)、字形(簡 32)形,其左側亦多一筆,與字形字稍微不同的是,前兩者左側一筆向上,而後者向下,唯貴都是比較特殊寫法的"力"形。

可見整理者的意見確實是正確的。但整理者將簡文"不力"解釋爲"不得力",則頗令人費解。並且,若將簡文"不力"與《禮記》"不櫛"直接對讀亦容易忽略了一個重要的問題,即簡文是"冠不力"而《禮記》是"冠者不櫛",前者是"冠",後者則是"冠者"。

從簡文"君子曰:孝子,父母又(有)疾,冠不力,行不頌(翔),不卒(萃)立,不庶語"一句來看"冠不力"和"行不頌"是相對應的,均是指前面主語"孝子"的"冠""不力",和"孝子"的"行""不頌"。從前後文對應的語法角度分析,後文"行不頌"的"行"用爲動詞,表示行走,則"冠"也應該是動詞,表示戴冠。典籍中用爲動詞的"冠"有"戴冠"義。《孟子·滕文公上》:"'許子冠乎?'曰:'冠'。曰:'奚冠?'曰:'冠素。'"《戰國策》卷十一《齊策四》"齊人有馮諼者"條:"孟嘗君怪其疾也,衣冠而見之。"而《禮記·曲禮上》"父母有疾,冠者不櫛,行不翔,言不惰"一句的主語卻是"冠者",是個名詞。"冠"和"冠者"雖然只有一字之差,但意思卻大不相同。前者指的是孝子戴"冠"這一行爲動作,而後者則指戴冠之"人"。朱彬《禮記訓纂》引方性夫指出:"言冠者,別於童子。冠則有時而不櫛可也。童子無冠,無時而不櫛。"[1]再看簡文"冠不力"的"不力"和《禮記》"冠者不櫛"的"不櫛"。前面已經説明"冠不力"和"行不頌"具有對應關係,"行不頌"之"頌",整理者讀爲"翔",引鄭注訓爲"行而張拱曰翔","行不頌(翔)"即"行走時不可張開雙臂"。[2] 此釋正確可信。"行不頌(翔)"的"行"表示行走,是個動詞,"翔"表示張開雙臂,也是個動詞,"不頌(翔)"是"行"的補語。根據兩句的對應關係,則"冠不力"的"力"也應該是一個動詞,"不力"作爲"冠"的補語。而《禮記》"冠者不櫛"的"不櫛","櫛"表示梳髮,雖然也是一個動詞,但是前面的主語"冠者"是表示人,爲名詞,"冠者不櫛"是一個主謂結構,"不櫛"是句中的謂語,與簡文"不力"作爲補語不同。所以,簡文"冠不力"和《禮記》"冠者不櫛"並不是完全的對應關係,應該注意到詞句以及語法層面的細微差別。

回顧上引諸家釋法,當以魏宜輝先生從整理者釋"力"而讀爲"飭"之説最有道理。魏宜輝先生認爲:"'力'疑讀作'飭'。力、飭皆爲舌頭音、職部字,音近可通。'冠不飭'猶言'冠不正'。"魏文的解釋頗爲簡略,僅從音理上説明了"力""飭"兩字音近,没有舉例説明。在解釋上認爲簡文"冠不力(飭)"猶言"冠不正",也没有進一步説明"冠"和"飭""正"的詞性以及所表示的具體義項。隨著出土文獻的進一步披露與研究的深入,出現了越來越多"力"聲字與"飭"字相通假的例子。下面結合全句語法和文義,利用其他出土文獻材料以及傳世典籍進行補充説明。

隨著戰國楚簡的進一步披露以及研究的推進,出土文獻中見有數例比較肯定的从

---

① (清) 朱彬:《禮記訓纂》,中華書局,1996 年,第 31 頁。

② 馬承源主編:《上海博物館藏戰國楚竹書(四)》,第 226～227 頁。

"力"聲之字與"飭"相通的例子。郭店簡《緇衣》簡1:"則民臧〈咸〉敂而型(刑)不屯。"上博簡《緇衣》簡1:"則民咸扚而型(刑)不剸。"馮勝君先生指出"敂""扚"應該分析爲从"力"得聲,而讀爲"飭"。① 再,上博簡《仲弓》簡11+13"緩(緩)愮(施)而㤇敂之"一句,"㤇敂"之"㤇"陳劍先生讀爲"遜",②而"敂"馮勝君先生則讀爲"飭"。③ 將兩位先生的釋讀合觀"㤇敂"即"遜飭"。上引説法皆通達可信。上博簡《緇衣》"扚"應即"敂"字異體,古文字中从"手"和从"攴"作爲意符往往可以通用。如包山簡中"搏"字从"手"作🈳(簡133),又可以从"攴"作🈳(簡135);《説文解字》中"扶"从"手"篆作🈳,古文又从"攴"作🈳;"揚"从"手"篆作揚,古文又从"攴"作🈳。再,新出清華簡第九册《治政之道》簡25"古(故)唯(雖)僮(動)亓(其)衆庶,娶敀亓(其)兵甲(甲),以戎力殟(强)而取之,則北(必)不彳(終)亓(其)身。"簡文中的"娶敀"整理者讀爲"攝飭",認爲"'攝'與'飭'同義",均爲整飭、修治之義。④ 此釋亦令人信服,"敀"即从"力"聲。據此,將簡文中的"力"讀爲"飭"是没有問題的。⑤

典籍中"飭""敕""勅(勑)"⑥諸字常通用無别。《漢書·禮樂志》:"五音飭。"顏師古注:"飭,讀與敕字同,謂整也。"《書·皋陶謨》:"飭我五典。"江聲《尚書集注音疏》:"飭與敕古今字也。"《釋名·釋書契》:"敕,飭也。使自警飭,不敢廢慢也。"畢沅疏證:"敕、飭音義同。"而"敕""勅"之間的關係,《廣韻·職韻》以"勅"爲"敕"字異體,《集韻·職韻》則

---

① 馮勝君:《郭店簡與上博簡對比研究》,綫裝書局,2007年,第74~75頁。

② 陳劍:《上博竹書〈仲弓〉篇新編釋文》,氏著《戰國竹書論集》,上海古籍出版社,2013年,第108頁。

③ 馮勝君:《郭店簡與上博簡對比研究》,第75頁。

④ 清華大學出土文獻研究與保護中心編,黃德寬主編:《清華大學藏戰國竹簡(玖)》,中西書局,2019年,第139頁。此條用例爲魏宜輝先生賜告,謹致謝忱。

⑤ "力"爲出土文獻常用字,可能會有學者懷疑常見字"力"能否讀爲其他字。其實在出土文獻中,不乏"力"字用爲其他字的例子。如清華簡第一册《金縢》簡6~7"就後武王力,成王由(猶)幼才(在)立(位)",簡文中的"力"整理者(清華大學出土文獻研究與保護中心編,李學勤主編:《清華大學藏戰國竹簡(壹)》,中西書局,2010年,第160頁)便讀爲"陟";再清華簡第三册《説命上》簡2"敓(説)方坓(築)城,縢(騰)降踊力",簡文中的"力"張富海先生(《讀清華簡〈説命〉小識》,《簡帛文獻與古代史——第二届出土文獻青年學者國際論壇論文集》,中西書局,2015年,第42頁)亦讀爲"陟";又,北大簡第五册《揕輿》簡41"甲申、丁未、庚寅、癸丑,是謂繚力",簡文中的"力"整理者(北京大學出土文獻研究所編:《北京大學藏西漢竹書(伍)》,上海古籍出版社,2014年,第138頁)讀爲"戾"。以上均爲出土文獻中"力"讀作他字的例子。

⑥ 典籍中用爲"敕"之"勅"實爲"勑"字俗體,並非《説文·力部》訓"勞也"之"勑"。《周易·噬嗑》:"先王以明罰勑法。"陸德明釋文:"勑,恥力反。此俗字也。"徐灝《説文解字注箋》(丁福保:《説文解字詁林》,中華書局,2014年,第13408頁)亦云:"'敕'或从'力'作'勅'。草書'勑''勅'相似,遂以'勅'爲'勑',漢碑已然矣。《爾雅·釋詁》:'敕,勞也。'蓋本作'勑',因誤認爲'勅',又轉寫作'敕'耳。"

以"勑"爲"敕"字古文。王觀國《學林》卷二《緐》字條云:"古文'敕'字,《尚書》變爲'勑'。"①

參考整理者與研究者的考釋意見,簡文"君子曰:孝子,父母又(有)疾,冠不力,行不頌(翔),不卒(萃)立,不庶語"講的是在父母有疾之時,孝子的行爲與平常有異,憂不爲容。"行不頌(翔),不卒(萃)立,不庶語"指的是父母有疾之時孝子行走的時候不張開雙臂,不於人群而立交接衆人,不多説話。前文已經説明"冠不力"的"冠"是動詞,指"戴冠","力"也是一個動詞,"不力"是"冠"的補語,用以補充説明。據此,"冠不力(飭/敕/勑)"應該是講父母有疾之時孝子因著急、憂心而導致"戴冠"的時候無心或無暇"整理"的意思。②

典籍中"飭""敕""勑"恰好均有整治、整理義。《説文》"飭"字小徐云:"飭,修整之也。"《易·雜卦》:"蠱則飭也。"韓康伯注:"飭,整治也。"《周禮·考工記·序》:"以飭五材。"孫詒讓《周禮正義》:"'飭材'之'飭',當從先鄭訓爲'治',乃致堅引申之義。"③《廣雅·釋詁二》:"敕,理也。"《漢書·石顯傳》:"修敕宜侍帷幄。"顔師古注:"敕,整也。"《易·噬嗑·象傳》:"先王以明罰勑法。"陸德明釋文:"(勑)此俗字也,《字林》作'勑'。鄭云'勑,猶理也'。一云整也。"可見,"飭""敕""勑(勑)"在表示"整治""整理"義時是一組同源詞。

據此,簡文"冠不力(飭/敕/勑)"當爲戴冠之時不加以整理的意思。《禮記·曲禮》所對應之"冠者不櫛","櫛"本爲梳髮用的梳子,引申又有梳髮義。④古人戴冠之前一般先要梳髮,但梳髮並不是戴冠的充分必要條件,正如朱彬《禮記訓纂》所云:"言冠者,別於童子。冠則有時而不櫛可也。童子無冠,無時而不櫛。"⑤《曲禮》此言父母有疾之時"冠者不櫛"所表示的意思蓋是父母有疾,孝子因著急、憂慮而無暇梳理/打理頭髮便戴冠,與簡文"冠不力(飭/敕/勑)"可謂異曲同工。

---

① (宋)王觀國:《學林》,中華書局,1988年,第51頁。

② 田煒先生(《讀上博竹書(四)瑣記》,簡帛研究網,2005年4月3日)將 木 釋爲"奐"讀爲"縮""統"時指出:"'冠不奐'指的是成年的男子因父母有疾而不縮髮,不縮髮就不能戴冠。《曲禮》中所説的'櫛',是男子用的梳篦,所謂'不櫛',就是不梳理頭髮,不梳理頭髮同樣不能戴冠。所以《內禮》的'冠不奐'和《曲禮》的'冠者不櫛',意思大概是一樣的。"田先生在後來正式發表的文章(《讀〈上海博物館藏戰國楚竹書〉零札》,《江漢考古》2008年第2期)中則將此段改爲"'冠不奐'就是因父母有疾,不縮髮繫冠之意,與《曲禮》的'冠者不櫛'意思相當"。從上文所引朱彬《禮記訓纂》對"冠者不櫛"一句的解釋以及正文部分對簡文"冠不力"的分析來看,"冠者不櫛"和"冠不力"所表示的都不是不能戴冠或不戴冠的意思,而應是戴冠的時候不(對頭髮)加以整理之義。

③ (清)孫詒讓:《周禮正義》,中華書局,1987年,第3108頁。

④ "櫛"字字義詳參宗福邦、陳世鐃、蕭海波主編:《故訓彙纂》(商務印書館,2003年,第1157頁)"櫛"字條。

⑤ (清)朱彬:《禮記訓纂》,第31頁。

　　綜上,將" "釋爲"力",讀爲"飭""敕""勅(勑)",訓爲"整治""整理",於形、音、義都較爲貼切。簡文"孝子,父母又(有)疾,冠不力(飭/敕/勅),行不頌(翔),不卒(萃)立,不庶語"講的便是父母有疾之時,孝子在戴冠之時無心整理,行走的時候不張開雙臂,不於人群而立交接衆人,不多説話。這些異於常態的行爲動作正是孝子憂不爲容的體現。

説上博九《舉治王天下》的"首丩旨身鱻鰽"

楊奉聯

（中國計量大學）

　　《上海博物館藏戰國楚竹書（九）》於 2012 年公布，至今已有十年的時間，學者們以整理者的研究爲基礎，在竹簡編聯、字形隸定、詞義考釋等方面進行深入探討並取得了豐碩成果。但由於楚簡文本的複雜性，仍有一些問題還需要進一步研究。今擷取其中一則進行討論，以就正於方家。

　　《舉治王天下》爲上博簡中一部非常重要的儒家文獻，該篇包括連續抄寫的五篇文章，分別是《古公見太公望》《文王訪之於尚父舉治》《堯王天下》《舜王天下》和《禹王天下》，講的是古代聖君治國治民之事。本文所要討論的《禹王天下》之中的"首丩旨，身鱻鰽"。爲了行文流暢，釋文無疑問的地方采用寬式隸定。先看原文：

　　　　"禹疏江爲三，疏河爲九，百川皆導，賽（塞）專九十，決瀆三百。百丩旨，身
　　鱻鰽。"（簡 30、31）

　　"百丩旨"，整理者讀爲"百糾置"，"糾"，引《説文》訓爲"相糾繚也"。"旨"讀爲"置"，又讀爲"致"，訓爲"獻出"。網友"鳲鳩"讀爲"首垢鰲"或"首耇鰲"。① "鱻鰽"，整理者認爲鱻鰽泛指水中異猛魚類，此句句義爲禹治水能不惜自身，百事相縈，致身不顧鱻鰽異猛之危。蘇建洲指出"百丩旨，身鱻鰽"可比對《容成氏》簡 23＋24"面黫鰽，脛不生之毛"之句，"首丩旨"可能讀爲"手厚胝"，"丩"讀爲"佝"。②

---

①　詳見簡帛網簡帛論壇 2013 年 1 月 2 日《舉治王天下初讀》討論帖第 60 樓。
②　蘇建洲：《初讀〈上博九〉劄記（二）》，簡帛網，2013 年 1 月 14 日。

蔡偉理解爲“首(手)丩(句)旨(指)，身鱗(鱗)鰭(皵/錯)”，指出：

> “拘指”“句指”爲同義連語，彎曲之貌(不能照字面簡單地理解爲“彎曲手指”)。而連語往往可以倒言之，如“怠荒”或作“荒怠”，“寬綽”或作“綽寬”，“貪婪”，《清華簡(三)·芮良夫毖》作“惏(婪)愈(貪)”，則尤爲顯例。故“拘指”“句指”文獻中或寫作“穚秖”“枳棋”“枳枸”“枳句”“枝拘”“迉曲”“稽極〈秖〉”“稽可〈句〉”，大抵皆爲“詰詘不得伸之意”。簡文是描寫大禹治水之辛勞，以致：手彎曲而不能伸展，身之膚理也麤皵若魚鱗了。①

結合上下文來看，“百(首)丩旨，身鱗鰭”之句顯然是指大禹治水期間極爲勞苦，以致身體外貌都發生了變化。這在傳世文獻中多有記載。《吕氏春秋·求人》：“(禹)顏色黎黑，竅藏不通，步不相過。”《史記·李斯列傳》：“(禹)而股無胈，脛無毛，手足胼胝，面目黎黑，遂以死于外，葬於會稽。”《劉子·知人》：“禹爲匹夫，未有功名。堯深知之，使治水焉。乃鑿龍門，斬荆山，導熊耳，通鳥鼠，櫛奔風，沐驟雨，耳目黧黔。”學者受其影響，在注釋這句話時，很容易將“百丩旨”往“顏色黎黑”上靠攏。將“首”解爲臉、面，將“丩旨”誤解爲“黎黑”。“首”，本訓爲頭，但此處隨文生義，當理解爲頭髮。這種以“首”代指頭髮的用法古書中比較常見，如《詩·衛風·伯兮》：“自伯之東，首如飛蓬。”朱熹集傳：“言我髮亂如此，非無膏沐可以爲容；所以不爲者，君子行役，無所主而爲之故也。”《左傳·僖公十五年》：“晉大夫反首拔舍從之。”杜預注：“反首，亂頭髮下垂也。”丩即糾，訓爲纏繞、糾纏，《玉篇·丩部》：“糾，絞也，繚也。”《楚辭·招隱士》：“樹輪相糾兮，林木茷骫。”旨，讀爲指，訓爲直立、豎起。古書中表“頭髮直立”義常用“植”或“指”，比如《吕氏春秋·必己》：“孟賁瞋目而視船人，髮植，目裂，鬢指。”高誘注：“指，直。”《史記·項羽本紀》：“頭髮上指，目眥盡裂。”“糾指”言大禹治水，長期在太陽下暴曬，頭髮黏結在一起，凌亂直立。

上博簡二《容成氏》：“禹既已受命，乃艸服、箁箬帽、蒲笠 𪉲 疋 𥏸 [□]面軹鰭，脛不生之毛。”這一句和“百丩旨”有直接關係且屬於同一批竹簡，內容聯繫極爲緊密。“軹鰭”，孟蓬生讀爲“皯皵”，指面部皮膚烏黑粗糙。② 孟説可從。皯，面色枯焦黝黑。《説文·皮部》：“皯，面黑气也。”桂馥《説文解字義證》引《通俗文》：“面鸒黑曰皯。”皵，表皮粗糙皺裂。《爾雅·釋木》：“槐小葉曰榎；大而皵，楸；小而皵，榎。”郭璞注：“老乃皮麤皵者爲楸，小而皮麤皵者爲榎。”

---

① 蔡偉：《釋“百丩旨身鱗鰭”》，復旦大學出土文獻與古文字研究中心網站，2013 年 1 月 16 日。

② 孟蓬生：《上博竹書(二)字詞劄記》，朱淵清、廖名春主編：《上博館藏戰國楚竹書研究續編》，上海書店出版社，2004 年。

　　鱗䱡，孟蓬生在《容成氏》中將"䱡"字讀爲"散"，蔡偉從之。筆者也認同這種觀點。但在"鱗"的解釋上，另有想法。蔡偉讀"鱗"爲"鱗"，從音的角度上似乎可以讀通。但從語法上似乎有可商榷的地方。"百(首)丩旨"與"身鱗䱡"相對爲文，都是主謂結構。"丩旨"和"鱗䱡"都是形容詞，且都是同義連文。若從蔡說，"鱗散"之"鱗"爲名詞，句法上總是不太協調。蔡文所舉的兩個例子，均屬唐宋時代，與先秦相距千年，説服力不足。①

　　"鱗䱡"意義接近於《容成氏》的"釫散"。"䱡"從孟説讀爲"散"。"鱗"則讀爲"夒"，典籍中"命"可通假爲"慢"，《禮記·大學》："見賢而不能舉，舉而不能先，命也。"鄭注："命，讀爲慢，聲之誤也。舉賢而不能使君以先己，是輕慢於舉人也。"夒，皮脱離，《廣雅·釋詁三》："夒，離也。"《玉篇·皮部》："夒，皮脱也。"鱗䱡，即夒散，指身上的皮皸裂脱落。

　　"百丩旨"與"身鱗䱡"相對爲文，盡言大禹治水之勞苦，長期風吹日曬，導致頭髮糾結凌亂，身上皸裂脱皮。

　　《吕氏春秋·察傳》講道："辭多類非而是，多類是而非，是非之經，不可不分。"現在出土文獻越來越多，不少文獻可以和傳世的版本進行比較，這爲文獻釋讀提供了巨大的便利，但在對讀解釋中，不能簡單地對比拼湊，要根據具體情況，尊重語言現實。有些資料只是看起來相似，細究起來，可能大有不同。在文獻釋讀時，要把語言放在具體的語境中去解釋，放在漢語發展演變的具體過程中去研究。

---

① 語言是具有時代性和地域性的，詞彙的時代性表現爲古詞和新詞，地域性表現爲通語詞和方言詞，在使用書證論證觀點時，要注意不能用後世特别是極晚的書證來論證前代的語言現象。唐宋時期文人雖然也使用先秦的字詞語法，但有很多是仿古詞，並非先秦一定存在。

《岳麓秦簡(肆)》詞語解詁(四則)*

孔德超

(西南大學歷史文化學院)

陳松長先生主編的《岳麓書院藏秦簡(肆)》自 2015 年 12 月出版以來,在學術界引起了強烈反響。整體來説,整理者對這批竹簡作了相當精審的釋文與注釋,但是一些詞語的解讀仍有可補釋之處。本文擬在整理者及諸家研究的基礎上,對"陕壞""毋害""踐吏""小爵"四個詞語作進一步解詁,不當之處,敬請方家批評指正。

一、陕(缺)壞

(1) 城塞陛郭多陕(缺)壞不脩,徒隸少不足治,以閒時歲一興大夫以下至弟子、復子无復不復,各旬以繕之。(《岳麓秦簡(肆)》簡 188 正＋189 正)

睡虎地秦簡亦有一處用例:

(2) 卒歲而或陕(缺)壞,過三堵以上,縣葆者補繕之;三堵以下,及雖未盈卒歲而或盜陕(缺)道出入,令苑輒自補繕之。(《秦律十八種·徭律》簡 118＋119)

例(1)岳麓秦簡和例(2)睡虎地秦簡,整理者皆把"陕"讀爲"決"。岳麓秦簡整理者將"陕(決)壞"注爲"毀損"。① 睡虎地秦簡整理小組則將"陕(決)壞"譯爲"缺毀"。② 二

---

* 本文寫作得到 2020 年重慶市博士後創新人才支持計劃項目"制度變遷視野下的秦興亡史研究"資助。同時,本文亦是 2021 年西南大學中央高校基本科研業務費青年項目"《里耶秦簡》詞彙研究及詞典編纂"(項目編號:SWU2109341)的階段性成果。

① 陳松長主編:《岳麓書院藏秦簡(肆)》,上海辭書出版社,2015 年,第 170 頁。
② 睡虎地秦墓竹簡整理小組編:《睡虎地秦墓竹簡》,文物出版社,1990 年,第 48 頁。

者的注釋沒有問題，但是將"陕"讀爲"决"值得商榷。

　　《岳麓秦簡（壹）·爲吏治官及黔首》簡 1 有："院垣陕壞。"陕，整理者讀作决。① 廖繼紅先生讀爲"缺"，訓爲破裂。《集韵·屑韵》："缺，破也。亦作决。"②馬芳、張再興先生讀爲"絶"，訓爲斷，引申爲杜絶、防備義。③ 臧磊先生訓崩缺。④ 邱亮先生認爲壞、陕同意並舉，皆有潰破之義。⑤ 許道勝先生校注云：⑥

　　　　睡虎地秦簡《秦律十八種·徭律》："縣葆禁苑、公馬牛苑，興徒以斬（塹）垣離（籬）散及補繕之，輒以效苑吏，苑吏循之。未卒歲或壞陕（决），令縣復興徒爲之，而勿計爲繇（徭）。卒歲而或陕（决）壞，過三堵以上，縣葆者補繕之；三堵以下，及雖未盈卒歲而或盜陕（决）道出入，令苑輒自補繕之。"其中"决壞""壞决"，分别被譯作"缺毀""毀缺"。又《法律答問》："越里中之與它里界者，垣爲'完（院）'不爲？ 巷相直爲'院'；宇相直者不爲'院'。"張家山漢簡《二年律令·雜律》："越邑里、官市院垣，若故壞决道出入，及盜啟門户，皆贖黥。其垣壞高不盈五尺者，除。"龍崗秦簡："禁苑嗇夫、吏數巡行，垣有决壞獸道出，及見獸出在外，亟告官。"本簡文所記，或與所引諸類律文相關。

　　據以上幾例簡文，无論"陕"，還是"决"，都與開鑿有關。"陕"爲開鑿山陵通道，"决"爲開鑿壅塞、疏通水道。而且，以"陕"或"决"來形容"城塞陛部"等建築物的極少。故而，我們認爲"陕"讀爲"缺"更優。陕、缺爲諧聲字，故可通假。缺，可訓爲"壞"。《孟子·滕文公下》"咸以正无缺"，朱熹集注："缺，壞也。"⑦《文選·王儉〈褚淵碑文〉》"梁陰載缺"，吕向注："缺，壞也。"⑧故而，"缺壞"可看作一個同義複合詞，指破缺損壞。《顔氏家訓·治家》："借人典籍，皆須愛護，先有缺壞，就爲補治，此亦士大夫百行之一也。"⑨是其例。

---

① 朱漢民、陳松長主編：《岳麓書院藏秦簡（壹）》，上海辭書出版社，2010 年，第 187 頁。

② 廖繼紅：《〈爲吏治官及黔首〉補釋》，簡帛網，2011 年 2 月 28 日，http：//www.bsm.cn/show_article.php? id＝1407。

③ 馬芳、張再興：《岳麓簡〈爲吏治官及黔首〉校讀（一）》，簡帛網，2011 年 4 月 25 日，http：//www.bsm.org.cn/show_article.php? id＝1465。

④ 臧磊：《〈岳麓書院藏秦簡（壹）〉校注》，西南大學碩士學位論文，2013 年，第 12 頁。

⑤ 邱亮：《〈岳麓書院藏秦簡（壹）〉語言文字研究》，吉首大學碩士學位論文，2012 年，第 11～12 頁。

⑥ 許道勝：《岳麓秦簡〈爲吏治官及黔首〉與〈數〉校釋》，武漢大學博士學位論文，2013 年，第 85 頁。

⑦ （宋）朱熹：《孟子集注》，（宋）朱熹撰，朱杰人等主編：《朱子全書（修訂本）》第 6 册，上海古籍出版社、安徽教育出版社，2010 年，第 331 頁。

⑧ （南朝梁）蕭統選編，（唐）吕延濟等注，俞紹初等點校：《新校訂六家注文選》，鄭州大學出版社，2013 年，第 3813 頁。

⑨ 王利器：《顔氏家訓集解（增補本）》，中華書局，2013 年，第 66 頁。

另外,《睡虎地秦簡•秦律十八種•徭律》簡 117+118:"未卒歲或壞陜,令縣復興徒爲之,而勿計爲繇(徭)。"簡文中的"陜"亦當讀爲"缺","壞缺"義同"缺壞"。

二、毋(無)害

(3) 置典、老,必里相誰(推),以其里公卒、士五(伍)年長而毋(無)害者爲典、老,毋(無)長者令它里年長者。(《岳麓秦簡(肆)》簡 143 正+144 正)

(4) 故徼外蠻……請令縣以□,令吏毋(無)害者一人與蠻夷偕,即爲御,到縣(?)以□□□□□□蠻夷到縣,亦求具,令令史與皆(偕)者,毋敢令蠻夷□(《岳麓秦簡(肆)》簡 303 正+304 正)

岳麓秦簡其他部分亦有用例:

(5) 吏及臣史有教女子辤(辭)上書即爲書而受錢財酒肉焉,因反易〈易〉其言,不用其請(情)實而令其☑□□盜,爲詐(詐)僞,辠完爲城旦以上,已論〈論〉輒盜戒(械),令縬(讞)徒,毋(無)害吏謹將傳輸巴縣鹽,唯勿失,其耐城旦,已論輸巴縣鹽,有能捕黥城旦辠一人,購金二兩。(《岳麓秦簡(伍)》簡 308 正+309 正+310 正)

(6) 當封者,司寇以下穴〈冗〉作官者,令其官遣令史若官嗇夫吏毋(無)害者☑郡守及縣官各以其事難易〈易〉、道里遠近,善爲期。(《岳麓秦簡(伍)》簡 322 正+323 正)

(7) 洋精(清)絜(潔),毋(無)害,敦穀(愨);守吏(事),心平端禮。(《岳麓秦簡(叄)•同、顯盜殺人案》簡 148 正)

(8) 觸爲令史廿(二十)二歲,年卌(四十)三;彭沮、衷勞、年中令。皆請(清)絜(潔),毋(無)害,敦穀(愨);守吏(事),心平端禮。(《岳麓秦簡(三)•觸盜殺安、宜等案》簡 169 正)

其他簡牘材料亦有相關用例:

(9) 官嗇夫節(即)不存,令君子毋(無)害者若令史守官,毋令官佐、史守。(《睡虎地秦簡•秦律十八種•置吏律》簡 161)

(10) 二千石官令毋(無)害都吏復案,問(聞)二千石官,二千石官丞謹掾,當論,乃告縣道官以從事。(《張家山漢簡•二年律令•興律》簡 396+397)

(11) 舉間毋(無)害,謙(廉)絜(潔)敦愨(愨),守吏(事)也,平端。(《張家山漢簡•奏讞書》簡 227+228)

毋,同"無"。《論語·先進》"毋吾以也",劉寶楠正義:"'毋'與'無'同。"①《戰國策·韓策二》"母(毋)秦患而得楚",吳師道云:"(毋)無通。"②《墨子·備城門》"節無以竹箭,楛、趙、掘、榆,可",孫詒讓閒詁:"毋與無字通。"③皆其例。所以,"毋害"即"無害"。

于振波先生認爲,"無害"是指官吏熟悉自己的本職工作,處理公文及辦理公務時處事幹練,認真負責,不出差錯。④ 例(3)"無害",整理者注曰:"毋害,《漢書·蕭何傳》:'以文毋害爲沛主吏掾。'顏師古注引蘇林曰:'毋害,若言無比也。一曰,害,勝也,無能勝害之者。'"⑤無害,爲秦漢時常見用語,即無枉害,謂公平處事。例(3)言將本里年長且處事公正的公卒、士伍推選爲典、老。例(5)中的"毋害吏",即"無害吏",也就是處事公正的官員。同樣,例(6)中的"毋害者",即"無害者",也就是處事公正的人。例(3)、例(4)可以和例(11)對照起來看,皆爲形容官吏廉潔、公正、敦慤,奉行公事,心平端禮。由此可知,例(11)中的"吏"當讀爲"事","守吏"即"守事",奉行公事之義。漢董仲舒《春秋繁露·深察名號》:"士者,事也;民者,瞑也。士不及化,可使守事從上而已。"⑥平端,即"心平端禮"之省,謂用心公平、態度端正有禮。⑦

"無害"一詞,傳世典籍亦有用例,如《墨子·號令》:"守之所親,舉吏貞廉忠信、無害可任事者。"⑧《史記·酷吏列傳》:"然亞夫弗任,曰:'極知禹無害,然文深,不可以居大府。'"司馬貞索隱引蘇林曰:"言若無比也,蓋云其公平也。"⑨《論衡·程材》:"是以選舉取常故,案吏取無害。"⑩值得注意的是,例(5)中的"無害吏"應該是"無害都吏"之省稱。無害吏,猶言公平吏。謂能公正執法、主持公道的官吏。而且,一般認爲"無害吏"或"無害都吏"爲漢代職官。其實不然,秦就設有此官制,這亦説明了職官上的漢承秦制。《史

① (清)劉寶楠撰,高流水點校:《論語正義》,中華書局,1990年,第466頁。

② (西漢)劉向集録,范祥雍箋證,范邦瑾協校:《戰國策箋證》,上海古籍出版社,2006年,第1557頁。

③ (清)孫詒讓撰,孫啟治點校:《墨子閒詁》,中華書局,2001年,第514頁。

④ 于振波:《秦漢法律與社會》,湖南人民出版社,2000年,第219頁。

⑤ 陳松長主編:《岳麓書院藏秦簡(肆)》,第166頁。

⑥ 蘇輿撰,鍾哲點校:《春秋繁露義證》,中華書局,1992年,第286頁。

⑦ 彭浩等先生認爲"平端"也許與上句連讀。守,職守。平端,平正、端正。詳參彭浩、陳偉、[日]工藤元男主編:《二年律令與奏讞書——張家山二四七號漢墓出土法律文獻釋讀》,上海古籍出版社,2007年,第382頁。彭先生對簡文的斷句產生了懷疑,説明其在簡文釋讀上遇到了一些困難,而岳麓秦簡(三)相關簡文的對讀正好爲我們掃除了障礙和疑慮。《同、顯盜殺人案》簡148正:"洋精(清)絜(潔),毋(無)害,敦愨(慤);守吏(事),心平□□。"《魇盜殺安、宜等案》簡169正:"皆請(清)絜(潔),毋(無)害,敦愨(慤);守吏(事),心平端禮。"可以參考。

⑧ (清)孫詒讓撰,孫啟治點校:《墨子閒詁》,第607頁。

⑨ (漢)司馬遷撰,(南朝宋)裴駰集解,(唐)司馬貞索隱,(唐)張守節正義:《史記》(點校本二十四史修訂本),中華書局,2014年,第3809頁。

⑩ (漢)王充著,張宗祥等標點:《論衡校注》,上海古籍出版社,2013年,第246頁。

記·蕭相國世家》"以文無害"裴駰集解引《漢書音義》："律有無害都吏,如今言公平吏。"①《漢書·文帝紀》："二千石遣都吏循行,不稱者督之。"顏師古注引如淳曰："律說,都吏今都郵是也。閑惠曉事,即爲文無害都吏。"②

三、踐　　更

(12) 及諸當隸臣妾者亡,以日六錢計之,及司寇冗作及當踐更者亡,皆以其當冗作及當踐更日,日六錢計之,皆與盜同法。(《岳麓秦簡(肆)》簡 17 正十18 正)

岳麓秦簡其他部分亦有用例:

(13) 泰上皇元年以前隸臣妾及□□□□☑責(債)及司寇、踐更者不足,乃遣城旦、鬼薪,有□不疑亡者。(《岳麓秦簡(肆)》簡 289 正十290 正)

(14) 泰上皇時内史言:西工室司寇、隱官、踐更多貧不能自給穜(糧)。(《岳麓秦簡(肆)》簡 329 正)

其他出土簡帛法律文獻亦有用例:

(15) 節(即)傳之,必先悉行乘城卒、隸臣妾、城旦舂、鬼薪白粲、居貲贖責(債)、司寇、隱官、踐更縣者薄(簿)。(《里耶秦簡》簡 9-2283)

(16) 五百石以下至有秩爲吏盈十歲,年當睆老者,爲十二更,踐更□□疇尸、茜御、杜主樂皆五更,屬大祝。祝年盈六十者,十二更,踐更大祝。(《張家山漢簡·二年律令·史律》簡 485+486)

(17) 講曰:踐更咸陽,以十一月行,不與毛盜牛。毛改曰:十月中與謀曰:南門外有縱牛,其一黑牝,類擾易捕也。到十一月復謀,即識捕而縱,講且踐更,講謂毛勉獨捕牛,買(賣),分講錢。到十二月已嘉平,毛獨捕,牽買(賣)雍而得。它如前。(《張家山漢簡·奏讞書》簡 103+104+105)

《漢語大詞典》"踐更"條義項一爲:"古代的一種徭役。輪到的可以出錢雇人代替。受錢代人服役叫踐更。"而且,對于《史記·吳王濞傳》中的"踐更",張守節正義:"踐更,若今唱更、行更者也,言民自著卒……貧者欲顧更錢者,次直者出錢顧之,月二千,是爲

① (漢)司馬遷撰,(南朝宋)裴駰集解,(唐)司馬貞索隱,(唐)張守節正義:《史記》(點校本二十四史修訂本),第 2445 頁。

② (漢)班固撰,(唐)顏師古注:《漢書》,中華書局,1962 年,第 113~114 頁。

踐更。"是否真如《漢語大詞典》解釋及訓詁學家所注的那樣,我們還需進一步斟酌。歷史上已有關于"踐更"的討論,主要以服虔和如淳之説爲代表。

服虔云:

> 以當爲更卒,出錢三百,謂之過更。自行爲卒,謂之踐更。(《漢書·吴王濞傳》顔師古注引)

如淳云:

> 更有三品,有卒更,有踐更,有過更。古者正卒無常人,皆當迭爲之,一月一更,是謂卒更也。貧者欲得顧更錢者,次直者出錢顧之,月二千,是謂踐更也。天下人皆直戍邊三日,亦名爲更,律所謂繇戍也。雖丞相子亦在戍邊之調。不可人人自行三日戍,又行者當自戍三日,不可往便還,因便住一歲一更。諸不行者,出錢三百入官,官以給戍者,是謂過更也。《律説》:"卒踐更者,居也。居更縣中,五月乃更也。後從尉律,卒踐更一月,休十一月也。"《食貨志》曰:"月爲更卒,已復爲正一歲,屯戍一歲,力役三十倍于古。"此漢初因秦法而行之也。後遂改易,有謫乃戍邊一歲耳。(《漢書·昭帝紀》顔師古注引)

日本學者濱口重國先生指出服虔之説可信,如淳之説爲誤。[1] 廣瀬熏雄先生亦支持濱口重國先生的觀點,指出:"濱口先生的結論在張家山漢簡出土後的今天,仍值得支持,或者可以説,張家山漢簡是證明濱口先生研究正確性的一個有力根據。"[2]張金光先生亦指出如淳注"貧者欲得顧更錢,次直者出錢顧之,月二千,是謂踐更"及晉灼以爲踐更"謂借人自代爲卒者"之説皆誤。[3] 其實,謝宗陶先生早在 1956 年就指出如淳之説有問題,並引述勞幹先生根據對漢代兵役徭役制度所歸納的三點内容[4]進行了進一步思

---

① 〔日〕濱口重國:《踐更和過更》,載劉俊文主編,黃金山等譯:《日本學者研究中國史論著選譯》第 3 卷"上古秦漢",中華書局,1993 年,第 389～409 頁。

② 〔日〕廣瀬熏雄:《張家山漢簡所謂〈史律〉有關踐更之規定的探討》,載《人文論叢》2004 年卷,武漢大學出版社,2005 年,第 272 頁。

③ 張金光:《論秦徭役制中的幾個法定概念》,《山東大學學報(哲學社會科學版)》,2004 年第 3 期,第 28 頁。

④ 勞幹先生根據《漢書·高帝紀》注引漢舊儀所載:"民年二十三爲正,一歲爲衛士,一歲爲材官騎士。"及《漢書·食貨志》載董仲舒對答武帝:"秦用商鞅之法……又加月爲更卒,已復爲正,一歲屯戍,一歲力役,漢興,循而未改。"這兩段話,對漢代兵役徭役制度,歸納爲三點:(1)正卒——一生服役一年,按地方性質分爲騎士、車士、材官(步兵)、樓船(水兵);服役一年後,遇軍事時尚可臨時被征。(2)戍卒——也是一生服役一年,一種是在京師屯戍,稱做衛士,另一種是在邊郡屯戍,成爲戍卒;倘若不願去的,可以按每月三百錢的標準,雇人代替。(3)徭役——這是每年對郡縣服役工作一個月;倘若不親去的,要到縣交納三百錢,作爲本年縣中雇人作工一月的費用。詳見氏文:《漢代兵制及漢簡中的兵制》,載"中央研究院"歷史語言研究所集刊(第十本),1948 年,第 24～25 頁。

考,指出:

(二) 所言"出錢雇之月二千",但根據《漢書・吳王濞傳》服虔的注釋及《漢書・平帝紀》雇錢月三百的説法,漢代的工資每月三百,實爲通例,月出二千,未見所據。

(三) 所言出錢代卒更爲踐更,出錢代戍邊爲過更,但根據《史記・吳王濞列傳》裴駰的注釋,及《漢書・游俠傳》郭解囑尉吏爲人免踐更的説法,皆認爲自爲更曰踐更,出錢雇代曰過更,而顯與如淳説不同。

(五) 所説的更三品,若依其性質來分,卒更屬於役,踐過更屬於賦,即應區分爲役賦二品,如並列爲三,又是把役賦混爲一談。

最後,謝先生按照近人的考證,認爲卒更就是一年正卒、一年戍卒和一月徭役的按期服役,踐更就是本人親自來服役,過更就是自己不親往,而以每月三百的雇錢,雇旁人代替去服役。[①] 甚是。以此看來,張守節正義之説亦不可信。《漢書・吳王濞傳》注引服虔曰:"自行爲卒,謂之踐更。"[②]《史記・游俠列傳》:"至踐更時脱之。"[③]皆爲證。

值得注意的是,出土簡帛文獻中還有"居更"一詞。張金光先生認爲:[④]

"居更",當即"踐更"。《漢書・昭帝紀》元鳳四年師古注引如淳曰:"律説,卒踐更者,居也,居更縣中。"此把"居更"等同於"踐更",是正確的。《史記・吳王濞列傳》索隱"漢律:卒更有三:踐更、居更、過更也",將"居更"與"踐更"並列而爲三更之一,是錯誤的。

張金光先生指出《史記・吳王濞列傳》索隱中將"居更"與"踐更"並列是錯誤的,甚是。其實,關於"居更"與"踐更"之關係,渾言之則一,析言之則異。關於這一點,于琨奇先生具體論述到:[⑤]

如淳引《律説》云:"卒踐更者,居也。居更縣中,五月乃更也。"這説明居更乃是指在本縣服役。

《漢書音義》云:"自行爲卒,謂之踐更"此一"行"字,固然有履行之義,但也

---

① 謝宗陶:《關於漢代的踐更、卒更和過更》,《歷史教學》1956 年第 12 期,第 43 頁。
② (漢) 班固撰,(唐) 顔師古注:《漢書》,中華書局,1962 年,第 1905 頁。
③ (漢) 司馬遷撰,(南朝宋) 裴駰集解,(唐) 司馬貞索隱,(唐) 張守節正義:《史記》(點校本二十四史修訂本),第 3871 頁。
④ 張金光:《論秦徭役制中的幾個法定概念》,《山東大學學報(哲學社會科學版)》2004 年第 3 期,第 28 頁。
⑤ 丁琨奇:《更三品新探》,《中國社會經濟史研究》1988 年第 2 期,第 100～101 頁。

肯定有行走之義,如《秦律·法律答問》簡 164 之"行到縣所"之"行"。則踐更相對於居更而言乃是指離開本縣到其他縣或郡去服役。這就相當於服秦律中所說的"上之所興""邦中之縣"。

因此"踐更"與"居更"是既有區別又有聯繫的,其區別在於服役者的地點是否在本縣,聯繫在於,"踐更"和"居更"均是應服役者本人履行徭役義務,並不雇傭自代,從這點上說"踐更"與"居更"乃是同一概念。

于琨奇先生所言甚是。故而,"踐更"與"居更"從廣義上可以看做是一對同義詞,皆表示本人親自去服更卒之役。最後需要說明的是,《漢語大詞典》"踐更"義項解釋有誤,其解釋應爲"過更"。因此,我們查閱及引用時應特別注意。例(12)之"踐更",整理者注:"秦漢時一種服徭役的方式,即本人親自前往服役。《史記·吳王濞傳》:'然其居國以銅鹽故,百姓無賦。卒踐更,輒與平賈。'"[1]甚是。

四、小　　爵

(18) 尉卒律曰:黔首將陽及諸亡者,已有奔書及亡毋(無)奔書盈三月者,輒筋〈削〉爵以爲士五(伍),有爵寡,以爲毋(無)爵寡,其小爵及公士以上,子年盈十八歲以上,亦筋〈削〉小爵。(《岳麓秦簡(肆)》簡 135 正+136 正)

(19) 縣除小佐毋(無)秩者,各除其縣中,皆擇除不更以下到士五(伍)史者爲佐,不足,益除君子子、大夫子、小爵及公卒、士五(伍)子年十八歲以上備員,其新黔首勿强,年過六十者勿以爲佐。(《岳麓秦簡(肆)》簡 210 正+211 正)

張家山漢簡亦有一處用例:

(20) 不更以下子年廿歲,大夫以上至五大夫子及小爵不更以下至上造年廿二歲,卿以上子及小爵大夫以上年廿四歲,皆傅之。(《張家山漢簡·二年律令·傅律》簡 364)

例(18)中的"小爵",整理小組注曰:"未傅籍而承繼爵位者。"[2]所引參證例亦爲上述所引例(20)張家山漢簡"傅律"的內容。吳淏認爲"小"是固定的身份,有年齡或者身高

① 陳松長主編:《岳麓書院藏秦簡(肆)》,第 75 頁。
② 陳松長主編:《岳麓書院藏秦簡(肆)》,第 165 頁。

作爲標準,"小爵"則是未達到成年標準而有爵位的人。[1] 此説與例(20)"小爵大夫以上年廿四歲"明顯矛盾,此説不確。關於秦漢時期的"小""大"身份,凌文超先生有詳細的考證:[2]

> 秦漢時期存在兩類"小""大"身份。第一類以"身高 6 尺＝年 15 歲"爲界劃定的"小""大"身份,長期保持穩定,不受爵制等的影響,其屬性偏重於自然身份。第二類是以傅籍爲標志劃定的"小""大"身份。這類"小""大"身份一開始主要用於徒隸,後來從"敖童"發展而來的未傅意義上的身份"小"用於庶民,多稱"小未傅""小爵",偶爾也稱"小男子"。第二類身份"小""小未傅""小爵"與傅籍、爵制密切相關,是一種社會身份。自然身份"小""大"主要是客觀地表示身狀與勞動能力,用以標明"小"不可徭役;而"大"可以徭使,但一開始也有所減免,或根據情況使役。作爲社會身份的"小""大",主要是根據現實政治的需要,在自然身份"大"的人群之内,根據爵級等制定不同的傅籍年齡標準,從而調整賦役的輕重。傅籍之後,還有相應的制度確定賦役的減免。兩類"小""大"之分的並存,有時造成了身份用詞"小""大"的混亂,即年 15 歲以上的未傅者有時稱"小",其本質上是"小未傅""小爵"之省稱。

凌文超先生之説甚詳,"小爵"爲自然身份和社會身份兩種社會身份的混用,指"年齡在 15 歲以上的未傅籍者"。

---

[1] 吴浧:《〈岳麓書院藏秦簡(肆)〉集釋及相關問題研究》,復旦大學碩士學位論文,2018 年,第 114 頁。

[2] 凌文超.《秦漢時期兩類"小""大"身份説》,《社會科學戰綫》2019 年第 12 期,第 102～110 頁。

胡家草場漢簡《詰咎》
"冶人"條補議 *

范常喜

（中山大學中國語言文學系
"古文字與中華文明傳承發展工程"協同攻關創新平臺）

一、引　言

　　湖北省荆州市胡家草場 12 號漢墓出土了大批簡牘。據發掘者介紹,該墓位於荆州市紀南生態文化旅遊區岳山村,於 2018 年 10 月至 2019 年 3 月發掘。綜合出土器物形制及竹簡記載,初步判斷胡家草場 12 號墓應爲漢文帝時期的墓葬,下葬年代不早於文帝後元元年（公元前 163 年）,屬西漢早期。① 12 號墓出土簡牘 4 642 枚,内容分爲歲紀、曆、日至、法律、日書、醫方及雜方、簿籍、遣册八類。②

　　《詰咎》是胡家草場漢簡日書類文獻中的一篇,出土時單獨成卷,尚能大體看出原卷束形狀。篇題"詰咎"書寫在第一枚簡的背面。全篇共用簡約 178 枚,其中第一部分用簡約 100 枚,在天頭位置寫有小標題,大多數條目見於睡虎地秦簡《日書》甲種《詰》。第二部分無小標題,大多數條目文句較短,内容相對簡略。包含《詰》少數條目。③ 整理者李天虹等先生已將部分簡文同睡虎地秦簡《詰》篇作了對比研究,同時刊布了"鬼取人爲

---

*　項目來源：國家社科基金重大項目"戰國文字研究大數據雲平臺建設"（21&ZD307）；國家社科基金重大項目"戰國文字詁林及數據庫建設"（17ZDA300）。

①　荆州博物館：《湖北荆州市胡家草場墓地 M12 發掘簡報》,《考古》2020 年第 2 期,第 3～20 頁。

②　李志芳、蔣魯敬：《湖北荆州市胡家草場西漢墓 M12 出土簡牘概述》,《考古》2020 年第 2 期,第 21～33 頁。

③　李天虹、華楠、李志芳：《胡家草場漢簡〈詰咎〉篇與睡虎地秦簡〈日書·詰〉對讀》,《文物》2020 年第 8 期,第 53 頁。

妻""役且夢""冶人""校人室""鬼召人宮""鬼恒夜呼"六條簡文並作了相應的考釋。[①]　本文擬對整理者所刊"冶人"條簡文中的幾處文字略作補述。

二、"冶　　　人"

冶人　　　凡一室人皆役(疫)，或死或病，丈夫遀(墮)髮、須、麋(眉)，黃目；女子遀(墮)髮，黃目，是胃(謂)冶人，人產爲鬼。令一室人皆以白沙一斗，室(控)其春白，則冶人有惛疾矣，日中而甚。乃爲黍肉布之於其宮，唯多令一室人皆褐而立其上，以食冶人，冶人有央(殃)矣，室人沽〈活〉。(胡家草場漢簡《詰咎》簡 2007＋2006＋2005)

人毋(無)故一室人皆疫，或死或病，丈夫女子隋(墮)須贏髮黃目，是宎₌〈是₌宎〉人生爲鬼，以沙人一升，控其春白，以黍肉食宎人，則止矣。[②]　(睡虎地秦簡《日書》甲種《詰》簡 43～46 背壹)

整理者注："《詰咎》本條所詰之鬼是'冶人'，《詰》記作'宎人'。宎，學者或讀爲'殍''縹''媄'等。從《詰》與《詰咎》其他條目的對應度看，'宎'的含義應與'冶'類同。""'冶人'的'冶'，或許是妖冶之義，也可能用爲'野'。古'冶''野'通用之例多見。"[③]

我們認爲，"冶人"猶"冶工"，即從事冶鑄之人。戰國三晉兵器銘文中多見之，如藺令趙狠矛："十一年，閔(藺)倫(令)肖(趙)狠，下庫工帀(師)叚石，刞(冶)人參所釙(鑄)鉆戶者。"(集成 11561)"六年大陰(陰)倫(令)賈弩，上庫工帀(師)中均症，刞(冶)人逢。"(《銘圖》17318)古書中也常見"冶人"或"冶工"的記述，如《韓非子·外儲說左上》："右御冶工言王曰：'……凡刻削者，以其所以削必小，今臣冶人也，無以爲之削。此不然物也，王必察之。'"《淮南子·俶真》："今夫冶工之鑄器，金踊躍于爐中，必有波溢而播棄者。"《論衡·雷虛》："當冶工之消鐵也，以土爲形，燥則鐵下，不則躍溢而射。"

冶鑄屬高溫作業，當今從事此類工作的人一般要穿耐燃、堅固、導熱係數較小的工作服，配備手套、鞋靴罩、護腿、圍裙、眼鏡和隔熱面罩等防護用品。古代條件有限，沒有多少防護設備，至今農村鐵匠鋪師傅仍是如此。如此一來，其皮膚、毛髮、眼睛等直接暴露在外，常會被飛出的炭火、濺出的鑄漿等熱物及高溫所傷。簡文所述"冶人產爲鬼"會令人產生"墮髮鬚眉""黃目"等症狀，應當與"冶人"的工作性質有關係。

---

① 　李天虹、華楠、李志芳：《胡家草場漢簡〈詰咎〉篇與睡虎地秦簡〈日書·詰〉對讀》，第 53～59 頁。

② 　武漢大學簡帛研究中心等編、陳偉主編：《秦簡牘合集(壹)》上冊，武漢大學出版社，2014 年，第 442 頁。

③ 　李天虹、華楠、李志芳：《胡家草場漢簡〈詰咎〉篇與睡虎地秦簡〈日書·詰〉對讀》，第 56、58 頁。

三、"宎　　人"

　　睡虎地秦簡《詰》篇中與"冶人"相對應的是"宎人"。整理者注:"疑即寶字,此處疑讀爲㺆。"①鄭剛先生認爲:"宎見《説文》《玉篇》,這裏讀褓(二字并从呆聲),緥人即褓褓中人,指小兒。"②劉樂賢先生認爲:"宎人可能是指小童。本簡説'人無故一室人皆疫',則作祟之鬼可能是疫鬼。古書中的疫鬼總是化爲孩童之形,本簡'生爲鬼'的'宎人'也應是孩童。但宎人不能指緥緥之中的嬰兒,因爲對嬰兒無'以黍肉食'之理。嬰兒在本篇作'赤子',見 65 簡背貳。"③王子今先生認爲:"'宎人',也很有可能指保母,即嫫母。家族中的婦女最容易狂迷而進入類似於薩滿表演的精神狀態。"④

　　根據胡家草場漢簡《詰咎》中與"宎人"相對應者爲"冶人"來看,上引諸説均不一定可信。《説文·宀部》:"宎,藏也。从宀,呆聲。呆,古文保。《周書》曰:'陳宎赤刀。'"段玉裁注:"宎與保音同義近。……'呆,古文保',見人部。'《周書》曰:陳宎赤刀。'《顧命》文。蓋壁中古文如此,今作寶。"由此可見,"宎"从保之古文"呆"得聲。戰國楚簡中亦寫作"㝩",用作"保",如清華簡《湯在啻門》簡 13~14:"此胃(謂)㣤(美)惪(德),可以㝩(保)成。"⑤又《管仲》簡 22:"四或(國)和同,邦以安㝩(寧),民乃㝩(保)昌。"⑥

　　據此推測,秦簡《詰》中的"宎"可讀作"炮"。上古音中"保"之古文"呆"屬幫母幽部,"炮"屬並母幽部,二字聲紐同屬唇音,韵部相同。出土簡帛文獻中也多見"呆""包"二聲之字相通的例證,⑦如郭店楚簡《老子》甲本簡 2:"視索(素)保(抱)樸,少厶(私)寡欲。"河上公本、王弼本及帛書本《老子》"保"作"抱"。馬王堆帛書《戰國縱橫家書》235:"齊採(抱)社稷事王,天下必重王。"睡虎地秦簡《法律答問》61:"當㬨(遷),㬨(遷)者妻當包(保)不當? 不當包(保)。"又《封診式》48:"以律包(保)。"傳世古書中亦多見之,⑧如《大戴禮記·保傅》:"成王處緥抱之中。"賈誼《新書·胎教》"抱"作"褓"。《吕氏春秋·直諫》"葆申",《淮南子·説山》作"鮑申"。

---

①　睡虎地秦墓竹簡整理小組:《睡虎地秦墓竹簡》,文物出版社,1990 年,第 216 頁。

②　轉引自劉樂賢:《睡虎地秦簡日書研究》,文津出版社,1994 年,第 237 頁。

③　劉樂賢:《睡虎地秦簡日書研究》,第 237 頁。

④　王子今:《睡虎地秦簡〈日書〉甲種疏證》,湖北教育出版社,2003 年,第 369~370 頁。

⑤　清華大學出土文獻與保護中心編,李學勤主編:《清華大學藏戰國竹簡(伍)》,中西書局,2015 年,第 142 頁。

⑥　清華大學出土文獻與保護中心編,李學勤主編:《清華大學藏戰國竹簡(陸)》,中西書局,2016 年,第 112 頁。

⑦　白於藍:《簡帛古書通假字大系》,福建人民出版社,2017 年,第 129~135 頁。

⑧　高亨纂著,董治安整理:《古字通假會典》,齊魯書社,1989 年,第 764 頁。

"宋(炮)人"即燒炙帶毛肉食之人,字亦或作"炰"。《韓非子·内儲説下》:"晉平公
觴客,少庶子進炙而髮繞之,平公趣殺炮人,毋有反令,炮人呼天曰:'嗟乎!臣有三罪,
死而不自知乎?'"《説文·火部》:"炮,毛炙肉也。"段玉裁注:"'炙肉'者,貫之加於火。
'毛炙肉'謂肉不去毛炙之也。"《詩經·小雅·瓠葉》:"炮之燔之。"毛傳:"毛曰炮,加火
曰燔。"陸德明釋文:"炮,本作炰。"《詩經·大雅·韓奕》:"炰鱉鮮魚。"鄭玄箋:"炰鱉,以
火熟之也。"《周禮·地官·封人》:"歌舞牲,及毛炮之豚。"鄭玄注:"毛炮豚者,爛去其毛
而炮之,以備八珍。"《楚辭·招魂》:"腼鱉炮羔。"洪興祖補注:"炮,合毛炙物也。一曰裹
物燒。"朱熹集注:"炮,合毛裹物而燒之也。"《禮記·禮運》:"以炮以燔。"鄭玄注:"炮,裹
燒之也。"《禮記·内則》:"炮取豚若將。"鄭玄注:"炮者,以塗燒之爲名也。"《漢書·楊惲
傳》:"亨羊炰羔。"顔師古注:"炰,毛炙肉也,即今所謂燼也。"由此可見,睡虎地秦簡《詰》
中"宋(炮)人"的主要工作應即在炭火邊燎毛炙肉,其皮膚、毛髮、眼睛等同樣容易爲火
焰、高温所傷。故"宋(炮)人生爲鬼"也會産生"丈夫、女子墮須、羸髮、黄目"的症狀,與
胡家草場漢簡《詰咎》中"冶人"條所述相類似。①

四、"室其春臼"

至於本段簡文中的"室其春臼"一語,睡虎地秦簡《日書》甲種《詰》中作"挃其春臼"。
整理者注:"《釋名·釋宫室》云:'室,實也。'室可讀爲實,則挃亦可讀爲實。"鄭剛先生
謂:"挃讀挃,《淮南·兵略》:'不若捲手之一挃。'注:'挃,鑄②也。'"③劉信芳先生認爲:
"'挃'同挃,《廣雅·釋詁》:'刺也。'此指春黍。"④魏德勝先生認爲:"《集韻·質韻》:'挃,
搗也。通作挃。'以'搗'訓'挃',直接而明確。"⑤

我們認爲,"室"和"挃"均當從睡虎地秦簡整理者讀作"實",義爲充滿、塞滿。《楚
辭·招魂》:"實羽觴些。"王逸注:"實,滿也。"《史記·司馬相如列傳》:"實陂池而勿禁。"
張守節正義:"實,滿也。"

簡文中表示塞滿義的"室/挃(實)"與"窒"當同源。"實"與"至"聲之字多可相通,例

① 值得注意的是睡虎地秦簡《詰》中有兩處"烰"字皆用作"炮",與此處用"宋"爲"炮"不同,分別見於簡49背壹
　"烰(炮)而食之",簡50~51背壹"取牡棘烰(炮)室中"。睡虎地秦墓竹簡整理小組:《睡虎地秦墓竹簡》,文物
　出版社,1990年,第212頁。

② 引按:《淮南子·兵略》高誘注原文作"擣"。

③ 轉引自劉樂賢:《睡虎地秦簡日書研究》,第237頁。

④ 劉信芳:《〈日書〉驅鬼術發微》,《文博》1996年第4期,第76頁。

⑤ 魏德勝:《〈睡虎地秦墓竹簡〉詞匯研究》,華夏出版社,2003年,第232頁。

不贅舉。① "窒"之常訓即"填塞",如《論語·陽貨》:"惡果敢而窒者。"陸德明釋文:"魯讀窒爲室,今從古。"《廣雅·釋詁一》:"窒,滿也。"《集韻·屑韻》:"窒,實也。"《説文·穴部》:"窒,塞也。"《詩經·豳風·七月》:"穹窒熏鼠。"毛傳:"窒,塞也。"《詩經·豳風·東山》:"洒埽穹窒。"鄭箋:"穹,窮。窒,塞。穹窒鼠穴也。"《莊子·秋水》:"梁麗可以衝城,而不可以窒穴。"成玄英疏:"窒,塞也。"

出土秦簡材料中亦見表示填塞義的"窒",或亦寫作"垤"或"置"。北大秦簡《雜祝方》M004:"·窒穴:己丑、辛卯、癸巳,禹步三,曰:'今日己丑以塞鼠道。牡鼠死,牝鼠歾(朽)。'"②周家台秦簡《病方及其他》簡371:"以壬辰、己巳、卯塈(塈)③困、垤(窒)穴,鼠弗穿。"④陳偉武先生指出:"'垤'當讀爲'窒',《説文》:'窒,塞也。從穴,至聲。'……秦簡是講在壬辰、己巳、□卯日澆灌倉(鼠洞),填塞鼠穴,老鼠就不再穿越。"⑤放馬灘秦簡《日書》甲種簡73:"凡可塞穴、置(窒)鼠、塈(塈)困⑥日,雖十二月子、五月六月辛卯,皆可以爲鼠。"⑦吳小強先生指出:"置,應讀爲'窒',意爲阻塞。"⑧宋華強先生亦謂:"'置'疑當讀爲'窒'。'慎'字古文'眘'與'窒'通,'實''慎'並從'真'聲,'置'與'真'通,故'置'可讀爲'窒'。"⑨由此看來,簡文"室/挃其春臼"中的"室"和"挃"讀作"窒"也是可以的。

因此,簡文"令一室人皆以白沙一斗,室(實/窒)其春臼"意爲:讓一室人都用白沙一斗將搗粟之臼填滿。估計當時人們認爲,如此處理後將導致冶人鬼無法找到食物,遂致"冶人有惛疾矣,日中而甚"。接下來冶人才會吃人們爲其特意準備的"黍肉",於是達到驅鬼救人之目的。此外,同篇"役(疫)且夢"條云"屈(掘)至泉而不得其骨,乃塞以灰與沙,其鬼徙矣。"⑩其中所述"乃塞以灰與沙"與本條所謂"以白沙一斗,室(實/窒)其春臼"頗爲相似。

---

① 白於藍:《簡帛古書通假字大系》,第833~836頁。

② 田天:《北大藏秦簡〈雜祝方〉簡介》,《出土文獻研究》第十四輯,中西書局,2015年,第16頁。

③ 釋作"塈",參見曹方向:《讀〈天水放馬灘秦簡〉小札》,簡帛網,2009年10月3日。

④ 湖北省荆州市周梁玉橋遺址博物館:《關沮秦漢墓簡牘》,中華書局,2001年,第135頁。

⑤ 張光裕、陳偉武:《簡帛醫藥文獻考釋舉隅》,《湖南省博物館館刊》第1期,《船山學刊》雜志社,2004年,第117頁。

⑥ "塈困"當讀爲"塈困",塗塈之意。參見宋華強:《放馬灘秦簡〈日書〉識小録》,簡帛網,2010年2月14日。

⑦ 武漢大學簡帛研究中心等編、陳偉主編:《秦簡牘合集(肆)》,武漢大學出版社,2014年,第34頁。

⑧ 吳小強:《秦簡日書集釋》,岳麓書社,2000年,第276頁。

⑨ 宋華強:《放馬灘秦簡〈日書〉識小録》,簡帛網,2010年2月14日。

⑩ 李天虹、華楠、李志芳:《胡家草場漢簡〈詰咎〉篇與睡虎地秦簡〈日書·詰〉對讀》,第55頁。

從新出清華簡資料看
《説文》古文的來源*

郭永秉

（復旦大學中國語言文學系）

　　《説文》的收字體例是"今叙篆文,合以古籀"(《説文解字叙》),除了秦漢時代通行的小篆,戰國時代輾轉流傳卜來的古文經的文字和西周晚期《史籀篇》輾轉傳抄的文字,在《説文》中得以保留。① 但是除了《説文》明確標識出的古文和籀文之外,字頭正篆與古、籀究竟是什麽關係,有不同看法。王國維、高亨、張世超等人認爲,《説文》的正篆字頭並非單純的小篆,而是許慎"合以古籀"的結果,也就是把小篆與古文、籀文甚至隸書的字形綜合構建起來的系統。② 這一看法從各方面來看是有一定道理的,考察漢代流傳、使用的古文和籀文,一方面要全面觀察《説文》的字形而不是僅僅局限於那些標識出來的古、籀,另一方面,新出資料對我們看待《説文》古文、籀文等字形來源也有了更重要的角度。今舉二例加以説明。

一、關於段玉裁改"上"字古文字頭

　　《説文》卷一《上部》:

---

*　小文承張富海先生審閲,諟正多處,匡我不逮,謹致謝意。

① 《説文》古文、籀文的數量,各家因爲寬嚴標準及版本不同而統計不一,大致上古文數量在四五百個,籀文數量在二百一二十(參秦鳳鶴:《〈説文解字〉異體字類型研究》,中國文字學會《中國文字學報》編輯部編:《中國文字學報》第五輯,商務印書館,2014年,第192、194頁)。

② 參看張世超:《"今叙篆文,合以古籀"考》,《古代文明》2013年第1期。

丄,高也。此古文上,指事也。凡丄之屬皆从丄。㞢,篆文上。

段玉裁《説文解字注》將"上"字的古文字頭改爲"二",他指出:

> 古文上作"二",故"帝"下"旁"下"示"下皆云"从古文上",可以證古文本作"二",篆作"丄",各本誤以"丄"爲古文,則不得不改篆文之"上"爲"㞢",而用"上"爲部首,使下文从"二"之字皆無所統,"示"次於"二"之恉亦晦矣。今正"丄"爲"二","㞢"爲"上",觀者勿疑怪可也。凡《説文》一書,以小篆爲質,必先舉小篆,後言"古文作某"。此獨先舉古文後言"小篆作某",變例也。以其屬皆从古文"上",不从小篆"上",故出變例而別白言之。①

張富海先生評論段玉裁的這一改篆云:

> 從《説文》本身的系統來看,段氏所改顯然是十分合理的。許慎在"帝"字下説:"二,古文上字。辛、示、辰、龍、童、音、章皆从古文丄。"又在"辛""示""辰""亥""正"諸字下都説"二,古文上字",可證許慎確實是把上短下長兩橫之字視爲"上"字的古文。從出土古文字來看,這樣的"上"字是春秋以前的字形。而像春秋晚期的蔡侯申盤(《集成》16.10171)中的"上"字已經和後世隸楷的寫法相同了,戰國文字中的"上"字更是普遍如此作。石經古文"上"字的字形和小篆基本相同;與出土戰國文字中一般的"上"字相比,只是中間一筆故作曲折而已。②

其意是從《説文》文字歸部的系統性角度,肯定了將部首字改成"二"的判斷。

"古文"是以孔壁古文爲主的戰國文字,按照今天的知識應該是東方六國文字(尤其是齊魯文字),但戰國時代文字的"上"基本上只寫成"上"形了,"二"形的"上"本不會晚於春秋晚期,因此張富海這段話中間所隱而未發的問題就是:爲什麼《説文》可以認定"二"爲"古文",並統攝該部文字及相關字(例如"示"等)?③ 漢人所謂"古文"有時範圍比較寬泛,可以泛指前代古文字(例如金文),不過這一定義範圍放在"上"字這裏恐怕並不妥帖,這裏的"古文"與"篆文"明確相對,應該是取孔壁古文意義的"古文"。這也就是説,根據過去的字形知識,這個疑問並未完全解決。④ 而清華簡給我們提供了解決這個

---

① (清) 段玉裁注,許惟賢整理:《説文解字注》,鳳凰出版社,2007年,第2頁。爲便閲讀,標點有所增改。

② 張富海:《漢人所謂古文之研究》,綫裝書局,2007年,第24~25頁。

③ 張富海在《漢人所謂古文之研究》一書的後面,認爲古文"上""下"來源於西周春秋文字(第328頁)。

④ 趙平安:《説文小篆研究》認爲"二"形的"上"也與戰國古文相合(《〈説文〉小篆研究》,廣西教育出版社,1999年,第7頁),當時似未舉出可靠證據對此説加以證實。

問題的綫索。

　　清華簡《四告》是西周時代撰作《尚書》類文獻，據整理者意見，《四告》記録了周公旦、伯禽父、周穆王和召伯虎四人的四篇告辭，其中第一篇内容與《尚書·立政》有關。屬於召伯虎告辭一篇的 43 號、44 號簡兩次出現"上帝"，分别寫作：

這是第一次在戰國文本中出現的"上帝"合文的"上"字寫成"二"形的例子，非常值得注意。關於戰國簡册古書一般的"上帝"合文，我曾經有過論述。① 值得注意的是，《四告》的寫法是"二(上)""帝"的合文，這種寫法，同早期古文字的"上帝"合文寫法一致，例如甲骨文中的"上帝"合文或作：

（《合集》10166）

其"帝"字上邊尚未施加短横，在字形演變邏輯序列上比起秦公大墓石磬 這類"二(上)帝"合文還要更靠前一些。此外，《四告》"帝(帝)"字寫法也與戰國文字常見的加有飾筆寫法不同，最接近於《厚父》7 號簡所見如下形體：

②

也與《攝命》15 號簡"啻"字所從"帝"寫法一致：

③

這類"帝"字寫法，没有戰國楚文字典型的 字寫法右上角短横、中間横筆和中豎下端的短横，④與上舉秦公大墓石磬、秦公簋等秦系篆文"帝"字寫法卻是基本一致的。⑤ 這當然不是秦系文字對楚系文字影響的結果，而應是文本文字時代性特徵或經由書手抄

①　參看郭永秉：《近年出土戰國文獻給古史傳説研究帶來的若干新知與反思》，《出土文獻與古文字研究》第七輯，上海古籍出版社，2018 年，第 228 頁。這裏有必要重申，研究者過去把《繫年》1 號簡的"帝﹦""土帝"皆釋爲"上帝"合文，這是錯誤的。上帝合文在古文字中從無寫作"帝﹦"形式（即利用"帝"字上部兩横來作"二(上)"的）。

②　馬繼：《清華大學藏戰國竹簡 1—8 文字編》，華東師範大學碩士論文，2019 年，第 21 頁。

③　馬繼：《清華大學藏戰國竹簡 1—8 文字編》，第 171 頁。

④　馬繼：《清華大學藏戰國竹簡 1—8 文字編》，第 171 頁。

⑤　單曉偉：《秦文字字形表》，上海古籍出版社，2017 年，第 3、676 頁。

寫折射的底本文字特點的反映,因爲它們都來自《厚父》《攝命》這一些具有西周來源的《尚書》類文獻(《厚父》是西周人寫作的《夏書》,我曾有專文討論過①)。這樣的"上"和"帝"字,都不一定是抄本時代還在普遍使用的字形,主要是因爲書籍底本的輾轉影響、抄手的習慣、文本傳承中間的特殊講究等,保留了文字特殊的古老形體(觀察《四告》前一個"上帝"合文的"帝"字寫得十分不自然、起筆那一橫有明顯描潤即可知此形很可能是出於對某一範本的模仿)。

現在可以推斷,許慎在撰寫《説文》時所見到的"上"字古文"二"形,最有可能就來自孔壁古文經等文獻中的《尚書》類文獻的"上帝"合文。查檢《尚書》可知,除了與《四告》第一篇有關的《立政》之外,在《湯誓》《盤庚》《大誥》《康誥》《召誥》《多士》《君奭》《康王之誥》(伏生本合於《顧命》)《吕刑》《文侯之命》諸篇之中皆習見"上帝"一詞,其中《君奭》等篇"上帝"多至四見,它們極有可能在戰國抄本中仍以比較古老的合文形式記録。許慎所輾轉得見並使用的孔壁竹書等古文經資料中,極有可能就包含這類寫法的"上帝"。因爲"示"字和大多數"帝"字,在戰國文字字形上部都已加了短橫,與這種"二(上)"字寫法具有形體上的一致性,這應該就是他爲"上"字立"二"的古文形字頭的根據和出發點;只有這樣,許慎才有條件將這些與宗教、祭祀相關的重要常用字統攝在"二(上)"部之内或者在前後作出關聯。《説文》古文"帝"字形作"帝",没有頂上的短横,與《四告》之類古文經寫法亦密合(這種寫法也偶見於齊魯文字風格的《唐虞之道》②),具有比較古老的特徵,與一般戰國文字寫法不合,似可爲旁證。

《説文》"下"字字頭,段玉裁亦改作"二",這個改動過去也有不同看法,有些學者並不贊成。③ 從"兩"字下稱"二,古文下字"來看,段改好像是有道理的,但是"兩"字本身形體卻也有問題,段玉裁已經根據《玉篇》《廣韻》"屙"及徐鉉按語將字形改爲"兩"。④ 嚴可均《説文校議》對此有比較詳細的分析:

> 兩篆體當作兩,説解當作"从門、二",《六書故》弟廿五引徐本从丁,唐本从上。按偏旁在門上,知非下字。隹部閵从兩省聲,籀文作𪚥,徐本尚從二,則門部蟲部從二者誤也。"二古文下字",校語也,議删;大徐語亦議删。⑤

因此,如段所改"兩"字可信,《説文》中也就没有從"古文下"的字形了。因爲"二(上)"的

① 郭永秉:《論清華簡〈厚父〉應爲〈夏書〉之一篇》,《出土文獻》第七輯,中西書局,2015 年。

② 湯餘惠主編:《戰國文字編》,福建人民出版社,2001 年,第 3 頁。

③ 參看季旭昇:《説文新證》,藝文印書館,2014 年,第 48 頁。

④ (清)段玉裁注,許惟賢整理:《説文解字注》,第 1026 頁。

⑤ 丁福保:《説文解字詁林》卷十二上《門部》,第 5337b 葉引;又參看第 5338a 葉引于鬯《説文職墨》説。

出現在於極爲特殊偶然的"上帝"合文,"二"則並不存在這個條件,所以在古文經資料中,無論是根據現在可見的出土文本判斷,還是推想漢代人所見的材料,都不太可能出現"二"字。"下"的字頭,原來究竟是否如段注所改作"二",還確實難以斷言。我想,即使《説文》原本確實如此,大概也是許慎據"上"字古文字頭顛倒、便於歸字入部的産物,恐亦不必具有早期古文字形體的直接来源。假使今所見大小徐本《説文》"下"字字頭作"丅"及相關説解並不誤,這也不出情理之外,因爲這樣其實更有利於理解在《説文》的傳抄刊刻過程中,"上"字字頭被誤改爲"丄"的緣由所在,即,爲刻意追求"上""下"二字形體對稱而違背了許慎立字頭、部首的根據與考慮。這個問題,還值得將來據新出資料繼續觀察。

二、《説文》正篆和古文"鯀"的来源

《説文·希部》:

鯀,希屬。从二希。　　鯀,古文鯀。《虞書》曰,鯀類于上帝。

單育辰先生曾經對《説文》"鯀"字問題發表過如下意見:

　　《説文》中的"鯀"来源於甲骨文的"双",只是後来變得與金文中的"嚳"("曆")同形而已。然而金文中"嚳"("曆")是侵部字,這可從從紐侵部的"蠶"、精紐侵部的"賧"、精紐侵部的"僭"看出。質部與侵部古音關係較遠,在古書中也很少相通之例,所以,商西周古文字中的"曆"與商西周古文字中的"隸(肆)"雖然都从"希",但在古音上,二者似不能通用。我們認爲它們的關係有兩種可能:一是在甲骨文中"曆"聲與"肆"古音是一樣的,不過後来或演變爲侵部字,或演變爲質部字。殷商距我們所瞭解的東周時期的古音系統已有近千年之久,那時的材料發現太少,必有一些演化規律爲我們所不能掌握,所以也絕不能説在殷商時期"曆"與"肆"音一定不同。(原注:下節我們將論證"燅""齒"的語音可能與"双""鯀""肆"有關,"燅""齒"爲文部韻,"賧""曆""嚳"爲侵部韻,文部與侵部有密切的聯繫,這似乎暗示着,"賧""曆""嚳"與"双""隸""肆"似乎有語音關係。文部與侵部的關係參看沈培:《上博簡〈緇衣〉篇"恭"字解》,《華學》第六輯第68~74頁,紫禁城出版社,2003年6月。)另一種可能是,"　"
"　""　"爲兩個並列的動物形,是會意字,讀爲侵部的"賧""曆""嚳";而
"　""　"則爲另　種會意字,象以手抓動物之狀,讀爲質部的"双""鯀"

"肆"，雖然它們都有"希"形，但在語音上没有相通之處，只是分別用"希"來造字而已。《説文》中讀爲質部的"靐"其實來源於"丮""靐""肆"，後來由於訛變，變得與金文讀爲侵部的"巩""瞀""瞀"字形混同了。不過，這種字形混同並不始於《説文》小篆，在楚簡中，清華一《皇門》簡1"□"、上博五《弟子問》簡16"□"，它們可隸定爲"靐"，即已用爲質部的"肆"了。上文已説，甲骨文的"□"即"希"字，"希"，後世多擬爲餘紐質部的音，這其實就是從"丮""靐""肆"推出。

……"靐"在甲骨金文中一般用爲"瞀"，是侵部字（上文已説，此字與後來質部的"靐"爲同形字），與"燹"語音較難溝通。不過，我們也談到，在古文字中從"希"的"丮""靐"，也就是"肆"，是心紐質部；而"燹"，心紐文部，二字聲紐相同，質、文屬旁對轉。①

單先生所論甚有啓發性，尤其是指出《説文》"靐"來源於甲骨文的"丮"説值得注意；現在看來，他提出的前一種有關"巩""瞀"與"靐（肆）"語音有關的推測和關於"燹（幽）"的形聲結構解釋都存在問題，反映出尚未真正將"靐""巩"兩字區隔清楚的問題。因此這個問題值得在清華簡新出字形的基礎上再作申論。

清華簡《厚父》3號簡有□字（8號簡寫法略同，唯右半部件中豎不出頭），整理者釋"靐"，是正確的。但同時可以注意，此字左半已從《説文》所謂"希"旁（早期古文字作帶有分叉尾的"丮""欠"形）變成了類似帶有張口形的"大"，②全字未嘗不可以釋爲"肆"字。大家知道，西周金文的"靐"字已經出現左半訛變成"矣"的□形（《集成》2837大盂鼎），③秦文字中繼承這類寫法的和寫作正體的"靐"，比例大致各佔一半，④但《説文》以"肆"爲"靐"的篆文，可見"肆"是比較正統的秦篆寫法。跟清華簡其他也屬於《尚書》類的文獻中的"靐"字相比，更可以看出《厚父》這種"靐"字寫法接近於秦系正體的特點，請看如下幾個字形：

□《皇門》1號簡）　　□《攝命》2號簡）　　□《攝命》7號簡）

---

① 單育辰：《説"希"及相關諸字》，復旦大學歷史學系、復旦大學出土文獻與古文字研究中心編：《簡帛文獻與古代史——第二屆出土文獻青年學者國際論壇論文集》，中西書局，2015年，第16～17、20頁。

② "大"形中豎古文字往往出頭，有可能也與右側"聿（聿）"形寫法類同有關。西周時代已經出現"希""矣"兩種寫法的揉合形體，如胡簋的□左側的寫法（史傑鵬已經指出胡簋的這種寫法就是大盂鼎這種從"矣"之形的前身，參看史傑鵬：《〈説文解字〉"豕"和從其得聲之字的音義及相關問題研究》，收入《畏此簡書》，江西高校出版社，2018年，第139頁），《厚父》之形當然也未嘗不可視爲胡簋此種形體之省變。

③ 張世超等：《金文形義通解》，中文出版社，1996年，第669頁。此形右半或許有訛變或殘泐，疑不能明。

④ 單曉偉：《秦文字字形表》，第124頁。黃德寬主編：《古文字譜系疏證》，第3354頁。

整理者把這幾個字都釋成"絲",可從。

從許慎所引《虞書》的文句內容可知,"絲"的音義與"𦘒"有直接的關聯,應當加以認同。① 不過分析清華簡中這一系列字形,很容易讓我們悟出,過去以爲"絲"字乃"从二希"的説法其實是不準確的,所謂"絲"形其實正是從前述《厚父》的字形演變而成的,即"𦘒"字左右部件互相感染、類化造成的結果。因爲"𦘒"字形右半的"聿(聿)"旁,草寫之後往往與"希"形難分,所以十分容易産生這種字形類化混同現象。其中,《皇門》和《攝命》7 號簡是左右都變成了"希(㿰)"之形,《攝命》7 號簡之形演變得更加徹底,左右完全類化爲一個部件,而《皇門》的兩個"希"張口部分左右相對,似尚能看出右側部件由"聿(聿)"類化的痕跡,右上的張口形應該是從持"巾"的"又"變過來的。

上博簡《弟子問》16 號簡"寡聞則沽(孤),寡見則⬚",整理者釋讀⬚字爲"肆",李學勤先生進一步指出此字即《説文》"絲"字,讀爲"肆",義爲"放",②皆可從。⬚字就相當於"絲"(唯象腿部和尾巴的筆畫關係經過變形重組),無疑可以視爲在《攝命》⬚形之後較晚出的異形,當然也是"𦘒"字左右偏旁類化的結果。而《攝命》2 號簡的"𦘒"則完全寫成了兩個"聿(聿)"形,是與前一種寫法相逆的左右類化(《説文》"𦘒"字籀文作"𦘒"者,右半即由《厚父》3 號簡、《攝命》2 號簡寫法變來)。《説文》所謂古文"絲"的字形"⬚",來自孔壁所出《虞書》,③現在看來很可能就是《攝命》2 號簡這種兩個"聿(聿)"平列的"𦘒"字一路寫法的演變,也有其齊魯文字寫法的某些特徵(詳下)。我認爲,通過清華簡、上博簡字形明白了其間字形演變關係,完全可以幫助我們澄清早期古文字中的一個誤解,即對"絲"字的錯誤溯源,證明前引單説的合理性。

我們迄今沒有在秦文字資料中發現過單獨的"絲"字,《説文》列"絲"字字頭,很可能就是前所提及的"今叙篆文,合以古籀"的結果。也就是説,因爲在孔壁古文《尚書》中間發現了當"肆"用的古文"絲"字,所以爲它列出相應的篆文字頭,這種字頭大概是許慎根據其字形分析,對古文寫法進行翻轉的結果。因此從文字形體發生的角度來説,所謂"絲"字不可能在早期古文字中尋找到相應的來源,過去將所謂从二"希"(即早期古文字帶有分叉尾的"旡""欠"形)的字直接認同爲"絲"字,④是缺乏確鑿根據的,這種做法的實

① 上引馬繼書已經指出《厚父》的"𦘒"與"絲"爲一字,見該書第 420～421 頁,參看第 1244 頁。

② 李學勤:《楚簡〈弟子問〉與絲字》,中國文物研究所編:《出土文獻研究》第八輯,上海古籍出版社,2007 年,第 1～3 頁。

③ (清) 段玉裁注、許惟賢整理:《説文解字注》,第 797 頁。

④ 這種意見可以以王蘊智先生的文章爲代表,參看《釋"豸""希"及與其相關的幾個字》,吉林大學古文字研究室編:《于省吾教授百年誕辰紀念文集》,吉林大學出版社,1996 年,第 252～255 頁。

質,是把不同來源的異代同形字錯誤地加以認同。我們可以分析一下西周金文中的這些所謂从"𥰐"的相關字形。首先是不从"火"的字形:

A. 𣏟𣏟𣏟① 　A1. 𣏟𣏟 　B. 𣏟 　C. 𣏟𣏟

這些張口形朝向前後並無表意功用區別的字形,長期被釋作"𥰐"或从"𥰐"之字,林澐先生明確指出此説不可信,他認爲 A 和 A1 應釋"㸚",B 就是"𣏟"字(與甲骨文中从"㸚"从"口"之字是一個字)。② 據林説推論,C 形顯然是从"攴""㸚(𣏟)"聲的字。近出的戎生編鐘有 𣏟 字,學者多已指出即"譖"字,此器銘文中也有西周金文常見的"不 𣏟",③當即"不𣏟(僭)",④皆可印證林説。

　　不過林先生對"㸚(𣏟)"的考釋似在古文字研究界尚未被一致接受。其中最主要的原因,我認爲還是將這些字所从與"𥰐"字的認同太過深入人心,而林先生也沒有從根本上有力地證明這些字从"𥰐"的分析是完全錯誤的,因而堅持舊説的人仍有不少。⑤ 李學勤先生雖然正確釋出戎生編鐘的"𣏟""譖"二字,也同意把甌卣銘文 𣏟 字釋讀爲"㸚(僭)",但仍堅持把天亡簋、召尊(卣)的"㸚"字釋讀爲"𥰐(肆—遂)",這種矛盾的立場其實就是傳統的意見太深入人心、難以破除的緣故。前引單育辰先生文提出的早期"㸚/𣏟"與"𥰐"的語音有關,某種程度上也是出於與舊説妥協的考慮。按照我們的看法,甲

---

① A 形的最後這一例,見於散氏盤(《集成》10176),過去常誤摹誤釋爲"既"。該字所在辭例是:"誓曰:我㸚付散氏田器有爽實,余有散氏心賊,則鞭千罸千,傳棄出。"阮元《積古齋鐘鼎彝器款識》卷八對"㸚(他隸寫爲'烑',即'㸚'之訛形)"字的解釋值得注意,他説"烑,《説文》解云:'𣏟𣏟,銳意也。'攷《易·豫》九四'朋盍簪',京房《易》'簪'作'撍',陸希聲云:'撍今捷字。'鄭康成注云:'簪,速也。'此云'烑付散氏田器',則'烑'義同'簪',捷速付之也。"(商務印書館 1937 年叢書集成本,第 444 頁)這個字也見於近年發表的甌卣銘文,寫作 𣏟 ,其文曰:"乃兄㸚鼻(畀)女(汝),害義,敢再(稱)令尚(賞)女(汝)。"(參看董珊:《山西絳縣橫水 M2 出土肅卣銘文初探》,《文物》2014 年第 1 期;裘錫圭:《甌卣銘文補釋》,《中華文史論叢》2021 年第 1 期)"㸚鼻(畀)"語例與散氏盤"㸚付"極近,"㸚"字董、裘二位先生都讀"僭"(董氏理解爲冒用假借,裘氏理解爲僭越),但這些意思似乎放在散氏盤中都不太合適,似乎用"簪"的捷速義來解釋則比較通順,銘文確切語義有待進一步研究。附帶一提,甌卣銘文"乃兄"之"兄"作覆手形"兄",這類字形在金文當中多作㧙賜、交付義用,極少用作"兄"(李學勤指出《集成》5296"兄癸"也寫作此形,見李學勤:《絳縣橫水二號墓卣銘釋讀》,《晉陽學刊》2014 年第 4 期,第 145 頁,這個例子如果可靠,也是金文的唯一一見),在這裏究竟是用作㧙賜義還是用作兄義,甚至這些覆手形的字是否讀"㧙",皆待另文探討。

② 林澐:《新版〈金文編〉正文部分釋字商榷》,中國古文字研究會第八屆學術研討會論文,1990 年,江蘇太倉。

③ 李學勤:《戎生編鐘論釋》,《文物》1999 年第 9 期,第 79 頁圖六。

④ 李學勤:《戎生編鐘論釋》,第 78 頁。裘錫圭:《戎生編鐘銘文考釋》,《裘錫圭學術文集·金文及其他古文字卷》,復旦大學出版社,2012 年,第 111、114 頁。

⑤ 李學勤:《楚簡〈弟子問〉與𥰐字》,第 2 頁。

骨文和金文的字形、辭例無疑都與"絣"毫無關聯,應該徹底撇清關聯。

另外一系與此有關的,就是从"火"的字形:

這類字形過去都隸定爲"爨"或"爇",其實這些字形上部所从與上列 A、B、C 字所从完全一致,無論依從上引林澐先生説還是按照我們前文所作的分析,這種隸定釋寫無疑是錯的,因爲這些字所从與後來的"絣"字毫無關聯。但是,从"死"从"火"的字,卻又不見於字書,有些學者將它跟"爨"字聯繫,又有很多人認爲"爨""豳"爲一字分化,從古文字演變角度都没有爲此字釋"爨"提出非常强硬的證據。認爲此字就相當於"豳",主要是考慮到金文中辭例多用爲地名、族氏,釋"豳"確實比較合理;①後來裘錫圭等先生又指出新出金文中的這個字可能讀爲"芬芳"之"芬"的例子,結合"闖闥"之"闒"的形聲結構分析,②更從文字學上爲釋"豳"説提供了某種可能的印證。因此,我們大致可以推測,𤐤字結構本从"死"从"火"會意,所會的是"焚""燒"一類意思(《廣韻·獮韻》引《字林》:"爇,逆燒。"),很有可能𤐤字本即有"爇""焚"一類讀音,"豳"與"焚"則古音甚近,因爲後來可能要與後起形聲字"燔"别嫌,逐步將上部改造成"豩"以拉開字形之間的距離("死"形變爲"豩"還有字形上的其他原因,詳下)。《説文》分析"爨"从"豩"聲,又謂"豩"訓"二豕""豳从此,闕",無論"豩"字確實是本有其字,還是就是从"爨""豳"中人爲割裂出來的一個部件,𤐤字在逐步演變爲"爨""豳"的過程中,確實是經歷著形聲化再分析的過程。

有了這樣的認識基礎,我們既可以把古文字中與"絣""絣"無關的字徹底撇開,以免將討論帶入不必要的麻煩當中,又可以對較晚的戰國抄本中間讀爲"肆"的那些字形有更加明晰的認識。

"絣"字在東周文字中間,會出現省形的現象,即可以用"聿(聿)"來表示"肆",也可以用"希"來表示"肆"。而這其中又有時代層次的差别。"聿(聿)"是"絣"的右半,雖與以手持筆的"聿"形近,但實與"聿"有區别,從早期古文字看原爲以手持巾形,③後來逐步

---

①　裘錫圭:《爨公盨銘文考釋》,《裘錫圭學術文集·金文及其他古文字卷》,第 162 頁。

②　裘錫圭:《獙簋銘補釋》,《裘錫圭學術文集·金文及其他古文字卷》,第 176～177、179～180 頁。

③　"絣"字本義不明,左旁帶分叉尾的"欠""旡"形頗爲奇詭,不知是人是獸。如是人的話,也不知是指生人或死屍,人手持巾對之所施爲何種動作。《儀禮·士喪禮》記人死後沐浴擦拭、飯含覆面皆用巾,不知"絣"是否即"肂"(《士喪禮》"掘肂見衽"賈公彦疏:"肂,訓爲陳,謂陳尸於坎。")的表意初文,記此待進一步研究。

變成"隶",再混同爲"聿"的。《説文·隶部》:"隶,及也。从又、从尾省。又,持尾者,从後及之也。"這個"隶"字,商、西周的早期古文字未見,沈培先生指出:

> 從金文和戰國文字看,"隶"字所从的"又"形跟所謂的"尾省"的位置頗值得注意,總是"又"在"尾"上。不僅單獨寫的"隶"字如此,郭店簡《語叢》一 75 有"逮"字,原句意義不清,所从"隶"的寫法跟單獨寫的"隶"没有區別。另外,古璽文字中的"隶"以及"逮"所从的"隶",皆是"又"在所謂"尾"形上方,如《古璽彙編》2411"隶"、802"逮"、2102 从"邑"从"隶"的字。大概秦系文字中最早出現所謂"又"持"尾"的寫法,如石鼓文"逮"作 𧾷 (霝雨石),《説文》"隶"的篆文字形顯然由這種字形進一步變來的。①

這個分析非常仔細,很值得注意。我認爲,"隶"形應當就是從"{隸}"截取出來的一部分,隨之"隶"就具有了"隸/肆"的讀音。前舉《説文》"隸"字籀文及"肆"字右半都變成了"隶",其寫法都與石鼓文的"逮"字所从、《攝命》2 號簡的"{隸}"字一致,説明從春秋中後期以降,"隶"形已經有了"隸/肆"之音。《攝命》2 號簡的字形在戰國東方國家文字中率先寫成"又"持"尾"的寫法,也是與秦文字的特徵相合,少見於六國古文,應當重視。沈培先生又指出,"隶"及从"隶"聲的"鉢"字,在東周晉、齊金文中就可以用成"肆"(邵鐘 𣓁 、洹子孟姜壺 𨮺 等字),②其"又"皆在"尾"上;郭店楚簡《尊德義》《性自命出》中亦多見用爲"肆"的 𧘇 字,亦皆爲"又"在"尾"上形。③ 從字形成因角度分析,"聿"之所以變成"隶"(即"巾"變成尾形),大概最主要的原因是被左邊的"希"尾所類化,所以沈先生提出的"又"位於尾上的寫法比較古一些,秦系中豎出頭的寫法則稍晚的意見,很可能是正確的。④

前面曾提及的《説文》古文"隸"作 𩵋 形,這種字形的特點是上部作"又"頭,下接"希"軀尾之形。這是一種錯綜揉合類化的結果,前已指出可能與《攝命》2 號簡 𣄰 有關,⑤由

---

① 沈培:《從郭店楚簡的"肆""隶"、"殺"説到甲骨文的"希"》,作者所贈待刊稿。

② 這種"肆"在西周金文當中本來就是用从"隸"聲之字表示的,參看陳劍:《金文"象"字考釋》,《甲骨金文考釋論集》,綫裝書局,2007 年,第 265 頁。

③ 沈培:《從郭店楚簡的"肆""隶"、"殺"説到甲骨文的"希"》,作者所贈待刊稿。

④ 清華簡《子産》20、24、25 各見一"隶"字,分別寫作 𢎞 𢎞 𢎞 ,原釋爲"聿",非是。20 號簡之例原讀爲"律",學者多已指出不可信。此三字似應皆用作"肆"。

⑤ 《玉篇·豕部》《廣韻》去聲至韻都在"隸"字下注"俗作隸",大概並非直接沿襲自戰國文字中的這種形體,而很可能是傳抄古文形體隸寫俗訛或者楷書時代字形類化的結果。

文本及字形來源上講，更直接的則是郭店簡《語叢二》的 🔣 字的複疊之形（《語叢》一、二、三的文字具有明顯的齊魯文字特色，已是學界共識——甚至可能就是齊魯等地的抄本——故正與孔壁古文相合）。《説文・希部》：

希，脩豪兽。一曰河内名豕也。从彑，下象毛足。讀若弟。𧱕，籀文。

🔣，古文。

“希”字古文寫法複疊之後也就是古文“絺”，沈培先生指出郭店簡整理者將 🔣 釋爲“希”就是依據的古文“希”，皆有理。[①] 我們自然可以根據戰國文字中的“豕”旁等頭部寫作類似“又”形的部件（即“彑”的來源，例如楚簡的 🔣 🔣 所从、古璽的 🔣 🔣 所从[②]），説 🔣 就是這類動物頭嘴部分訛變的結果，不過終嫌有些不夠自然，因爲“彑”頭畢竟沒有完全跟“又”形一致的寫法。

從甲骨文及商金文等早期古文字看，“絺”字有不从“巾”的簡體，[③]如 🔣 🔣 等形。[④] 似頗有可能 🔣 形其實來自這種形體的緊縮與揉合，即以“又”形的下部兩橫筆兼代張口之形。如果此推測合理，🔣 字實際已相當於“叔（絺）”而非獨體的“希”，這樣嚴格分析起來，重複而成的“🔣”形，其實是一個从二“絺”複疊的形體。但這卻並不妨礙當時絕大多數人以此形相當於“絺/絺”來用的事實。而且，🔣 這種字形，從後來秦漢文字角度看，確實頗似从“彑”頭的“豕”字，《説文》“象”字正篆與“希”字古文來源不同而形近易混，[⑤]“象”與“豕”字繁形“𧱑”又形體極近，故而“燹/豳”字的“豕”旁乃从所謂“希”（其實是帶尾的“欠”“旡”形）變來這一點，亦皆可以無疑。[⑥]

此外，郭店《五行》21 號簡 🔣 和 34 號簡的 🔣，也都用作“肆”。[⑦] 這個字實際上倒

---

① 與此更接近的其實是《古文四聲韻》的“希”字寫法，參看王蘊智：《釋“豸”“希”及與其相關的幾個字》，第 254 頁。小徐本《説文》“希”字古文寫法亦與此接近。

② 湯餘惠主編：《戰國文字編》，第 644〜645 頁。參看孟蓬生：《釋“象”》，《古漢語研究》1998 年第 3 期。

③ 參看王蘊智：《釋“豸”“希”及與其相關的幾個字》，第 252 頁。

④ 董蓮池：《新金文編》，第 346 頁。

⑤ 陳劍：《金文“象”字考釋》，第 264 頁。

⑥ 張永山先生指出建寧二年侯成碑“豳”字从“絺”（轉引自周寶宏：《近出西周金文集釋》，天津古籍出版社，2005年，第 293 頁）。按金鄉長侯成碑載《隸釋》卷八，所謂“豳”字从“絺”形的寫法作 🔣，見於洪氏晦木齋刻本《隸釋》（中華書局 1986 年影印，第 92 頁），所从之部件的上部確實類似張口形，似很可能與“旡”有關；但《四部叢刊三編》據固安劉氏藏明萬曆刊本影印《隸釋》作 🔣（上海書店 1985 年據商務印書館 1935 年版影印，第 327 頁），字形不盡相同，但顯然已出於訛變。原石究竟原形寫法如何，今已不可確知，姑且存疑。

⑦ 沈培：《從郭店楚簡的“肆”“隸”、“殺”説到甲骨文的“希”》，作者所贈待刊稿。

確實是从"彑"从"希(豙)"的,只是"希(豙)"的上部張口形的彎折處斷裂成兩筆,寫作有點類似"殺"所从的頭部,其實仍然應視作从"𧱖"省聲。① 因此不但"隸"有"𧱖(肆)"之音,在戰國中期左右,"希(豙)"也有了"𧱖(肆)"的讀音,這使得一個表意字"𧱖"實際上變成了非常特殊的雙聲字,清華簡、孔壁古文經中的那些左右偏旁類化的"𧱖"字,除了字形本身的趨同内力之外,也有形聲結構重新分析之後對改造字形書寫的外部推動作用。"希"字在《說文》中立字頭,實際上其音義與早期古文字帶尾的"欠""旡"獨體字形無關,應是自"𧱖""叙"等字截取的部件,單育辰先生據"𧱖"音推斷早期古文字帶尾的"欠""旡"形是"豴"(《爾雅·釋獸》"豴,脩毫")的初文,②恐根據不足。③

由此看來,《厚父》寫作 形的"𧱖"字,與秦文字正體最爲接近,在字形演變的邏輯鏈條中位於前列,無疑是其文本古老來源的直接表徵,十分可貴。

由此可見,《說文》古文確實具有非常可靠的孔壁古文經,尤其是孔壁古文《尚書》的文字來源。從"二(上)""𧱖"二字例與清華簡文字之間的特殊關聯可以推知,許慎編纂《說文》的時候,在"今敘篆文,合以古籀"的思想指導下,爲了設立部首、統攝文字,利用了古文中的特殊古老字形寫法建立字頭;也爲某些處於字形演進序列末端的古文特殊寫法字形翻轉了篆文建立字頭。這些古文、篆文字形的特殊性及價值,只有結合活生生的古文字資料、特别是新出的重要戰國文字資料才能認識得更加透徹。

---

① 這裏附帶提及,《說文》"殺"字古文 (此形在《說文》各本中寫法較亂,參看上引沈文)過去也認爲與"希"有關(丁福保:《說文解字詁林》卷三下第 1304 葉引章太炎《小學答問》等),但從形音兩方面看(尤其是《唐虞之道》用作"殺減"義的"殺"作 ,與"希"形有明顯的區别), 從古文字"蔡"字寫法( )變來的意見應較自然可信(參看陳劍:《金文"豪"字考釋》,第 264~265 頁)。

② 單育辰:《說"希"及相關諸字》,第 23 頁。

③ 此點承張富海先生指教。

從上博簡《孔子見季桓子》看楚文字中的"草化"現象*

田　煒

（中山大學中文系）

　　按照一般的説法,漢字有"篆""隸""草""楷""行"五種字體。"五體説"大體上反映了秦以後漢字的發展嬗變情況。古人所説的"草書",有時候是指書寫比較草率的文字,有時候是指一種專門的字體。正如啟功先生所説,草書"在字體方面,又有廣狹二義:廣義的,不論時代,凡寫得潦草的字都可以算;但狹義的、或説是當作一種專門的字體名稱,則是漢代才有的"。[①] 本文所説的"草化"是一種比較寬泛的説法,是指人們出於書寫便捷的需要,在書寫比較潦草的文字時對字形和筆畫形態進行的一些改造。因此,本文所指的"草"的内涵與啟先生所説的廣義草書比較接近。這種意義的"草書"在先秦文字中已有萌芽。

　　從二十世紀七十年代開始,隨著秦簡和西漢早期簡帛資料的發現,學者不僅看到了古隸的真正面貌,而且也注意到了古隸中存在的草寫現象。1973 年湖南長沙馬王堆漢墓簡帛資料出土以後,裘錫圭先生曾經撰文討論一號墓出土的遣册所使用的古隸,以"止""皿""工""可""夫"等字爲例指出了古隸"已經出現了不少草書式的寫法"。[②] 1975年,湖北雲夢睡虎地秦墓竹簡出土,學者發現不少草書式的寫法可以進一步上溯到秦簡。裘先生在《文字學概要》中説,"在秦國文字的俗體演變爲隸書的過程裏,出現了一些跟後來的草書相似或相同的寫法",並舉了"之""止""辵"等字或偏旁爲例。[③] 秦國文

---

*　本文是國家社科基金項目"出土戰國至西漢早期文獻書寫特點研究"(批准號: 20BYY182)成果之一。

①　啟功:《古代字體論稿》,文物出版社,1964 年,第 34 頁。

②　裘錫圭:《從馬王堆一號漢墓"遣册"談關於古隸的一些問題》,《裘錫圭學術文集·語言文字與古文獻卷》,復旦大學出版社,2012 年,第 7～22 頁,原載於《考古》1974 年第 1 期。

③　裘錫圭:《文字學概要》,商務印書館,1988 年,第 70 頁。

字以篆書爲正體，篆書適用於比較莊重的場合，但書寫起來很不方便，於是在正體篆書之外又有一套俗體隸書來滿足日常書寫的需要。朱德熙、裘錫圭兩位先生指出，隸書是在草篆的基礎上發展而來的。① 所謂“草篆”是指書寫比較潦草的秦國正體字。在俗體的寫法中，人們爲了書寫的便捷，把一些筆畫連屬起來，這就形成了一些“草化”的寫法。有些“草化”的寫法漸漸被固定下來，並且爲後來的草書所繼承。二十世紀九十年代以後，隨著楚地大量出土戰國簡策，楚簡、楚文字的研究也隨之成爲了古文字研究中發展最快的分支，有的研究者開始注意到了楚簡中也存在“草化”現象。② 不過有些與“草化”有關的重要材料似乎尚未引起研究者的重視，有些問題也仍有進一步研討的空間，本文擬就此展開討論。

一、楚簡對商、西周手寫文字的革新

不少學者已經指出，楚簡的寫法與商代、西周的手寫文字有明確的繼承關係。與此同時，楚簡在寫法上也出現了一些新的變化，爲“草化”寫法的出現提供了基礎。

古人很早就開始使用毛筆書寫。裘錫圭先生在《文字學概要》中説：

> 《尚書·多士》説“惟殷先人，有册有典”。甲骨文裏有“册”字，寫作 ⊞⊞ ⊞⊞
> 等形，直竪代表細長的竹木簡，⊏或 ⊂ 代表把簡片編聯成册的編繩。商代典
> 册的内容無疑會比甲骨文、金文更爲重要，文字篇幅也一定會更長。可惜竹木
> 易腐，没能保存下來。③

這代表了目前學術界的普遍看法。甲骨文“聿”字作 𦘒 ，是一個圖畫式的會意字，示意人手握筆書寫，是“筆”字的初文，筆端分叉，象筆毫之形。目前所見最早的用毛筆書寫的文字屬於商代後期，與甲骨文的時代相同。解放前中研院歷史語言研究所主持的第七次殷墟發掘，在小屯 E181 甲號探坑出土了一片白陶，上有朱書“祀”字（圖 1）。④ 這個“祀”字雖然殘缺不全，却清楚呈現了殷商時期手寫文字的面貌。商代甲骨文中有一些記事刻辭也比較忠實地反映了這種手寫文字的風格，可以 1929 年、1931 年殷墟第三、第四次發掘出土的鹿頭刻辭（圖 2）等爲代表。這些甲骨文可以看作是後世“刻帖”的前身。

---

① 北文：《秦始皇“書同文字”的歷史作用》，《文物》1973 年第 11 期，第 6 頁。
② 駱文龍：《楚簡文字廣義草化形態研究》，江蘇師範大學碩士學位論文，2014 年。陳夢佳：《楚文字中的“草字”與草書萌芽》，《出土文獻研究》第十三輯，中西書局，2014 年，第 130～139 頁。
③ 裘錫圭：《文字學概要》，第 42 頁。
④ 李永迪編：《殷墟出土器物選粹》，“中研院”歷史語言研究所，2009 年，第 290 頁。

從這些材料我們可以得知,商代的手寫文字多用擺動筆法,或中間粗兩頭細,或用方筆起筆後向上挑出,呈現出一種騰躍的姿態,轉折則兼用翻轉和絞轉筆法。這些用筆方法相對於平移的筆法而言更有利於快速書寫。不過,殷商時代的手寫文字筆畫大多較直,很多筆畫是朝著遠離文字中心的方向運動的,筆畫之間的顧盼並不明顯,這在一定程度上也制約了書寫的速度。楚簡則進一步發展了書寫的便捷性,筆畫常常帶有回鈎指向下一筆起筆處,筆畫之間的顧盼明顯增強,而且筆畫多弧綫,運筆方向常常朝向文字的中心。我們可以通過列表的方式來看一下這種變化:

圖 1

圖 2

	殷 商 時 期	楚 簡
祀	陶文	清華簡壹《皇門》簡 4
王	鹿頭刻辭	清華簡貳《繫年》簡 104
來	鹿頭刻辭	清華簡叁《説命中》簡 2
于	宰丰骨	清華簡壹《祭公》簡 19

我們不難發現,相比殷商時期的手寫文字(包括忠實手寫文字的銘刻),楚簡明顯增加了筆畫的弧度。筆畫弧度的增加有利於加強筆畫之間的顧盼和增加書寫的速度。從現在掌握的資料看,這種差異是帶有普遍性的,並非是個別篇章中的偶然呈現。這種變化至少反映出兩個問題:

第一，書寫任務的增加提高了對書寫效率的要求。許慎在《説文解字·叙》中提到隸書產生的其中一個重要原因是"官獄職務繁"。社會事務的日益繁雜和文化的不斷進步使得記録、撰寫、抄寫的需求不斷增加，這必然對書寫效率提出更高的要求。不少研究者都提到，楚簡中方首鋭末的筆畫是繼承商代和西周手寫文字而來的，書寫時采用的均爲擺動筆法。① 不過我們也不難發現當中的差異：雖然同樣是采用擺動筆法，同樣呈現出重起輕收的筆畫形態，但商代、西周手寫文字多楔形筆畫，而楚簡則多釘形筆畫。兩者的差異在於楔形筆畫比較均匀地從粗變細，而釘形筆畫則是突然變細。前者要求較强的控制力，後者則更隨意，書寫速度自然也會更快。因此越是書寫隨意的文字，釘形的筆畫就會越多。王曉光、楊然等研究者在對比楚簡和三晉盟書書法時已經指出了這種細微的變化。② 筆畫形態由楔形向釘形轉變，回鈎與顧盼的增加，爲"草化"現象的出現提供了重要的基礎。

第二，對待手寫文字的觀念變化。商代甲骨文有兩種風格：一種是刻劃風格，這在商代甲骨文中是絶大多數；另一種是手寫文字風格，主要見於一些有紀念意義的記事刻辭，如著名的宰丰骨、鹿頭刻辭等。記有記事刻辭的獸骨有一些背面刻有繁縟的花紋，甚至鑲嵌了寶石，是相當隆重的。莊重的刻辭采用手寫文字的風格，説明手寫文字是商代的正體文字。在麥方鼎等西周早期的銅器銘文中，我們仍然能發現不少手寫文字的痕迹，説明手寫文字爲正體的觀念得到了延續。西周中期以後，銅器銘文逐漸演變爲筆畫均衡的"玉箸體"，手寫文字的風格漸漸退出了青銅器銘文。金文書風的演變反映了人們對待手寫文字觀念的變化。手寫文字脱離了銘刻和正體觀念的約束，書寫變得更加自由，這也爲"草化"現象的出現提供了條件。

二、上海博物館藏戰國楚竹書《孔子
見季桓子》中的"草化"現象

1994 年，上海博物館從香港購回了一批戰國竹簡。這批竹簡中有一篇名爲《孔子見季桓子》(下文簡稱"《孔》篇")的文獻，收録在《上海博物館藏戰國楚竹書(六)》。③《孔》

---

① 邱振中：《關於筆法演變的若干問題》，《書法的形態與闡釋》，中國人民大學出版社，2005 年，第 60 頁。徐利明：《中國書法風格史》，河南美術出版社，1997 年，第 41 頁。田煒：《先秦法書墨迹研究》，《文藝研究》2010 年第 10 期，第 126 頁。王曉光、楊然：《楚簡書對殷周筆法的繼承變異及與秦簡書比較》，《出土文獻研究》第十三輯，中西書局，2014 年，第 122～124 頁。

② 王曉光、楊然：《楚簡書對殷周筆法的集成變異及與秦簡書比較》，第 123 頁。

③ 馬承源主編：《上海博物館藏戰國楚竹書(六)》，上海古籍出版社，2007 年，第 31～59 頁。

篇的書寫比較草率,文字很有特點,很多學者都已經注意到了這一點。陳劍先生曾經指出《孔》篇書體特別,"文字有不少獨特的寫法。加上其書寫頗顯草率,訛變之形較多,甚至還存在個別誤字和衍文";①蘇建洲、林聖峰等先生認爲《孔》篇的一些文字特點反映出其底本可能源於齊魯;②李天虹女士曾經比較細緻地分析過《孔》篇的特殊字形;③李松儒女士也對《孔》篇中的字形與地域特徵進行過分析。④ 從字體和書法的角度看,《孔》篇中大量存在的"草化"現象也很值得注意。總的説來,《孔》篇所見的"草化"主要體現在拉直與合并筆畫、使用連筆與牽絲、筆畫變形與偏旁混同三個方面。

(一) 拉直與合并筆畫

相較於彎曲的筆畫而言,平直的筆畫書寫起來更加便捷。在漢字發展的過程中,通過拉直原本彎曲的筆畫來增加書寫便捷程度的例子是很多的。如果我們用秦文字中的正體和俗體作對比,就會發現很多原來彎曲的筆畫出於書寫便捷的需要被拉直了,例如:

在這四個例子中,前兩例把原本"V"形或"凵"形的筆畫變成了橫筆,後兩例則把原來的弧筆變成了直筆。這種情況在"隸變"的過程中是很常見的。六國古文也存在這種情況,比較常見的如"言"字作 （包山簡 14）,也作 （郭店簡《魯穆》簡 4）。"言"字在商代甲骨文中作 等形,上舉包山簡中的"言"字把"V"形的兩筆簡化成了一弧筆,郭店簡《魯穆》中的"言"字則進一步把弧筆拉直成了橫筆。在《孔》篇中,這種情況更爲常見,有的甚至把兩筆以上的曲折筆合并成一直筆。我們把這些特殊的字形和楚簡中的一般寫法列出,以資比較:

---

① 陳劍:《〈上博(六)·孔子見季桓子〉重編新釋》,《出土文獻與古文字研究》第二輯,復旦大學出版社,2008 年,第 160～187 頁。

② 蘇建洲:《〈上博楚竹書〉文字及相關問題研究》,萬卷樓圖書股份有限公司,2008 年,第 250 頁。林聖峰:《〈上博六·孔子見季桓子〉底本國別問題補説》,簡帛網,2008 年 6 月 7 日。

③ 李天虹:《楚國銅器與竹簡文字研究》,湖北教育出版社,2012 年,第 209～216 頁。

④ 李松儒:《戰國簡帛字迹研究——以上博簡爲中心》,上海古籍出版社,2015 年,第 365～374 頁。

	《孔》篇	一般寫法
夫	![图]簡2、![图]簡10	![图]包山簡142、![图]郭店簡《老子》甲簡13
與	![图]簡14	![图]上博簡五《競建》簡5
拜	![图]簡15	![图]清華簡壹《程寤》簡3、![图]清華簡壹《祭公》簡21

"夫"字象人雙臂的兩斜筆在《孔》篇中被寫成了一橫;"與"字"廾"旁斜上的筆畫被連接成了一筆;"拜"字象指爪之形的筆畫被合并成了長橫。

(二) 連筆與牽絲

筆畫勾連是行書和草書的重要特徵。正如上文所說,學者早已指出草書中的部分連筆在秦隸中已有萌芽。除了秦隸以外,使用牽絲連屬筆畫的方法在古文字中是很少見的。① 關於這一點,我們只要看看溫縣盟書就大致知道了。下面以編號 K4:636 的盟書爲例(圖3)。② 這件盟書中的文字大小錯落,書寫十分隨意潦草,筆畫多回鈎指向下一筆的起筆。儘管如此,盟書中的文字多數采用筆斷意連的方式來體現筆畫之間的顧盼與呼應,真正用牽絲連筆的方法把兩個筆畫勾連起來的情況是十分罕見的。楚簡的情況也大致相同。但《孔》篇却是一個例外。寫手較多地利用牽絲連接不同的筆畫,顯得十分特別。我們把《孔》篇中使用連筆與牽絲的字用表格的形式羅列出來:

圖3

牺	![图]簡7
流	![图]簡24

---

① 之前也有人提到楚簡中的連筆現象,但所舉的例子大都是有問題的,多數字形和原簡不符。見駱文龍:《楚簡文字廣義草化形態研究》,第76～77頁。

② 艾蘭、邢文編:《新出簡帛研究》,文物出版社,2004年,圖版九。

續　表

君	簡 6
夫	簡 11
所	簡 17
㳄	簡 17
不	簡 14、簡 26
天	簡 26

表中"䣈""宁""酉"旁兩橫筆牽絲相連;"流"字"水"旁右側兩短筆相連;"君"字第一筆與第二筆相連;其餘諸字都是左右斜筆連寫,類似後世行書的撇捺連筆。這些連筆很值得我們注意,反映出寫手嘗試突破筆斷意連的方式而改用真正的牽絲帶來書寫速度的加快。

(三) 筆畫變形與偏旁混同

爲了增加書寫速度,《孔》篇的寫手還會故意改變筆畫的形態。例如上文提到的寫作 形的"夫"字,末筆本應向右下斜出,但寫手爲了增强與下字的連接,改變了筆畫的走向和形態,使得該字的下部與"人"旁混同。又如上文提到的"所"字,楚簡一般寫作 (郭店簡《尊德》簡 36),《孔》篇則寫作 ,"斤"旁的寫法因快速書寫的需要而變形,和同篇簡 13"大"字作 的寫法相似,也是因"草化"而導致偏旁混同的現象。

三、楚簡中的"草化"現象與草書的關係

裘錫圭先生曾經指出,秦隸裏的草書成分是自然發生的。[①] 楚簡中的草書成分應該也是自然發生的。蔣善國先生在《漢字形體學》中說:

---

① 裘錫圭:《從馬王堆一號漢墓"遣册"談關於古隸的一些問題》,第 20 頁。

> 由於草書是各種字體的自然簡化作用,是要求書寫的急速自然產生的,凡字體寫的潦草的都是草書,因而草書的範圍,不但不限於隸書和真書,並且不限於小篆,就是古文大篆裏面也都有草書。[①]

按照廣義的草書來理解,這段話是有道理的。但應該指出的是,楚簡中的"草化"現象和後世的草書仍有不少差異:

首先,秦至漢初文字資料中的草寫具有很强的規律性和普遍性。在這種規律上形成的草法是草書形成的重要基礎。例如"止"字的草寫,從抄寫於戰國晚期的睡虎地秦簡到抄寫於秦代的里耶、周家臺等秦簡,再到西漢早期的張家山漢簡等材料,我們都可以大量發現這種寫法。這種寫法也被後來的草書直接繼承了下來。而楚文字中的"草化"現象就很不一樣。現在我們看到的在楚地出土的戰國簡帛數量很多,但類似的"草化"現象却遠不如秦文字常見,絕大多數楚簡文字的筆畫仍然是獨立的。這種現象背後有比較複雜的原因,但最主要的原因大概是楚文字本身的構造已經可以適應快速書寫。同時,我們看到的這些草率的寫法似乎是比較自由的,缺少一定的規則,說明這些"草化"現象尚未固定,距離形成一定的草法仍有不小的距離。

其次,古隸中的一些草寫見於漢代的草書,也就是說,草書對古隸的繼承是直接的,如"止"字的寫法等就是很直接的證據。但楚簡中的"草化"現象在秦代和西漢早期的文字資料中並沒有得到繼承。許慎在《說文解字·叙》中說秦實施"書同文字"政策以後"古文由此絕矣",戰國文字中的"草化"現象自然也隨之被人爲中止了。因此,後世草書並沒有受到戰國文字"草化"現象的直接影響,而是重新在隸書中孕育發展出來的。裘錫圭先生說"草從古隸生"是十分正確的。[②]當然,在戰國時期六國文字和秦文字也會互相影響,秦文字中的部分草寫受到六國文字影響的可能性是存在的,但這種影響畢竟是很間接的,不足以推翻"草從古隸出"的結論。有的研究者根據楚文字中的草寫和後世的草書在用筆等表現上具有相似性,就認爲楚文字中的草字對漢代草書的形成有"重要的先導作用"。[③]這個結論恐怕未必是很合適的。

四、結　　語

《孔》篇等楚簡材料表明,在戰國時期,文字的"草化"現象不僅在秦文字中存在,在

---

① 蔣善國:《漢字形體學》,文字改革出版社,1959年,第330頁。

② 裘錫圭:《從馬王堆一號漢墓"遣册"談關於古隸的一些問題》,第21頁。

③ 陳夢佳:《楚文字中的"草字"與草書萌芽》,第135頁。

楚文字中也同樣存在。儘管楚文字的"草化"現象在普遍性和規律性方面都不如秦文字,却也足以給我們啟發。文字是人們交流的工具,雖然目前尚未見與《孔》篇相似的楚簡材料,但可以想象,"草化"不會是《孔》篇獨有的現象,它一定更廣泛地存在於楚文字中,甚至在其他國家的文字中也必然存在,只是受到材料的限制,我們暫時還没有看到而已。同時,它還提示了一種可能:如果不是秦國統一了六國,推行"書同文字"政策,戰國文字很可能也會逐漸衍生出行書、草書一類的新書體。總之,楚簡中的"草化"現象不論在書法學上還是在漢字史上都有著特殊而重要的研究價值,是很值得研究者繼續深入研究的課題。

從戰國楚簡看文字的隸變

盛郁龍

（浙江大學藝術與考古學院）

一、"隸變"的提出及隸變研究的概況

"隸變"這個詞在隸變之後的一段時間才出現,最早見於唐代唐玄度《九經字樣》"諸經之中,別有疑闕,古今異體,隸變不同"。這段文字中的隸變的意思是指：古文字演變爲今文字的過程中,字體發生的變化。

《説文解字·敘》和《漢書·藝文志》皆言隸書起源於秦代,官吏爲了應對繁忙的公務而創立的簡便字體。《説文解字·敘》中言："是時秦燒滅經書,滌除舊典,大發隸卒,興役戍,官獄職務繁,初有隸書以趣約易,而古文由此絶矣。"[①]《漢書·藝文志》載："是時始造隸書矣,起於官獄多事,苟趨省易,施之於徒隸也。"[②]

後來的學者也基本都一致認爲隸變在秦文字之中。裘錫圭先生在二十世紀七十年代指出："隸書是在戰國時代秦國文字的簡率寫法的基礎上形成的。"[③]又在《文字學概要》中指出："隸書在戰國晚期就已經基本形成了,隸書顯然是在戰國時代秦國文字俗體的基礎上逐漸形成的。"[④]趙平安先生在他的《隸變研究》中説："可以肯定,六國如果不被秦國統一,六國文字也必然演變爲各自的新體,但即使演變爲新體,也不可能等同於隸書。"[⑤]

隨著出土文獻資料的增多,我們也逐漸地發現隸變不僅存在於秦文字之中,也存在於秦文字以外的戰國文字之中。最早提出此觀點的是北魏酈道元,他在《水經注》中説：

① 向夏：《説文解字敘講疏——中國文字學導論》,（香港）中華書局,1974 年,第 151 頁。

② （漢）班固撰,（唐）顏師古注：《漢書》,中華書局,2013 年,第 1721 頁。

③ 裘錫圭：《從馬王堆一號漢墓"遣冊"談關於古隸的一些問題》,《考古》1974 年第 1 期,第 50～52 頁。

④ 裘錫圭：《文字學概要》,商務印書館,1988 年,第 69 頁。

⑤ 趙平安：《隸變研究》,河北大學出版社,2009 年,第 8 頁。

"孫暢之嘗見青州刺史傅弘仁說臨淄人發古冢,得桐(銅)棺,前和外隱爲隸字,言齊太公六世孫胡公之棺也。惟三字是古,餘古今書,證知隸自出古,非始於秦。"[①]臨淄在戰國時屬齊地,銅棺上的文字應是齊國文字。"惟三字是古,餘古今書"說明銅棺上的字體正處於隸變的過程中,其中有一些文字的書體與隸書一致,齊國文字正處於古文字與隸書並存的隸變過渡階段。

二、書法學視野中的隸變

學界對於"隸變"的概括與定義是按照隸變既成的結果來定義與概括的,也就是從現存的文獻字體的變化來概括定義的。古文字隸變的主要原因是書寫不斷地追求便捷,而書寫便捷快速的方法除了文字筆畫的直接減少,就是化曲爲直和連筆草化,而在快速的書寫過程中往往會造成筆法的改變,從而影響到書體的變化,最終書體的變化影響並改變了字體。學界對於隸變的定義與概括完全從字體的角度考慮,這也就忽視了隱匿其背後的豐富的書體書寫演變過程。

"隸變"是一個書寫實踐改變文字書體,進而改變文字字體的過程。隸變應該包含兩方面內容:一是留存下來可見的文字書體形象;二是書體演化的豐富的中間過程。在隸變的這個過程中會存在以下的現象:一,文字從屈曲象形向符號化、抽象化、方正化演變;二,書體點畫從圓轉向方折,從曲線向直綫演變;三,書體結構從大小空間不均勻向空間均勻演進;四,在用筆上,從一筆屈曲成形變爲分筆相接,書寫筆順改變,使得一些筆畫由一筆弧綫變成兩筆甚至多筆組合,與此同時改變了筆法;五,用筆從逆入平出畫成蝌蚪或者釘頭鼠尾的簡單用筆逐漸演化成起筆頓挫、方圓兼備的陰陽對立統一的起筆動作;中間行筆過程由不著意的自然劃過到中間行筆中實而富於曲直、方圓、輕重、快慢等節奏韻律的變化;由收筆的任由毛筆收束的自然尖利,向順勢成形並承接下一筆的起筆的豐富形態轉變;六,文字結構形體從豎長向扁方發展。

隸變過程中,文字結構逐漸趨向於扁方的形體結構。由於不斷地追求書寫便捷,筆畫由弧綫趨向直綫,逐漸形成以橫豎筆畫爲主的文字結構,因爲書寫橫畫比寫豎畫更便捷方便,所以多數字體結構中的橫畫數量多於豎畫。這是由以手腕爲轉軸,順時針用筆比逆時針運筆要順手,這是符合右手書寫的人體運動自然規律的。由於是書寫在細長的簡上,所以橫向的空間非常有限,而縱向空間比較寬綽有餘,易於分辨筆畫以及筆畫組合的結構,視覺上感覺比較雍容大方,而且文字字體也容易識別區分。這也正符合蘇

---

① (北魏)酈道元撰,陳橋驛校注:《水經注校證》,中華書局,2007年,第402頁。

軾在書論中所説的"大字難於緊密,小字難於寬綽"的美學規律。正因如此,隸變過程中字體結構横向排列的部首不多,豎畫也就比較少。簡的細長特點決定了文字字體結構的排列在上下的空間關係上,這也正解釋了爲何字體結構以横畫爲主。後期隨著竹簡變寬,以及木牘和紙張等書寫材料的廣泛使用,書體結構也隨之逐漸趨向扁方形態。

書寫不斷地追求簡便快捷從而改變了書體,書體的改變又影響改變了字體,字體結構的可辨可識又反過來約束規範書體,最終文字字體在書體與字體的相互作用下約定俗成並確定下來,完成了隸變。

綜上,隸變應是一個古文字在字體與書體這兩方面共同作用下,使得字體結構最終發生改變成爲隸書的過程。這樣,隸變的定義就涵蓋了文字學與書法學兩個學科對於隸變的認識。

三、從楚簡文字與秦簡文字的比較看楚簡文字中的隸變

文字的隸變過程不再像以前材料比較缺乏時認爲的那樣生硬,文字隸變的過程是非常細膩而豐富的,而且隸變不僅僅存在於秦文字,也存在於六國文字之中。近幾十年大量墨跡竹簡材料的出土面世,不斷地證明了文字在應用過程中,因書寫工具、書寫材料、書寫者以及文字本身的可識可辨等多種因素對文字的隸變過程起到了非常大的影響,尤其在

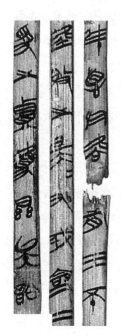

上博簡《孔子詩論》

這個過程中,既有字體的變化又有書體的變化,而且這個變化非常明顯、强烈又非常豐富細膩。之前很少關注戰國楚簡文字的隸變,是因爲秦國統一了六國,文字的統一又都是按照秦國的文字體系進行的,因此楚文字字體對於後來的隸書文字字體影響較小。這也正解釋了我們看到的隸書幾乎全部是秦國文字隸變後的字體樣式的原因。雖然隸變是按照秦文字字體進行的,但是六國的書手很難因爲更換了書寫的字體而驟然完全改變他的書寫習慣、書寫工具和書寫載體。現實情況應該是六國的書手按照原來的書寫習慣和書寫工具去書寫秦文字字體,因此書寫出來的秦文字書體應該帶有著六國文字書體結構排列的某些特點和書手各自的審美用筆習慣。我們知道《上海博物館藏戰國楚竹書》中《緇衣》篇因爲抄寫底本是齊系文字或是三晉文字的原因造成了簡中文字帶有著齊系或三晉文字字體的一些特徵,這是書手書寫習慣和底本字體約束的原因共同造成的。而且出土的很多西漢簡牘很多字體不似秦簡書體的豎長粗獷,反而與楚簡的扁方秀逸近似。這

種現象應該也是書手固有的審美習慣和書寫習慣造成的。

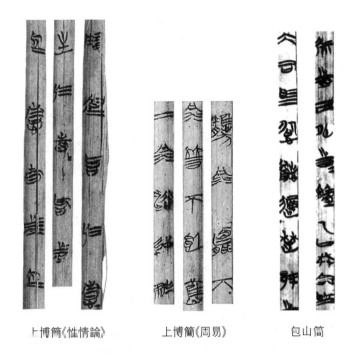

上博簡《性情論》　　　上博簡《周易》　　　包山簡

最近幾十年陸續出土了許多戰國楚簡,其書風特點都明顯地帶有著書體隸變的特征。今以《上海博物館藏戰國竹簡》(以下簡稱上博簡)、《清華大學藏戰國竹簡》(以下簡稱清華簡)、《包山楚簡》、《安徽大學藏戰國竹簡》(以下簡稱安大簡)作爲示例分析楚簡中的隸變。

上博簡《孔子詩論》中書體用筆起收筆含蓄近似藏鋒,行筆中實,筆畫整體以直綫爲主,結構體勢上整體顯得右上傾斜,除個別字以外整體結構都是左右撐滿,筆畫粗細也相對一致,結構空間勻稱,由於書寫材料是簡,所以章法安排上成列不成行,上下字之間距離間隔較大,這些特點都和成熟時期的漢簡相一致。

上博簡《性情論》中文字的書體結構也是整體左右撐滿,上下字間隔較大,用筆以直綫爲主,筆畫空間的均衡分布規律非常明顯,尤其是橫畫,筆畫較粗且方向相對一致,更明顯的表現出了橫向的隸勢。

上博簡《周易》中的文字在用筆上多逆鋒起筆,起筆處偶爾有類似於蝌蚪的形狀,這與後來的隸書逆鋒起筆的蠶頭在動作上也有相對一致性,中間行筆中實,收筆頓筆藏鋒。結構整體勻稱,橫畫撐開,隸勢明顯強烈。

以上是上博簡中的三個示例,還有很多楚簡也明顯地體現出了書體結構逐漸由圓轉方、由豎長轉橫扁,筆畫由曲向直等隸變的現象。

清華簡是多個書手書寫的,但是書體風格相對接近,在一個書風體系中,不像上博簡中不同篇章之間書體風格差異之大。

在清華簡中書體結構顯得比較方正,布局也相對比較勻稱,字中橫畫整體相對整齊,起筆處頓筆方楞明顯,極似漢簡起筆外露風格的樣式,中間的行筆也是中實的,收筆處往往比較尖利,這應是毛筆筆鋒細長鋒穎尖銳的原因。折筆之處已經明顯地顯示出折釵股的筆法,這種折筆在漢簡中也廣泛地使用。

包山楚簡書手人數衆多,隸變程度參差不齊,書體結構整體略顯寬扁,字與字上下距離較寬,起收筆都非常含蓄且圓混飽滿,中間行筆中實直挺,橫畫排列緊密,平直勻稱,極富氣勢,與北大藏西漢簡書體結構中的橫畫的緊密排列有些近似。

《安徽大學藏戰國竹簡(一)》①中的書體隸變體現得尤爲強烈。從字形結構上看,相鄰橫畫之間距離緊密,豎畫較短,整體結構趨於扁方,與成熟時期的隸書體式非常相近;從用筆上看,筆畫遒勁圓潤,直中帶曲,自然婉轉,靈動秀逸,橫畫中間略向上彎曲,也極似東漢時期曹全碑、乙瑛碑、禮器碑中的隸書;章法方面,由於是簡,有列無行,書寫時只注重上下字的字距關係,這也與成熟時期的漢簡的章法一致的。

綜合上述分析及漢簡文獻材料來看,大量的漢簡在用筆上更多的是楚簡的秀逸風格,並在筆畫中間繼承了楚簡書體的筆畫中間略向上彎曲的特點;尤其在章法方面,更多地繼承了楚簡的疏朗而較少繼承秦簡的緊湊。正因如此,楚簡的隸變傾向也是非常明確的,而且楚簡書體以及其背後的審美習慣在隸變過程中發揮的作用和影響也是非常明顯而巨大的。

我們從楚簡文字與秦簡文字的具體比較來看楚簡文字和秦文字在隸變中的表現:

例字	安大簡	上博簡	包山簡	清華簡	秦簡
天	𡗀	𡗀 一·孔 / 𡗀 一·性	𡗀	𡗀 楚居	天 嶽壹·占 四三
福	福	𥚃 一·孔	𥚃	𥚃 楚居	祂 嶽壹·爲 七二正
蒼	蒼	蒼 二·容	蒼	蒼 尹至	蒼 天·乙

① 安徽大學漢字發展與應用研究中心編,黄德寬、徐在國主編:《安徽大學藏戰國竹簡(一)·前言》,中西書局,2019 年。

續　表

例字	安大簡	上博簡	包山簡	清華簡	秦簡
折		一·孔		繫年	嶽叁(一)
春				繫年	嶽壹·爲
莫		三·周		皇門	嶽壹·爲
尚		四·柬		耆夜	嶽叁(一)56
公		五·鮑　一·孔		金縢	嶽叁(一)62
君		四·内　一·孔		耆夜	嶽壹·占
是				皇門　繫年	嶽叁(一)8
言		一·性　一·孔		皇門	嶽叁(一)70
皮		三·周		琴舞	秦律7
與		二·子　一·孔		金縢	嶽叁(一)69

續 表

例字	安大簡	上博簡	包山簡	清華簡	秦簡
爲		一·孔　三·周		耆夜	嶽叄(一)3
侯		三·周		繫年	嶽叄(一)2
備				耆夜	嶽叄(一)
無		三·亙		楚居	日乙40

　　從上表的比較來看,在點畫上,秦簡整體比楚簡更直挺一些;在體勢結構上,楚簡書體整體要比秦簡書體顯得橫勢更橫撐一些,尤其在體勢的扁方平直方面楚簡比秦簡要強烈得多,像天、公、言、爲、侯這些字。從楚簡自身來看,很多字的筆畫接近直綫,像天、蒼,君、言、爲、侯、備這些字,在字體和書體方面已經和金文完全區別開來。其中的一些偏旁部首像"艸"、"廾"已經接近平直,與字的下邊部分"廾"已經和隸書近似了。還有一些字的筆畫是曲綫,所以書寫時由兩筆連接而成,由於隸變作用漸漸變成直綫從而一筆寫過,像言、與等字。推翻秦朝建立漢朝政權的過程中,楚人是佔主導作用的,所以楚文化在漢朝延續並廣泛傳播也是情理之中的事。漢隸書體中帶有楚文字書體的很多審美意趣自然也是非常合乎情理的。

　　綜上,隸變不僅存在於秦文字之中,也存在於戰國的東方六國文字之中,我們從公布的楚簡中清晰地看到了它們在隸變這個過程中展現得特別明顯强烈且豐富細膩,它不僅在字體上改變了兩周時期文字的屈曲象形的結構規律,也在書體上改變了書寫的筆順、曲直、行筆的節奏、起收筆的形狀以及筆畫與筆畫之間銜接的方圓關係,最終使得文字字體結構造型上更趨向於方正、抽象,也使得書寫更加的便捷。楚簡文字所展示的隸變趨向與秦文字的隸變趨向是一致的。

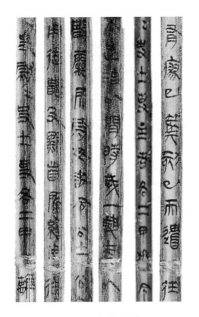
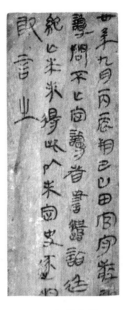

嶽麓書院藏秦簡　　　　　　里耶秦簡木牘

四、楚簡書風對於漢代隸書的影響

　　審美習慣與書寫習慣不會隨著政體、政令的改變而驟然改變，而是潛移默化到新的文字字體之中，最終孕育出新的書體樣式。

　　從出土的秦簡文獻材料來看，整體書風是相對一致的，而出土的西漢簡牘之中，有一些簡的書體書風和秦簡極其近似，而其中有更多的漢簡書風和秦簡書風差異非常大，並且呈現出隸變階段不齊的現象。那麼造成這種現象的最主要原因應是不同書手的審美習慣與書寫習慣沒有隨著書寫字體的改變而驟然停止。在里耶秦簡中的一塊木牘中就明顯地透露出書手的楚簡書風審美意趣的延續。這種書風樣式正是楚簡筆意與秦文字字體融合的有力佐證。以上博簡《孔子詩論》、上博簡《性情論》、包山楚簡與安大簡書手的用筆、結構空間以及章法布局習慣來書寫秦簡文字的字體，那麼必然會呈現出筆畫相對平直，結構空間勻稱，上下字距分開的秀逸秦隸書風樣式。像阜陽雙古堆西漢簡（汝陰侯夏侯灶墓）、北京大學藏西漢竹書、馬王堆漢墓帛書《戰國策縱橫家書》等秀逸一路的漢簡書體風格也應是在這種背景下形成的。

　　楚簡中的用筆秀逸、結構方扁勻稱的審美習慣與書寫習慣不會隨著秦朝的文字一統而消亡，而這種秀逸的用筆、勻稱扁方的結構審美習慣融匯到秦文字字體之中，與秦文字書體的粗獷、直挺、方正的風格相交融，形成既有秦文字書風的粗獷、直挺又有楚文字書風的秀逸、扁方而細膩的漢簡書風。出土公布的很多西漢簡中我們既看到了楚簡用筆的靈動秀逸和章法的疏朗，又看到了秦簡書風的直挺豪放與章法結構的緊密。如北京大學藏西漢竹書、水泉子漢簡、南越國西漢簡、走馬樓西漢簡、孔家坡西漢簡、連雲港雙龍木牘等出土簡牘都從各自的一面展示出了楚簡秀逸一路書風的特色。正因如此，字體寬博，筆畫秀逸，結構勻稱的楚簡書體審美開啟了勻稱、平整、寬博一路的漢隸書風，像東漢時期曹全碑、禮器碑、乙瑛碑等秀逸一路的碑刻書風都是這種平整寬扁的楚簡書風審美的延續與規整。

半繪文字設計源流考

——從鳥蟲書到日本現代漢字設計 *

趙熙淳

（中國美術學院）

2020 年日本東京奧運會體育圖示設計師廣村正彰先生，此前曾爲丸井北千住食遊館設計了　套山色的品牌形象（圖 1），引起了設計界的廣泛關注。這件作品，融合了黑體字與相應形象，形成既是文字又是裝飾圖案的面貌，讓哪怕不懂漢字的外國觀衆也能輕鬆明白每個字的含義，很好地統一了設計的實用性與裝飾性。同時，這件作品利用了漢字的象形特點卻又不失現代，給人一種新奇的視覺感受。

圖 1　（日本）廣村正彰《丸井北千住食遊館》

對於這件作品，廣村氏的創意出發點大概如其所言，是爲了實現"用繪畫來對話"並

* 小文曾發表於《美術大觀》2021 年第 11 期。

圖2 (日本)淺葉克己
《薔薇刑》海報

以此超越語言的目的,①不過,這種以圖繪代替漢字偏旁或筆畫的設計思路,卻很難說是他的獨創。日本另一位出色的字體設計師淺葉克己曾創作過一件漢字設計作品《薔薇刑》。這件作品以藝術家橫尾忠則爲三島由紀夫攝影集《薔薇刑》所作插畫字體爲原型,將薔薇帶刺的藤蔓抽象、幾何化,並以之組合成"薔薇刑"三個漢字(圖2),同時利用版刻的手法來烘托出滿是荊棘的氛圍,鮮明地表現出攝影集的主角——三島由紀夫極具棱角的性情。這件尺幅巨大的作品也成爲了淺葉克己漢字設計的代表作。

廣村正彰和淺葉克己的這兩件作品在視覺表現上並不相同,前者是以物象代替漢字中的偏旁,其他部分仍使用黑體,後者是融抽象物於筆畫,漢字的基本寫法不變。外表雖不同,這兩件作品的手法卻有著共通之處,即將文字的筆畫或局部畫成物象。如果稍加留意就會發現,這是日本設計師在進行漢字設計時較爲常用的手段。

事實上,除設計師的設計作品之外,即便走在日本的街道上,我們也能輕易發現這類闌入圖繪的漢字或日文的店招設計。例如下圖(圖3)"中山天婦羅"店的暖簾,即是以蝦和魚的形象組成"天ぷら"三字,既有裝飾色彩又清晰表達出了這家店以炸海鮮爲主的經營範圍,頗具匠心。而鰻魚烹飪專門店"鰻禪"的店招則是以鰻魚之形代替"鰻魚"的日文うなぎの首字う的寫法(圖4),富有趣味性的同時又足夠醒目。諸如此類的例子數不勝數。那麼,這一在日本普遍存在的設計現象,是否有其歷史淵源?

圖3 (日本)中山天婦羅店暖簾

圖4 (日本)鰻禪店招

---

① 廣村正彰曾在日本 NHK 電視臺設計節目《DESIGN Ah!》中說:"用繪畫來對話吧! 試著不用語言而用繪畫和家人、朋友進行對話,你會發現許多語言對話時所沒有的樂趣。"

一、入木道所傳之"半繪"

檢《日本書畫苑·書部》,其中收錄有《麒麟抄》一書,就提到了"半繪"的文字寫法。所謂"半繪",即是將文字的局部或筆畫繪成物象。在《麒麟抄》中,這種半繪文字主要是用作書寫匾額,以人形、龍形、鬼形、鳥形等"四種異形"闌入其中。① 同時,書中還畫出"四種異形"(圖5)及神社"八幡宮"等額書的圖示(圖6)。對於"八幡宮"額書,其描述曰:"八幡之額者,鳩姿也。"觀察"八幡宮"的寫法示例,是以鳩(鴿子)之形來代替字中大部分短筆的書寫,尤其是點。而在《日本書畫苑·書部》收錄的另一部著作《金玉積傳額書次第》中,除了"八幡宮",還有"異國牒狀書事:利劍形"的寫法示例(圖7),是以劍形來代替原來的筆畫,書中解釋道如此裝飾是爲了達到"令敵降服"的目的。②

圖5 《麒麟抄》中"四種 異形"圖例 　圖6 《麒麟抄》中"八幡宮" 額書圖例 　圖7 《金玉積傳額書次第》中"利劍 形"書體寫法圖例

　　《麒麟抄》與《金玉積傳額書次第》二書,皆屬於日本"入木道秘傳書"的範圍,保留了大量雜體書與半繪的裝飾手法。正如姚宇亮在《日本入木道秘傳書與中古書法文化擾遺》一文中的論述,"書道"之名,實際是江户時期文化下行之後的產物,在此之前日本書法都是以"入木道"的形式傳承。"入木道"是書法在日本的一種特殊傳承形

---

① 《麒麟抄》,《日本書畫苑》本,國書刊行會大正三年(1914)刊行,第22頁。

② 《金玉積傳額書次第》,《日本書畫苑》本,國書刊行會大正三年(1914)刊行,第74頁。

態,尊弘法大師空海爲初祖,①是一種將各種書法、書體、書式的技巧全部以秘傳的形式在門內傳授的藝能。"入木道"最重要的文獻是"入木三書"——《夜鶴庭訓抄》《才葉抄》《入木抄》,《麒麟抄》和《金玉積傳額書次第》内容與"入木三書"相比雖然繁雜許多,但其中引用了不少弘法大師空海(774~835)的《筆注記》,傳達了很多空海法師的書法。②

與雜體書在中國唐、宋之後逐漸湮没所不同的是,空海法師所傳的"入木道",一直保留有眾多雜體書,這些半繪文字與正體書法一起在日本紮根,發展出了多樣的文字書寫景觀。

當空海從中國學成歸國,不僅帶回了佛家典籍和法物,同時帶回的還有許多中國的文章、著作及書家書跡,這其中部分被進獻給了嵯峨天皇。如空海法師《遍照發揮性靈集》卷四中,③有《奉獻雜書跡狀一首》,記載本次進獻書包括《鳥獸飛白一卷》,而在《獻梵字及雜文表一首》中,則記載了本次的獻書目有唐京兆韋懿的《古今文字讚》三卷與南齊竟陵王蕭子良撰《古今篆隸文體》一卷,這些基本屬於雜體書的書跡與著作。其中《鳥獸飛白》世所不傳,但《古今文字讚》(圖8)與《篆隸文體》(圖9)二書在日本尚存。

---

①　《弘法大師書流系圖》,《日本書畫苑》本,國書刊行會大正三年(1914)刊行,第1頁。

②　入木道流傳譜系詳見姚宇亮撰:《日本入木道秘傳書與中古書法文化撫遺——以唐及唐前書史中題額書法、雜體書等問題爲中心》,《文藝研究》2019年第7期。

③　空海法師文,真濟編,濟暹補:《遍照發揮性靈集》十卷,慶長至元和年間刊行,日本國立國會圖書館藏。

圖8 《古今文字贊》(局部)
文龜三年(1503)三條西實隆抄本
日本國立國語研究所藏

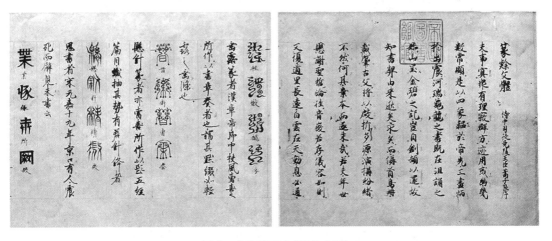

圖9 南齊蕭子良《篆隸文體》
京都毘沙門堂藏鐮倉(1185～1332)舊抄本
昭和十五年(1940)日本古典保存會影印

　　這兩本著作,體例類似,均是記載不同書體,以雜體書爲主,先述書之源流及書贊,後列圖例,其中《古今文字贊》載有21種,《篆隸文體》43種,兩書有較多重疊。若以中國所存的雜體書著作南朝王愔《古今文字志目》、唐代韋續《五十六種書》與之相比,則發現書體名日人量重複現象。除了"瑞華書"一種,韋續《五十六種書》載有《篆隸文體》中的全部其他書體，而《篆隸文體》與《古今文字志目》所載書體重複者多達 29 種。

由於中國所有的雜體書著作均遺失圖例，在日本留存的這兩本帶有圖例的著作就格外重要，解決了許多書體形態在中國書法史的研究中長期隱晦不明的問題，爲我們展現了大量如龍書、龜書、雲書、鸞鳳書、仙人書、科斗書、倒韭篆、虎書、鳥書、魚書、麒麟書、轉宿星篆、蟲書、傳信鳥書、芝英書、鵠頭書、偃波書、垂露篆、懸針篆、虎爪書、蛇書、龍爪書、瑞華書等融圖畫於篆隸等書體的半繪文字。

空海法師將這兩種著作進獻給嵯峨天皇，也體現了他將雜體書納入到正式書體流傳之中的觀念。因此，在空海的書法實踐中，留下了許多雜體書的作品，如《飛白十如是》（圖 10）、《金剛智像梵、漢名號》《不空金剛像梵、漢名號》《龍智畫贊》（圖 11）、《大和州益田池碑銘》（圖 12）等。

圖 10　空海法師《飛白十如是》（其二）

圖 11　空海法師書金剛智、不空金剛、龍智畫像梵、漢名號

圖 12　空海法師書《大和州益田池碑銘》

　　在空海法師的這些作品中,《大和州益田池碑銘》最爲特殊,裏面文字的寫法涵蓋了許多《篆隸文體》中所載的雜體,其中的許多筆法與點法又可與《麒麟抄》中"蝌蚪""流烈""雲出""上豔""烏頭"等相印證(圖 13),可以説是極爲難得的雜體標本。

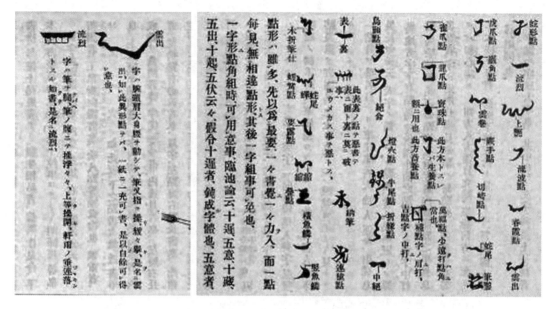

圖 13　《麒麟抄》中用筆法及各種點法圖例

而《飛白十如是》《金剛智像梵、漢名號》《不空金剛像梵、漢名號》與《龍智畫贊》雖皆作飛白體卻各有特點,《飛白十如是》繪蝴蝶、樹木、鳥、人等衆物象於其中,這類寫法時至今日仍在中國、日本、韓國的民間流傳。①《金剛智像梵、漢名號》《不空金剛像梵、漢名號》與《龍智畫贊》則只在起筆處作鳥頭之繪,屬於上文所提到的《麒麟抄》中"鳥形"的寫法,這與《飛白十如是》的面貌略有不同。

除了空海大師的這幾件飛白作品,日本正倉院還藏有"鳥毛篆書屏風"與"鳥毛貼成文書屏風"(圖 14),這兩扇屏風雖然筆畫起筆處没有鳥形裝飾,但飛白書筆畫絲絲露白的特色則以粘貼鳥毛來表現,②成爲了名副其實的"鳥書"。以"鳥書"來製作屏風規勸人心的内容,不知是否與《麒麟抄》所述將"鳥"看做區分善惡的告知鳥的觀念有關。③

弘法大師空海奠定了日本入木道的基本内容和傳承樣態,既傳承了當時唐代最流行的王羲之書法式樣,又大量保存了雜體書及半繪的裝飾手法,而後者常被用於匾額的題寫,④懸於寺廟、神社,長期爲人所觀瞻。江户後期奥州白河的藩主松平定信就曾彙集大量

① 詳見全容範撰:《古今飛白書に關する一考察:用筆を中心に》一文,《デザイン理論》雜誌,50/2007,第 47～64 頁。

② 三考治之、亮禮淳、澤岡坪村、柿平中上曾撰《鳥の羽毛と紋樣》一文對這兩套屏風進行專門研究,見正倉院網站 https://shosoin.kunaicho.go.jp/bulletin,《寶物特別調查》。

③ 《麒麟抄》云:"鳥卜ハ烏也,烏ハ三國ニ事不思議ニ付,善惡告知鳥也",意思是鳥指的是烏,而烏是告知三界中不可思議的事情,區分善惡的鳥。《日本書畫苑》本,國書刊行會大正三年(1914)刊行,第 16 頁。

④ 日本入木道書家尤重匾額書寫,此類論述廣泛見於諸多書學文獻中,因此許多寺、社之匾額爲名手書跡。

當時所存的匾額爲《集古十種》之一，其所記載的許多匾額一直留存到今天(圖15)。①

圖 14　左圖爲"鳥毛貼成篆書屏風"第 6 扇"善"字部分;右圖爲"鳥毛貼成文書屏風"第 3 扇

圖 15　從左至右依次爲日本代表書家空海、小野道風(894~
966)、藤原佐理(944~998)所書半繪匾額

①　松平定信編：《集古十種》，松元家藏版複製，日本國立國會圖書館藏。

二、流行於江户時代的"繪文字"

入木道在日本的流傳,形成了書家衆多的傳承譜系,是爲"弘法大師書流"。這其中,傳授方式在很長時間内都是家傳口授,秘密進行,如《書道訓》曰:

> 右秘抄者寫本十卷(《麒麟抄》),而勒爲一册,凡麒麟難出千歲,況末代哉……深藏紙窗,可禁外見而已。①

《入木道傳書目録》中也説:

> 於能書家口傳抄者,家之外不傳之也……唯授一人,灌頂傳授。②

但進入室町時代(1336～1573 年)後,書道流派急遽林立,以尊圓親王爲始祖的"青蓮院流"爲中心,許多流派從師傅到門生競相授受秘傳。③

18 世紀之後,在三都(京都、大阪、江户)以及各地的都市中,出現了富裕的町人階層,這些當代商人、工匠開始參與遊藝文化,熱衷於學習書道、花道、茶道等。此時,"隨著民間社會的發展,從買賣和金融的證明文書,直到短小的通告,都是用文書形式寫成的。一般人也需識字"。④ 於是被稱爲"寺子屋"的私塾大量出現,到了江户末期,平民中已經有五成以上的人能夠識字。教授者的身份頗爲龐雜,有神官、僧侣以及年輕武士等,學生則不分男女。不過學生最多的當屬被譽爲"幕末三筆"的市河米庵、卷菱湖、貫名菘翁所開書塾,其中市河米庵的"小山林堂"門人有5 000 之多,而卷菱湖的"蕭遠堂"門人多達萬人。可以想見,入木之法在江户時代的傳播之廣泛。當然,更直接的證據是,記録江户時代圖書出版的目録著作《增益書籍目録大全》卷四中,就記有《麒麟抄》的出版。⑤

這一時期的浮世繪大師歌川國芳在其作品《幼童席書會》中就細緻描繪了當時學童在寺子屋中比試書藝的場景(圖 16)。從中可以看到,幼童所習之書有假名書與漢字書,這兩者分别被稱爲"和樣"與"唐樣",而在作品上半部分幼童所懸掛的書道習作中,分别出現了"麒麟"與"鶴"幾個大字,不知是否與入木道中最重要的兩本秘傳書《麒麟抄》和《夜鶴庭訓抄》有關。

田中一光在《設計的覺醒》一書中,曾這樣描述江户時代所形成的獨特文化:

---

① 森尹祥:《書道訓》,《日本書畫苑》本,國書刊行會大正三年(1914)刊行,第 134 頁。

② 寬正二年(1461)晚秋源尹祥所記《入木道傳書目録》,《日本書畫苑》本,國書刊行會大正三年(1914)刊行,第 16 頁。

③ 詳見河内利治(君平)撰:《日本"書道"的原意》,《中國書法》雜誌,2012 年第 9 期。

④ 深谷克己著,梁安玉譯:《江户時代》,新星出版社,2020 年,第 185 頁。

⑤ 丸屋源兵衛:《增益書籍目録大全》卷四,寶永六年(1709)刊本,日本國立國會圖書館藏。

圖 16　歌川國芳《幼童席書會》

　　1603 年到 1860 年的將近三百年，日本經歷了漫長的閉關鎖國，那是歷史上難得的幾乎沒有戰爭的和平年代。日本獨特的文化就是在這特殊的三百年和平中慢慢沉澱而成的……這些文化不是依靠貴族王侯的强大後盾，而是完全由平民自己創造出的。①

　　與其他文學、藝術門類相似，入木道在江户時代也不斷與庶民文化相融合，孕育出了衆多饒有趣味的文字寫法，其中一種被稱爲“繪文字”。

　　同樣是在歌川國芳的另一件浮世繪作品中，可以看到他以貓和河豚的形象組成了ふぐ即日文河豚兩字，喜歡貓的國芳曾製作了一組作品。從這組“繪文字”作品的旨趣與創作手法來看，與前文所提之“半繪”並無差別。

　　當時另一個浮世繪名家一立齋廣重，有一件木刻作品《狂字圖句畫》，以竹葉與梅花組成文字，不僅手法與蕭子良《篆隸文體》中所提到的“倒薤書”“瑞芝書”等如出一轍，視覺感受也幾乎相同（圖 17）。

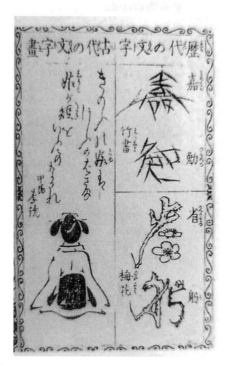

圖 17　一立齋廣重《狂字圖句畫》(局部)
　　　　中的“竹書”“梅花”文字繪

---

①　朱鍔編，朱鍔等譯，田中一光著，《設計的覺醒》，廣西師範大學出版社，2009 年，第 179 頁。

　　同屬於繪文字的"鴻運繪"同樣是以其中日語中發音爲"hu"的物品的圖繪來代替筆畫組成文字，如重宜（二代廣重）的浮世繪作品《鴻運繪"福"》即是其中的代表（圖 18）。這種追求吉祥的繪文字，完全可以看做《篆隸文體》"瑞莩書"等瑞應文字在後世的回音，只不過前者對物象的描繪更加豐富且更爲具象而已（圖 19）。

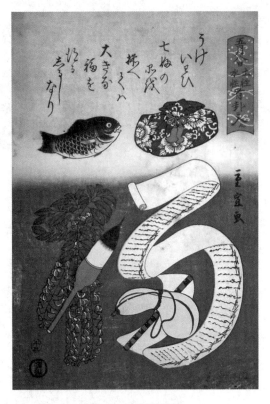 

圖 18　鴻運繪"福"
重宜（二代廣重）安政五年（1858）
出版者不詳

圖 19　蕭子良《篆隸文體》中的
"瑞莩書"圖例

　　這些看似世俗氣息濃郁的"繪文字"，正越來越多地受到當代日本設計界的重視，福田繁雄曾説：

　　　　在"遊戲"這一耀眼的心靈之光所引起的變革之中，日本人從原地踏步變爲後退。而爲現代人帶來自信的卻是遙遠江户時代的遊繪所展示出來的創造精神……"繪文字"具有將圖畫與文字一體化的視覺傳達效果，特別是在設計海報時，是一種有效的方法。①

① 道垣進一編著，福田繁雄主編，麻春禄譯：《江户時代的趣味畫集》，華中科技大學出版社，2020 年，第 7 頁。

　　從弘法大師空海將流行於中國的雜體書傳入日本,到江户時代"繪文字"的流行,其間積累了豐厚的裝飾手法與視覺樣式。隨著資本主義制度在明治維新後期的確立,廣告業的發達使得設計師們努力探尋各式文字表現手法,歷史上種種文字式樣被大量吸收、改造爲新的圖案字體。如在下圖洋畫研究會編《新圖案文字繪法》中,"院展と二科繪"的筆畫與《古今文字贊》中的"雲氣篆"極相似,而"松美"以竹葉形組成文字的手法多見於江户"繪文字"之中(圖20)。[1]

圖20　日本洋畫研究會編《新圖案文字畫法》封面及內頁

　　而在另一本由姊崎正廣編著、1926年出版的《圖案文字と意匠》中[2]除了諸多半繪文字之外,甚至可以看到著者直接將"懸針篆"等古代的雜體書羅列其中,並將其與現代文字相結合,開發成新的裝飾字體。這無疑爲我們清晰展現了日本圖案文字的創意原點及設計手法(圖21)。

　　20世紀上半葉,日本圖案文字的著作曾大量出現,其中的一些經典之作,直到今天

---

[1]　日本洋畫研究會編,《新圖案文字畫法》,國民書院發行,1940年。

[2]　姊崎正廣編著:《圖案文字と意匠》,大阪文央堂書店發行,1926年,第3、88頁。

圖 21 《圖案文字と意匠》封面及內頁

仍在翻印,發揮着强大影響力。此外,這些圖案文字曾被大量應用在大正、昭和間的各類廣告、店招、看板中,它們中的一部分甚至保存到了今天,構成了日本特别的文化風景。

三、結　語

最近,清華大學新入藏的一面西漢彩繪鏡使我們領略了我國漢代裝飾文字——鳥蟲書的動人風姿。是鏡繪有篆文四組,每組八字,共三十二字。據李零等先生考釋,篆文組成七言楚辭文體,每句皆以"猗(兮)"結尾。鏡銘文字描繪精美細膩,顏色黑白相間,書體以鳥、魚等形象代替原有篆書的筆畫,組成婀娜多姿的篆體。其中尤其以鳥的形象出現爲最多,修長的鳥喙、鳥頸、鳥腿和鳥尾,順應篆文筆畫之勢自然盤曲,連同鳥身一起巧妙組合成文字,在極富裝飾性的同時又不失識辨性,展現了中國古人將圖案與文字融爲一體的高超設計技巧(如圖 22、23)。

事實上,這類設計手法在春秋、戰國時期已被廣泛運用,最令人矚目的是各類鳥蟲書,其以越國所作器爲最多,影響遍布三晉地區和山東半島,因地域與國别的不同又呈現出紛繁的面貌,漢代鳥蟲書正是這股漢字裝飾風潮的流波。隨後在魏晉至唐的一段

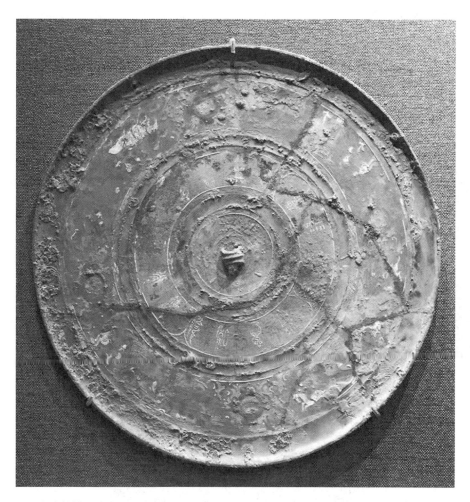

圖 22　鳥蟲篆銘彩繪鏡　西漢早期(前 3 世紀～前 2 世紀)直徑 28.2 釐米　清華大學藝術博物館藏

圖 23　鳥蟲篆銘彩繪鏡(局部)"兼察美惡無私親猗(兮)"

時間內,半繪文字的創制達到高峰,參與書家眾多,同時形成了多種論著,我們從流傳至今的《東魏李仲璇修孔子廟碑碑額》(圖 24)、《魏恒州大中正于景墓誌蓋》(圖 25)、《北魏李遵墓誌蓋》、唐高宗《大唐紀功頌碑碑額》、《唐尉遲敬德墓誌蓋》、武則天《升仙太子碑額》以及敦煌遺書中的佛教"忍辱波羅蜜"(圖 26)、唐太宗《晉祠銘碑額》(圖 27)等眾多遺跡中可以遙想當年裝飾文字之興盛。

圖 24 《李仲璇修孔子廟碑碑額》

圖 25 《魏恒州大中正于景墓誌蓋》

圖 26 敦煌"忍辱波羅蜜"書(局部)

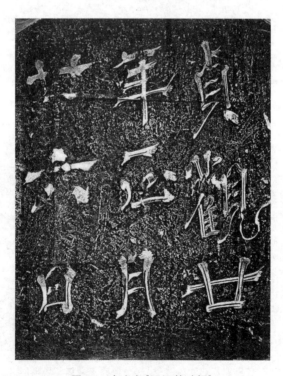

圖 27 唐太宗《晉祠銘碑額》

　　不過,與日本熱情擁抱各種雜體書、各種裝飾性手段所不同的是,中國從初唐開始就有書家對於融圖畫於文字的裝飾手法持反對態度,如孫過庭《書譜》曾批評這類文字説:"巧涉丹青,功虧翰墨。"到了宋代,徐鍇更是在《説文解字繫傳·疑義篇》中説:"鳥書、蟲書、刻符、殳書之類,隨筆之制,同於圖畫,非文字之常也。漢魏以來,懸針、倒薤、偃波、垂露之類,皆字體之外飾,造者可述。而齊蕭子良、王融、庾元威之徒,隨意增益,妄施小巧,以異爲博,以多爲貴,其爲虛誕不言可明矣。"①這些尖銳的批評及觀念導致裝飾性書體在中國幾乎走向絶跡,雜體書著作中的圖例也逐漸亡佚而只存目録。

　　如果從中國古典書法的正統觀出發,各類半繪文字固然因爲"巧涉丹青"而"功虧翰墨",但客觀來説,它們之所以能夠在相當長的歷史時期存在,就是因爲半繪的裝飾手法能夠賦予文字一些圖畫的功能,使文字不僅可讀而且更加可觀可感,能夠將清晰的氛圍直接傳達給觀者,這恰好符合設計必須準確傳達的目的。例如芝英、穗書等祥瑞文字讓人心生吉祥;飛白、鳥書、偃波使人飄然出塵;鬼、龍之書讓人心生敬畏……此外,翰墨遊戲的趣味性、庶民文化的生命力在其中都能清晰展現,甚至可以指向漢字造字的象形性原點,而日本設計師成功的實踐正爲我們展示了該如何賦予古老的裝飾性漢字以現代性(圖28)。

圖 28　日本設計師 MILTZ 的"千乃麻豆腐"包裝、賀卡設計

---

①　(南唐)徐鍇:《説文解字繫傳》第二十九《疑義篇》,中華書局,1987 年,第 332 頁。

《復》卦卦義再論

馬明宗

（浙江大學藝術與考古學院）

一、問題的提出

《復》卦䷗到底是爲何命名爲“復”，學者們多有爭論。主要的觀點有幾種：1. 陰復於陽，也就是説從二爻到上爻的五個陰爻，向内而復；2. 一陽來復，也就是説初爻的陽爻剛剛出生，象徵陽氣的恢復。

王弼認爲《復》卦的卦義是陰復於内，是“返本之謂也”，認爲“冬至，陰之復也；夏至，陽之復也”，《復》是“至於寂然大静”。① 到唐代孔穎達作《周易正義》的時候，觀點已經與王弼有所不同，他將《復》卦的卦象給予更靈活的解釋，認爲《復》卦的卦義既能“返”，又可以“出”。他説“出則剛長，入則陽反”“反之與復得合其道”“天之陽氣絶滅之後，不過七日，陽氣復生，此乃天之自然之理”。② 可見，孔穎達將《復》的卦義模糊處理了，既是“返復”，又是“復生”。宋代學者蘇舜欽的觀點也與王弼不同，他認爲：“《復》也者，以一陽始生而得名焉。陽之始生，則有葆育萬物之意，故《象》曰‘復其見天地之心’者，是由陽生而見之也。”③他認爲就是“一陽來復”，是陽之復生，與王弼對《復》卦“返本”的注解判然殊途。由此，他批判王弼對《復》卦的注解是“冬夏陰陽之不辨”。④ 與蘇舜欽大約同時的被譽爲“宋初三先生”之一的胡瑗有《周易口義》一書，其思想與蘇舜欽大體相合，他

---

① （魏）王弼撰，（晉）韓康伯注：《周易注》，中華書局，2011年，第132頁。

② （唐）孔穎達正義：《周易正義》，《十三經注疏》，中華書局，2009年，第78頁。

③ （宋）蘇舜欽：《蘇舜欽集》，上海古籍出版社，1981年，第169頁。

④ （宋）蘇舜欽：《蘇舜欽集》，第170頁。

説"《復》卦一陽之生潛於地中,雖未發見,然生物之心於此可得而見也",①也認爲《復》卦是陽氣生於地中。南宋時期理學大家朱熹也説《復》卦是"陽復生於下"。②

這種"一陽來復"的觀點提出來之後,大多數的學者都認可了這種説法。易學大家金景芳先生解説《復》卦時,説到:"從卦來看,一個陽爻在五個陰爻之下,是陰極而陽反。從自然來看,夏正十月,陰盛至極,至十一月冬至的時候,陽氣反生於地中。從人事來看,陽代表君子之道。君子之道消至極點,就要復反,就要長了。"③廖名春先生也認爲《復》卦講的是陽剛恢復的問題。④

但筆者結合近些年來的出土材料,認爲《復》卦的本義似乎並不是在講陽剛恢復的問題。

二、《復》卦卦象其勢内復

復,《説文解字》言:"往來也。"段玉裁注:"返,還也,還,復也,皆訓往而仍來。"⑤《爾雅·釋言》曰:"還、復,返也。"⑥《左傳·僖公四年》:"昭王南征而不復。"⑦《説文解字》中説"復"的意思是去了再回來,《左傳》中"復"與"征"相對,"征",行也,外出;"復",返也,内入。

對於《復》卦卦義的理解,我們可以從清華簡《筮法》的解卦易理中得到一些啟示。清華簡《筮法》是不同于《周易》的先秦筮書,但與《周易》都屬於易卦類筮書,因此其中包涵很多與《周易》聯繫極爲密切的内容和原理。《筮法》中對上下兩個三爻卦有"内"和"外"的區分,又在解卦過程中有"出"和"入"的區別。其中"入"和"復"兩者有著極大的關係。⑧

清華簡《筮法》第十六節《戰》提到"内"和"外":"凡是,内勝外。"(如卦例一左側卦

① (宋)胡瑗、倪天隱:《周易口義》卷五,北京大學《儒藏》編纂中心:《儒藏·精華編》第三册,北京大學出版社,2009年,第157頁。

② (宋)朱熹撰:《周易本義》,中華書局,2009年,第109頁。

③ 金景芳、吕紹剛:《周易全解》,《金景芳全集》第二册,上海古籍出版社,2015年,第755～756頁。

④ 廖名春:《〈周易〉經傳十五講》,北京大學出版社,2004年,第96頁。

⑤ (漢)許慎著,(清)段玉裁注:《説文解字注》二篇下《彳部》,上海古籍出版社,1988年,第76頁。

⑥ (晉)郭璞注,(宋)邢昺疏:《爾雅注疏》卷三《釋言第二》,中華書局,2009年,第5624頁。

⑦ (晉)杜預注,(唐)孔穎達正義:《春秋左傳正義》第十二卷《僖公四年》,中華書局,2009年,第3891頁。

⑧ 當然,"出"和《剥》卦的卦義也有很多相似之處,但是本文主要探討《復》卦的卦義,因此就不展開作過多的敘述。

例)"凡是,外勝内。"(如卦例一右側卦例)①

凡是,内勝外。　　　　凡是,外勝内。

(卦例一:第十六節《戰》)

在卦例一左側卦例中,自上而下筮數分別爲"四""五""六""七""八""九",所以言"内勝外",是因爲下部的筮數要大於上部的筮數,也就是内部的筮數大於外部的筮數;在卦例一右側的卦例中,筮數自上而下爲"九""八""七""六""五""四",所以言"外勝内",是因爲上部的筮數要大於下部的筮數,也就是外部的筮數大於内部的筮數。大的筮數勝小的筮數,也就是《筮法》第二十六節《祟》中提到的"夫天之道,男勝女,衆勝寡"。② 另外,《筮法》第二十九節《爻象》記載:"凡爻,如大如小,作於上,外有咎;作於下,内有咎;上下皆作,邦有兵命、慶忌、風雨、日月有食。"③也可以看出《筮法》言卦,上爲外,下爲内。

《筮法》中又有"數出"和"數入"的表達,"數出"即是内部筮數大於外部筮數,其勢頭是外出的;"數入"即是外部筮數大於内部筮數,其勢頭是内入的。④ "數出"即是《戰》一節中的"内勝外";"數入"即是《戰》一節中的"外勝内"。

凡雨,當日在下,數而内(入),雨。當日在上,數而出,乃旱。⑤

(卦例二:第十一節《雨旱》)

① 清華大學出土文獻研究與保護中心編,李學勤主編:《清華大學藏戰國竹簡(肆)》,中西書局,2013年,第102頁。

② 清華大學出土文獻研究與保護中心編,李學勤主編:《清華大學藏戰國竹簡(肆)》,第115頁。

③ 清華大學出土文獻研究與保護中心編,李學勤主編:《清華大學藏戰國竹簡(肆)》,第120頁。本段釋文亦參考賈連翔:《出土數字卦文獻輯釋》,中西書局,2020年,第250頁。

④ 當然,對於"數出"和"數入"的具體涵義,學者們有不同的理解。李學勤先生認爲是與兌卦的出現位置有關,參見清華大學出土文獻研究與保護中心編,李學勤主編:《清華大學藏戰國竹簡(肆)》,第83頁。賈連翔先生認爲是與兌卦和艮卦的出現位置有關,參見賈連翔:《從清華簡〈筮法〉看〈說卦〉中〈連山〉〈歸藏〉的遺說》,《出土文獻》第五輯,中西書局,2014年。

⑤ 清華大學出土文獻研究與保護中心編,李學勤主編:《清華大學藏戰國竹簡(肆)》,第94頁。

卦例二中提到"凡雨,當日在下,數而內(入),雨。當日在上,數而出,乃旱"。其卦例右下是艮卦,筮數爲"六六七",右上是兌卦,筮數爲"七七六",筮數上側大於下側,是"數而入"。卦例左側,上爲坤卦,筮數爲"六六六",下爲坎卦,筮數爲"六七六",下側筮數大於上側筮數,因此是"數而出"。

在《筮法》中"數出"往往與"述(遂)"聯繫起來;"數入"往往與"復"聯繫起來。如下邊的兩則卦例:

凡支,數而出,乃述(遂)。凡支,數而內(入),乃復。①

（卦例三：第四節《支》）

凡行,數出,述(遂);數內(入),復。②

（卦例四：第十三節《行》）

由此看來,"出"對應的是"述(遂)","內(入)"對應的是"復"。也就是說"內勝外"是"出",是"述(遂)";"外勝內"是"內(入)",是"復"。"內(入)"和"復"就是從外向內,並且外部勢頭要大於內部,形成內入而復的趨勢。

在《周易》中也是如此,"復"是回來的意思,《泰》之九三:"无平不陂,无往不復。"復,與往相對,是去又回來。《泰》之上六"城復于隍",復是從高處返落低處,自上復於下。《泰》卦卦辭也說"小往大來",《否》卦卦辭則說"大往小來"。《復》卦辭更是明確地說:"出入無疾,朋來无咎。"③其意思是出而能入,朋而能來,就沒有疾病和不祥。《雜卦》也說:"復,反也。"④《序卦》言:"至飾然後亨則盡矣,故受之以《剝》。剝者,剝也。物不可以終盡剝,窮上反下,故受之以《復》。"⑤《序卦》明白地說《復》卦是"反下"。

① 清華大學出土文獻研究與保護中心編,李學勤主編:《清華大學藏戰國竹簡(肆)》,第86頁。

② 清華大學出土文獻研究與保護中心編,李學勤主編:《清華大學藏戰國竹簡(肆)》,第97頁。

③ (魏)王弼、(晉)韓康伯注:《周易注》,北京:中華書局,2011年,第131頁。

④ (魏)王弼、(晉)韓康伯注:《周易注》,第392頁。

⑤ (魏)王弼、(晉)韓康伯注:《周易注》,第386頁。

《復》䷗卦的卦象，初爻爲陽爻，其餘五爻皆爲陰爻，整體卦象就是外勝於内，由外復於内的形勢。《象》曰："先王以至日閉關，商旅不行，后不省方"。[①]　由此也可以知道，《復》是陽氣將盡，是近於至日之象，因此《象傳》才説"至日閉關，商旅不行，后不省方"，如果《復》是陽氣方生，則是至日剛過，也就不會説"至日閉關"的事情，而應當説過了至日商旅通行的事情了。

三、陽爻居於卦體之内

一方面，《復》卦的卦象整體有内復的趨勢；另一方面，《復》卦"復"的卦名，也應當與初爻的陽爻之"復"有關。

在易卦中，少見的爻往往具有重要的斷驗作用，因此在清華簡《筮法》中有《爻象》和《祟》等章節專門闡釋非常見爻（非常見筮數）的作用，或者直接用非常見爻的出現情況來判斷具體的吉凶。在《周易》中也是如此，因此《周易》的爻題稱"九""六"，"九""六"就是非常見的筮數。即使在陰陽化了的易卦當中，只有陰爻和陽爻，出現較少的爻也是具有特殊指示作用的。譬如在所謂的乾坤六子理論中，震爲長男、巽爲長女，坎爲中男、離爲中女，艮爲少男、兑爲少女，其男女性質都是由少數爻的性質決定的。譬如震卦，初爻爲陽，二爻、上爻爲陰，一陽二陰，陽爻決定了一卦男的性質，也就是王弼説的"少者多之所宗，一者衆之所歸"[②]。因爲初爻是陽爻，所謂"一索而得男"，因此爲長男。

《復》卦的卦象也正是如此，初爻爲陽，其餘五爻爲陰。陽爻爲一卦之主，具有重要的指示作用，處於一卦之内部，因此命爲"復"。陽爻處於一卦之外部，則命名爲"剝"。還有《夬》卦，初爻至五爻皆爲陽，上爻爲陰，因此取上爻決裂之象，以爲卦名。還有《姤》卦，命名涵義也是取象於少見爻初爻。這些都體現了"一者衆之所歸"的原則。

與《剝》䷖《復》䷗二卦情況較爲相似的是《損》《益》二卦，《損》《益》二卦的情形也可以爲我們理解《復》《剝》二卦的真正涵義提供一些借鑒。

《損》卦卦象爲䷨，《益》卦卦象爲䷩，《損》《益》二卦除去初九和上九，卦象就基本等同於《復》《剝》二卦的情形。《損》《益》兩卦之中起到重要指示作用的就是卦象内部的陽爻。《損》卦卦象内部的陽爻，也就是九二，位於下部，爲損；《益》卦内部的陽爻，也就是九五，位於上部，爲益。一個是向内，一個是向外，道理與《復》《剝》二卦具有較强的類比性。

---

① （魏）王弼、（晉）韓康伯注：《周易注》，第 132 頁。
② （魏）王弼、（晉）韓康伯注：《周易注》，第 365 頁。

　　由此，我們也可以得到結論，《復》卦的卦義還有一層涵義：是因爲具有明顯指示作用的陽爻，也就是初九，位於一卦的内部，具有向内的指示性質，也就是"復"的涵義。

　　綜上，《復》卦之本義，並不是"一陽來復"，不是陽氣生於地下。而是陽爻的内復指示性，或者是整個卦象陰陽内復的趨勢，陽氣内復而退，陰氣内復而長。

　　後記：這則小文是根據博士論文《出土文獻與〈易〉學研究》中的一小部分改編而來的，感謝導師曹錦炎先生的指導。先前，我參會的題目是《清華簡〈筮法〉劄記四則》，該文也是根據我畢業論文中的部分觀點改編而來的。因爲之前打算只做内部交流，不公開出版論文集，所以提交參會的文章參考和節選了我正在投稿和已經發表的文章中的部分内容。現在該論文集打算公開出版，因此我就將我這一篇新的小文奉上。爲嚴謹起見，這裏略作交代。2021 年"古文字與出土文獻青年學者西湖論壇"會議上，小文《清華簡〈筮法〉劄記四則》一文承蒙賈連翔先生、鄔可晶先生、王挺斌先生及參會師友的指正，受益良多。因爲關注方向相近，賈連翔先生還惠賜新出版的大作《出土數字卦文獻輯釋》，該書不僅使《清華簡〈筮法〉劄記四則》一文做出諸多修改，還使得本文（《〈復〉卦卦義再論》）的寫作有了細緻的參考。段凱師兄與郭理遠師兄，鼓勵我參加會議，以獲取向各位專家學者請益的機會，論文最後的調整和修改也是兩位師兄幫忙完成的。在這裏對各位先生和師友的提攜幫助表達感謝之情。

《荀子·勸學》"錯簡"問題申論[*]

劉　剛

（安徽大學文學院　漢字發展與應用研究中心）

一

《勸學》是《荀子》一書的開篇，其後相繼以《修身》《不苟》，三篇參互綜覽，可見儒門爲學宗旨。物雙松云："方荀子時，學廢久矣！世之有小才者，率恃聰慧，低視聖法，議論無統，百家鼎沸。故荀卿作書，首勸學也。"①該篇對後世影響深遠，西漢學者戴德撰有《大戴禮記》，其中的《勸學篇》，即多采擇《荀子·勸學》段落編入。②

《勸學》一文的結構可以分成四個部分。首先，説明教學的意義（自"君子曰：學不可以已"至"君子生非異也，善假于物也"）；其次，論述"里仁"與修身的重要性（自"南方有鳥焉"至"君子慎其所立乎"）；再次，闡明正確的學習態度（自"積土成山，風雨興焉"至"爲善不積焉，安有不聞者乎"）；最後，討論問學次第和方法（自"學惡乎始，惡乎終"至篇末）。今本《荀子》在第一部分有一句引述《詩經》的話，爲了便於更直觀地反映其在文中的位置，我們把該句前後的内容都抄在下面：

> 君子曰：學不可以已。青，取之於藍，而青於藍；冰，水爲之，而寒於水。木直中繩，輮以爲輪，其曲中規，雖有槁暴，不復挺者，輮使之然也。故木受繩則直，金就礪則利，君子博學而日參省乎己，則知明而行無過矣。故不登高山，不知天

---

* 本文是安徽大學漢字發展與應用研究中心 2021 年高校科研項目"出土文獻視野下的傳世文獻整理與研究"（SK2021ZD0011）的階段性成果。

① （日）物雙松：《讀荀子》，寶曆十四年(1764)京師水玉堂刊本，轉引自王天海：《荀子校釋》，上海古籍出版社，2005 年，第 1 頁。

② 參看孔廣森：《大戴禮記補注》，中華書局，2013 年，第 141 頁。

之高也；不臨深溪，不知地之厚也；不聞先王之遺言，不知學問之大也。干越夷貉之子，生而同聲，長而異俗，教使之然也。**《詩》曰："嗟爾君子，無恒安息。靖共爾位，好是正直。神之聽之，介爾景福。"神莫大於化道，福莫長於無禍。**

吾嘗終日而思矣，不如須臾之所學也。吾嘗跂而望矣，不如登高之博見也。登高而招，臂非加長也，而見者遠；順風而呼，聲非加疾也，而聞者彰。假輿馬者，非利足也，而致千里；假舟楫者，非能水也，而絕江河。君子生非異也，善假於物也。

劃綫部分所引詩句出自《小雅・小明》，"神莫大於化道，福莫長於無禍"在有的版本中提行屬下一節，俞樾認爲此句的"神"和"福"即據《小明》"神之聽之，介爾景福"而言，與《詩》文義一貫。[①] 所以，上面劃綫部分作爲一個整體應該没有什麽問題。不過，它和上下文之間的銜接卻並不緊密。帆足萬里最早提出"錯簡説"："《詩》曰以下三十八字，文義不相屬，疑他篇錯簡。"[②]認爲是其他篇中的文字闌入《勸學》所致。

《小雅・小明》毛傳云："正直爲正，能正人之曲曰直"。[③] 學者多據之以系聯引《詩》與前文的關係："《荀子》之意，以人性本惡，必以學正之。上所謂'木受繩則直，金就礪則利'也，故引此詩以證之。"[④]有趣的是，《大戴禮記・勸學》相關部分的語句次序已經較《荀子》有所變化[⑤]：

君子曰：學不可以已矣，青取之於藍，而青於藍；水則爲冰，而寒於水；木直而中繩，輮而爲輪，其曲中規，枯暴不復挺者，輮使之然也。是故不升高山，不知天之高也；不臨深溪，不知地之厚也；不聞先王之遺道，不知學問之大也。于越戎貉之子，生而同聲，長而異俗者，教使之然也。**是故木從繩則直，金就礪則利，君子博學如日參己焉，故知明則行無過**。《詩》云："嗟爾君子，無恒安息；靖恭爾位，好是正直；神之聽之，介爾景福。"神莫大於化道，福莫長於无咎。

其中"是故木從繩則直，金就礪則利，君子博學如日參己焉，故知明則行無過"整句被調整到了後面，應該就是爲了解決所引《詩》句與上文不連貫的問題。戴德對《荀子・勸學》的語序進行了重新編排，也從側面證明了帆足萬里的"錯簡説"。只不過，戴氏認爲錯簡的位置在"《詩》云……"的前面。

《大戴禮記・勸學》的語序有没有可能更原始、更可靠呢？答案顯然是否定的。如果按照《荀子・勸學》的次序，由"木從繩""金就礪"類比"君子受教"，再到下句"是故不

---

① 俞樾：《諸子平議》，鳳凰出版社，2020年，第285頁。

② （日）帆足萬里：《荀子標注》，昭和二年（1927）排印本，轉引自王天海：《荀子校釋》，第8頁。

③ 毛亨、鄭玄：《毛詩傳箋》，中華書局，2018年，第305頁。

④ 參看王天海：《荀子校釋》，第8頁。

⑤ 孔廣森：《大戴禮記補注》，第141頁。

升高山，不知天之高也；不臨深溪，不知地之厚也；不聞先王之遺道，不知學問之大也"（此三句的主語是人），主語的轉換和過渡十分巧妙。而被調整語序之後，不惟"木從繩"與前文出現脱節，"不升高山"等三句話的主語也變得非常模糊了。

<h1 style="text-align:center">二</h1>

我們認爲"《詩》曰"以下三十八字，本當在《勸學》第二部分"論述'里仁'與修身的重要性"的結尾，也就是"君子慎其所立乎"之後。下面從文義、抄寫形式兩方面進行論證。

《荀子·勸學》共引《詩》三次，除去上文討論的一例外，其餘兩次分别如下：

(1) 行衢道者不至，事兩君者不容。目不能兩視而明，耳不能兩聽而聰。螣蛇無足而飛，梧鼠五技而窮。《詩》曰："尸鳩在桑，其子七兮。淑人君子，其儀一兮。其儀一兮，心如結兮。"故君子結于一也。

(2) 故未可與言而言，謂之傲；可與言而不言，謂之隱；不觀氣色而言，謂之瞽。故君子不傲、不隱、不瞽，謹順其身。《詩》曰："匪交匪舒，天子所予。"此之謂也。

不難發現，所引《詩》句客觀上都起到了總結、歸納前文的作用。《勸學》第二部分先是通過"蒙鳩"和"射干"因各自依附的物體而產生的不同結果，來説明"君子居必擇鄉，游必就士，所以防邪僻而近中正"，接下來指出"言有招禍，行有招辱"，榮辱、禍福和"君子所立"息息相關。如在其後加上"《詩》曰：'嗟爾君子，無恒安息。靖共爾位，好是正直。神之聽之，介爾景福。'神莫大於化道，福莫長於無禍"，可謂"畫龍點睛"之筆。且"靖共爾位""福莫長於無禍"等句都能在前文中找到很好的照應。從文義看，是非常合適的。

再來看抄寫形式。《史記·孟子荀卿列傳》記載："齊人或讒荀卿，荀卿乃適楚，而春申君以爲蘭陵令①……於是推儒、墨道德之行事興壞，序列著數萬言而卒。"可知《荀子》一書完成於戰國末年，再結合《大戴禮記》援引《荀子·勸學》所呈現的文本面貌，推測"錯簡"產生於戰國末年到西漢初年這一段時間。所以，本文在討論抄寫形式時，選擇先秦、秦漢時期的出土文獻作爲參照。

在不考慮重文、合文等因素的情況下，《勸學》從開篇到"教使之然也"共一百三十三字（錯簡之前），"《詩》曰"以下共三十八字（錯簡位置），"吾嘗終日而思矣"至"君子慎其所立乎"共三百六十一字（錯簡之後②）。若一支竹簡抄寫三十八字的話，錯簡位置前後

---

① 錢穆對《史記》所載荀子生平頗有異議，説見《先秦諸子繫年考辨》，上海書店出版社，1992年，第394頁。

② 此處統計時，據王念孫説補入"白沙在涅，與之俱黑"八字。參看王念孫：《讀書雜志》，上海古籍出版社，2014年，第1629頁。

的竹簡容納字數皆有盈餘;若一支竹簡抄寫十九字的話,則錯簡共有兩支,錯簡之前恰
爲七支,錯簡之後恰爲十九支(參見下文模型圖例),這大概也不是偶然的巧合。

　　從先秦、秦漢出土文獻的實際情況看,竹簡簡長最短的約 15 釐米(如郭店《語叢》
簡),最長的可達 69.5 釐米(如包山文書簡)。每支簡上抄寫的字數也隨字迹大小、間距
和竹簡長短而改變,少者不到十字,多者近百字。如果我們推測《荀子·勸學》每支簡容
十九字不誤的話,那麼,其抄寫所用竹簡長度和形制應當與郭店簡《緇衣》《魯穆公問子
思》《窮達以時》《忠信之道》(《緇衣》篇長 32.5 釐米,其餘三篇簡長 26～28 釐米,平均每
支簡容 20～21 字)等篇章近似。[①] 值得注意的是,一些學者已經對竹簡形制特別是簡長
與抄寫內容之間的聯繫作了有益的探討,如周鳳五指出郭店楚墓出土竹簡按照簡長可
分爲三類,形制符合兩漢學者所述"儒家典籍以簡長區分經、傳"的標準;[②]楊博認爲"簡
冊形制如簡長、編繩等物理要素與文獻性質存在密切關聯,似乎存在按照簡冊形制分別
文獻門類的情形"。[③]《荀子·勸學》屬於儒家類文獻,與上引郭店簡《魯穆公問子思》《窮
達以時》《忠信之道》等篇性質相似,因而採用相近長度的竹簡抄寫也就不足爲奇了。

　　模型圖例:

（自右至左,簡 1～9,簡 8～9 爲錯簡位置）

---

①　參看程鵬萬:《簡牘帛書格式研究》,上海古籍出版社,2017 年,第 231～241 頁。

②　周鳳五:《郭店竹簡的形式特徵及其分類意義》,《郭店楚簡國際學術研討會論文集》,湖北人民出版社,2000
年,第 53～63 頁。

③　楊博:《出篇及卷:區位關係、簡冊形制與出土簡帛的史料認知》,《史學月刊》2021 年第 4 期。

吾嘗終日而思矣不如須臾之所學也吾嘗跂而
望矣不如登高之博見也登高而招臂非加長也
而見者遠順風而呼聲非加疾也而聞者彰假與
馬者非利足也而致千里假舟楫者非能水也而
絕江河君子生非異也善假於物也南方有鳥焉
名曰蒙鳩以羽爲巢而編之以發係之葦苕苕至
苕折卵破子死巢非不完也所係者然也西方有
木焉名曰射干莖長四寸生於高山之上而臨百
仞之淵木莖非能長也所立者然也蓬生麻中不
扶而直白沙在涅與之俱黑蘭槐之根是爲芷其
漸之滫君子不近庶人不服其質非不美也所漸
者然也故君子居必擇鄉游必就士所以防邪辟
而近中正也物類之起必有所始榮辱之來必象
其德肉腐出蟲魚枯生蠹怠慢忘身禍災乃作強
自取柱柔自取束邪穢在身怨之所構施薪若一
火就燥也平地若一水就濕也草木疇生禽獸群
焉物各從其類也是故質的張而弓矢至焉林木
茂而斧斤至焉樹成蔭而衆鳥息焉醯酸而蚋聚
焉故言有招禍也行有招辱也君子慎其所立乎

（自右至左，簡10～28）

漢語史視角下的《淮南子》校釋新證 *

——立足於西漢前期字形、詞義和字詞關係

邊田鋼

（浙江大學文學院［籌］）

一、引　　言

　　《淮南子》被譽爲漢代第一流的著作。[①] 該書博大精深，早在東漢時就有高誘、許慎爲之校注，但相關研究在此後很長一段時間陷於沉寂，真正的研究高潮是伴隨清代樸學發展而興起的。清代以降，莊逵吉、王念孫、劉文典、楊樹達、張雙棣等學者前赴後繼，涌現出《讀淮南內篇雜志》《淮南子證聞》《淮南鴻烈集解》等名山著作，將《淮南子》研究推向深入的同時，也有力促進了校勘學、訓詁學的發展。當然，由於材料和方法的限制，前人研究尚有不周密、不正確之處。拜當今出土西漢簡帛資料和漢語史研究新進展所賜，我們對西漢文字、詞彙和字詞關係的認識不斷深入，在研讀《淮南子》及前人成果過程中有些新的思考，茲對前人若干論斷予以補苴、訂正。最後結合個人研究體會，對古籍校釋中的漢語史眼光問題加以探討，一并敬呈學界通人賜正。

二、據西漢隸書字形補足前人論證缺環

　　古籍校勘具有很強的實證性，有時前人雖有妙解，但囿於材料未能很好地解釋字形訛誤的路徑，不免啟人疑竇。隨著馬王堆漢墓簡牘帛書、銀雀山漢簡、北大漢簡等出土

---

* 本文已刊載於《浙江大學學報（人文社會科學版）》2021 年第 3 期。

① 梁啟超，《中國近三百年學術史》，中華書局，1936 年，第 237 頁。

文獻的公布,學界對西漢前期隸書字形的認識不斷深入。得此時代便利,我們在繼承前人成説基礎上,補足字形論證上的缺環,或可將前人妙解推向定論。據隸書另立新説,具見後文 3、4 兩節,兹不另作專論。

(一) 補證《淮南子·天文》"爵有位"當爲"爵有德"之訛

《淮南子·天文》:"景風至,則爵有位,賞有功。"[①]有位則有爵,此言"爵有位"於義不通。《文選·王文憲集序》李善注引作"施爵禄",《太平御覽·時序部·夏》引作"施爵位",或爲引用者覺得原文不通而作了修改,但仍舊文氣不佳,也未必符合原意。俞樾懷疑"位"乃"德"字草書 形近之訛,"有德""有功"相對爲文,並以《白虎通·八風》"爵有德,封有功"爲佐證。[②]

按,"爵有德,賞有功"另見於《淮南子·時則》,可謂有力的内部證據。而且"賞有功之勞,封賢聖之德""爵有德而禄有功""賞有功,封有德""賞有功,襃有德"一類的説法古書常見。[③] "德""位"異文亦不罕見,如《楚辭·天問》"授殷天下,其位安施","位"異文作"德";[④]又如《管子·立政》"大德不至仁,不可以授國柄",《群書治要》引

---

① 本文《淮南子》引文全部根據張雙棣《淮南子校釋(增訂本)》(北京大學出版社,2013 年)録入,並據該書"箋釋"直接標注訛字(〈 〉括注)、通假字(( )括注)。正文徵引重要古籍版本如下:(清) 陳立撰,吳則虞點校:《白虎通疏證》,中華書局,1994 年。高明撰:《帛書老子校注》,中華書局,1996 年。(清) 蘇輿撰,鍾哲點校:《春秋繁露義證》,中華書局,1992 年。(宋) 夏竦編:《古文四聲韻》,中華書局,2010 年。徐元誥集解,王樹民、沈長雲點校:《國語集解》,中華書局,2002 年。(宋) 郭忠恕編:《汗簡》,中華書局,2010 年。(漢) 班固撰,(唐) 顏師古注:《漢書》,中華書局,1962 年。楊朝明、宋立林主編:《孔子家語通解》,齊魯書社,2009 年。楊伯峻撰:《列子集釋》,中華書局,2013 年。黃暉:《論衡校釋》,中華書局,1990 年。(戰國) 吕不韋撰,(漢) 高誘注,王利器注解:《吕氏春秋》,巴蜀書社,2002 年。許維遹集釋,梁運華整理:《吕氏春秋集釋》,中華書局,2009 年。(清) 孫詒讓撰,孫啟治點校:《墨子閒詁》,中華書局,2001 年。蔣禮鴻:《商君書錐指》,中華書局,1986 年。(清) 阮元校刻:《十三經注疏》(清嘉慶刊本),中華書局,2009 年。(漢) 司馬遷撰,(南朝宋) 裴駰集解,(唐) 司馬貞索隱,(唐) 張守節正義:《史記》,中華書局,1959 年。(清) 王先謙補,祝敏徹、孫玉文點校:《釋名疏證補》,中華書局,2008 年。向宗魯:《説苑校證》,中華書局,1987 年。(漢) 許慎撰:《説文解字》,中華書局,1963 年。(清) 段玉裁撰:《説文解字注》,上海古籍出版社,1998 年。(宋) 李昉等:《太平御覽》,中華書局,1960 年。王利器:《文子疏義》,中華書局,2000 年。王利器校注:《鹽鐵論校注》,中華書局,1992 年。吳則虞編著,吳受琚、俞震校補:《晏子春秋集釋》(增訂本),國家圖書館出版社,2011 年。黃懷信:《逸周書彙校集注》,上海古籍出版社,1995 年。(魏) 徐幹撰,(清) 孫啟治解詁:《中論解詁》,中華書局,2014 年。王叔岷撰:《莊子校詮》,中華書局,2007 年。

② (清) 俞樾:《諸子平議》,中華書局,1954 年,第 560 頁。

③ 參見《管子·霸言》《禮記·祭統》《春秋繁露·五行順逆》《史記·平津侯列傳》。

④ (宋) 洪興祖注,卞岐整理:《楚辭補注》,鳳凰出版社,2007 年,第 960 頁。

“德”作“位”；①再如《禮記·雜記下》《説苑·談叢》均有“居其位，無其言，君子恥之”句，其中“居其位”於《孔子家語·好生》異文作“有其德”，“德”當爲“位”之形訛。② 以上異文當屬草書形近之訛。以上補充材料進一步證明俞説可信，但俞樾所據“德”字草書 與“位”形體差距較遠，③據以解釋訛誤路徑並不密合。我們贊同從草書視角解釋形訛，但不取時代較晚之今草，而傾向於漢代以來之章草，④“德”字章草作 、、、，與“位”字異體作 同形，⑤據此解釋訛誤路徑或許更爲直接。

（二）補證《淮南子·人間》“燔孟諸而炎雲臺”當爲“燔孟諸而炎雲夢”之訛

《淮南子·人間》：“夫爝火在縹煙之中也，一指所能息也；唐漏若鼷穴，一墣之所能塞也。及至火之燔孟諸而炎雲臺，水決九江而漸荆州，雖起三軍之衆，弗能救也。”許慎以“雲臺”爲高聳入雲之臺，然而孟諸、九江、荆州皆實指一地，獨“雲臺”爲泛稱，於文不類。楊樹達敏鋭指出“雲臺”乃“雲夢”之誤，⑥其理據有二：其一，《爾雅·釋地》《淮南子·地形》皆以楚之雲夢、宋之孟諸並稱。其二，《群書治要》所引《尸子·貴言》“熛火始起，易息也。及其焚雲夢、孟諸，雖以天下之役抒江漢之水，弗能救也”，此爲《人間》文之所本，對應《尸子》異文正作“雲夢”。受材料所限，楊氏未能對“夢”“臺”的訛誤路徑作出解釋。

就典型古文字、今文字來説，“夢”“臺”字形的確相去甚遠，幾無相混可能，但在作

①　黎翔鳳撰，梁運華整理：《管子校注》，中華書局，2004 年，第 62 頁。

②　（清）陳士珂輯，崔濤點校：《孔子家語疏證》，鳳凰出版社，2017 年，第 75 頁。

③　在高誘注中有“德”字草書形體 訛爲“往”的情形。《淮南子·氾論》“齊簡公釋其國家之柄而專任其大臣”，高誘注曰“一往不解曰簡”，吳承仕、何寧均指出高誘注本自《逸周書·諡法》“一德不解曰簡”，“往”恰有版本異文作“德”，“往”當爲“德”字草書 形近之訛，參見何寧：《淮南子集釋》，中華書局，1998 年，第 934 頁。

④　作爲一種特殊字體的草書，形成於漢代，即《説文解字·敘》所謂“漢興有草書”，詳參啟功：《古代字體論稿（2 版）》，文物出版社，1964 年，第 34～37 頁。裘錫圭進一步推測草書的形成至遲不會晚於西漢元帝、成帝之際，很可能在宣帝、元帝時代就已經形成，詳參裘錫圭：《文字學概要（修訂本）》，商務印書館，2013 年，第 91 頁。

⑤　李洪財：《漢簡草字整理與研究》，吉林大學博士學位論文，2014 年，第 67 頁。孫愼：《中國書法大字典·隸書》，江西美術出版社，2012 年，第 279 頁。毛遠明：《漢魏六朝碑刻異體字典》，中華書局，2014 年，第 924 頁。

⑥　楊樹達：《淮南子證聞》，科學出版社，1953 年，第 134 頁。

爲古今文字分水嶺的隸變階段①，兩字卻極爲形近，“夢”字作 [字形]、[字形]、[字形]，“臺”字作 [字形]、[字形]、[字形]，②上部形體完全相同。③ 北大漢簡《反淫》簡 10 [字形] 則是更爲直接的字形證據。整理者釋 [字形] 爲“臺”，陳劍改釋爲“夢”並指出簡 10 與簡 8 連讀爲“取（趨）夢雷”，“夢雷”即郭璞《江賦》提到的“雲夢雷池”，“取（趨）夢雷”例同《楚辭·招魂》“趨夢”。④ 按，學界公認《反淫》可與枚乘《七發》對讀，蘇建洲指出北大簡《反淫》簡 8＋10 可與《七發》“將爲太子馴騏驥之馬”一段對讀，⑤我們認爲“取（趨）夢雷”可與該段“遊涉乎雲林”對讀，與“夢”對應之“雲林”李善釋爲“雲夢之林”，⑥可爲陳説佐證。前面所舉“夢”“臺”諸形，雖然上部同形，但下部仍有“夕”“至”之別，北大漢簡《反淫》“夢”作 [字形] 與“臺” [字形] 極爲形近（以至於整理者釋文有誤），⑦據此解釋訛誤路徑可謂略無窒礙。⑧

可能在傳抄過程中，抄寫者習見“夢”作 [字形]，而將 [字形] 類形體誤識作“臺”。我們推測，《淮南子·人間》“雲夢”之“夢”訛爲“臺”的時間不晚於西漢末期，因爲此後兩字形體

---

① 裘錫圭指出：“隸書是在戰國時代秦國文字的簡率寫法的基礎上形成的。”參見裘錫圭：《從馬王堆一號漢墓“遣册”談關於古隸的一些問題》，《考古》1974 年第 1 期。趙平安則進一步指出古隸在戰國中期秦文字中已經形成，參見趙平安：《隸變研究》，河北大學出版社，2009 年，第 6～9 頁。

② 《説文》載“夢”“薨”同屬“瞢省聲”。在隸變階段，“薨”作 [字形]、[字形]、[字形]，“瞢”作 [字形]、[字形]、[字形]，上部構件亦與正文所舉“臺”字相同。

③ 李紅薇：《北京大學藏西漢竹書集釋及字表》，吉林大學碩士學位論文，2015 年，第 211 頁。孟良：《新編〈睡虎地秦簡牘〉文字編》，安徽大學碩士學位論文，2017 年，第 125 頁。劉釗主編，鄭健飛、李霜潔、程少軒協編：《馬王堆漢墓簡帛文字全編》，中華書局，2020 年，第 1299 頁。

④ 陳劍在給蘇建洲的郵件中論證了這一觀點，參見蘇建洲：《北大漢簡四〈反淫〉簡八至十一新編聯及釋讀》所引陳劍郵件，《文字·文獻·文明》，上海古籍出版社，2019 年，第 172～173 頁。這條寶貴證據承蒙復旦大學出土文獻與古文字中心鄔可晶副研究員賜示並惠賜蘇建洲文章電子版，謹致謝忱。

⑤ 蘇建洲：《北大漢簡四〈反淫〉簡八至十一新編聯及釋讀》，《文字·文獻·文明》，上海古籍出版社，2019 年。

⑥ （梁）蕭統編，（唐）李善注：《文選》，上海古籍出版社，1986 年，第 1567 頁。

⑦ 蘇建洲還提及“至”上部簡省爲“一”而與“王/玉”相混的情形，則爲系聯“夢” [字形] 與“臺” [字形] 訛誤路徑掃除了障礙，詳參蘇建洲：《楚文字論集》，萬卷樓圖書公司，2011 年，第 10～11 頁。

⑧ 王挺斌先生已經先於筆者將隸變字形（尤其是北大漢簡《反淫》篇的字形）作爲關聯《淮南子·人間》所涉“夢”“臺”形訛的關鍵線索。參看王挺斌：《試論秦漢文字考釋歧見對校讀古書的啟發意義》“一、夢與臺”條，見復旦大學出土文獻與古文字研究中心編：《出土文獻與古文字研究》第八輯，上海古籍出版社，2019 年版。筆者撰文時因未能拜讀該文而失引，是不應該的疏失，該説的發明權當屬王先生，特此説明，示不掠美。鑒於本文論證的側重點與王文有所不同，如補證陳劍關於“夢雷”之“夢”就是“雲夢”，又如推斷《淮南子·人間》“雲夢”之“夢”訛爲“臺”的時間不晚於西漢末期，仍有一定的價值，姑且作爲對陳劍、王挺斌論證的補充予以保留。

已經不近,據東漢許慎注釋可知其當時所見版本已經訛誤。

三、據西漢詞義另立新説

　　詞彙是發展的,因而具有時代性;詞彙具有社會性,一些有時代特色的詞義在當時肯定是普遍應用的,在同時代的文獻中應該存在很多平行例證。前輩學者楊樹達諳熟漢代典籍,所著《淮南子證聞》常能據時代語言面貌立論而左右逢源。有些學者對此考慮不足,所論不合時代語言面貌的實際,其中教訓同樣值得吸取。今後整理《淮南子》應當在吸收前輩經驗基礎上,立足漢代文獻語言實際(特別是西漢文獻),對相關字詞作出更爲審慎的解釋。

(一) 論《淮南子·主術》"郢人無所害其鋒"當爲"郢人無所容_{措置}其鋒"之訛

　　前人對《淮南子·主術》"郢人無所害其鋒"的理解素有爭議,焦點集中在對"害"字的認識上面。爲便於理解語境,茲引原文如下:

> 昔孫叔敖恬臥,而郢人無所害其鋒;市南宜遼弄丸,而兩家之難無所關其
> 辭。鞅鞈鐵鎧,瞋目扼腕,其於以御兵刃,縣(綿)矣! 券契束帛,刑罰斧鉞,其
> 於以解難,薄矣! 待目而照見,待言而使令,其於爲治,難矣!

　　前人論斷中,如下四種釋"害"的説法最具代表性:

　　1. 高誘注據字面徑釋爲{妨害}。高誘認爲孫叔敖恬臥養德,折衝千里之外,敵國不敢犯,故郢人不舉兵出伐,無所害其鋒於四方。[①] 高誘對文意的把握固然是正確的,但"害其鋒"不辭,王念孫、俞樾已指出高説有望文生義之嫌。

　　本刊外審專家提示筆者:"郢人無所害其鋒"中的"害"字似並非不通。"其"指代孫叔敖,即"鋒"的所有者是"孫叔敖",這與下文"兩家之難無所關其辭"中的"其"是代指"市南宜遼"一樣。所謂"鋒"似是指孫叔敖的氣勢,氣勢可稱"鋒",即"鋒氣"一詞。文句的意思是説孫叔敖就算是酣睡,郢人也没辦法妨礙其氣勢。[②] 外審專家的以上思考不僅

---

① 張雙棣:《淮南子校釋(增訂本)》,北京大學出版社,2013 年,第 915 頁。

② 外審專家同時提示筆者:即使"害"字可能是某字之訛,我們的論斷也過於絕對,因爲"害"也可能是"舍"字之訛,而"舍"字的{放置}、{放棄}義一樣可以與"投"相對,解釋爲"措置"。通過分析語料,我們初步認爲,"舍"似乎很少與"鋒"搭配,儘管有與"兵"搭配的用例,但所涉"舍"字均表示{捨棄}而非{放置}。如《左傳·襄公十八年》:"(州綽)乃弛弓而自後縛之(引者按,"之"指代齊將殖綽),其右具丙亦舍兵而縛郭最。""舍兵"意爲"放下兵器",參見楊伯峻:《春秋左傳注》,中華書局,2018 年,第 895 頁。又如《國語·吳語》"吳王　　(轉下頁)

敏鋭新穎,而且存在邏輯上的可能性,其他學者可能也會有同樣的疑問。我們非常重視以上意見,認爲如果不能有效回答這一疑問,下文的立論就會存在邏輯上的漏洞。通過認真揣摩專家意見,並綜合分析相關語料,我們仍舊傾向認爲"郢人無所害其鋒""而兩家之難無所關其辭"中的"其"均指代所在小句的主語,即"郢人"和"兩家之難"。第一,《主術》本段在内容和思想上明顯繼承《莊子・徐無鬼》"市南宜僚弄丸而兩家之難解,孫叔敖甘寢秉羽而郢人投兵"一段(王念孫已有先見之明,見下文),意在説明"不道之道""不言之辯"的重要性。兩相比較,可知《主術》"郢人無所害其鋒"對應《徐無鬼》"郢人投兵","其"指代"郢人","鋒"表示{兵鋒}(即下句對應之"兵刃")。第二,如外審專家所言,"郢人無所害其鋒""兩家之難無所關其辭"兩小句的語法結構是相同的,後一句屬於上古文獻常見的"主語＋關_{措置}其×"結構,該結構所涉"其"均指代所在小句的主語("關"表{措置},詳見下文),鮮有例外。如:

獨制四海之内,聰智不得用其詐,險躁不得關其佞,奸邪無所依。(《韓非子・有度》)

白屋之士,皆關其謀;芻蕘之役,咸盡其心。(《説苑・權謀》)

(范蠡、大夫種)俱見霸兆出於東南,捐其官位,相要而往臣。小有所虧,大有所成。捐止於吴。或任子胥,二人以爲胥在,無所關其辭。種曰:"今將安之?"蠡曰:"彼爲我,何邦不可乎?"去吴之越,句踐賢之。(《越絶書・外傳紀策考》)

(范蠡)於是要大夫種入吴。此時馮同相與共戒之,伍子胥在,自與不能關其辭。(《越絶書・外傳記范伯》)

總之,我們認爲《主術》"郢人無所害其鋒"中的"其"字指代小句主語"郢人"而非孫叔敖,"鋒"表示{兵鋒}而非{鋒氣}。經過以上分析,該句中的"害"字就更顯得於義不通,當爲訛字無疑。

2. 王念孫認爲"害"乃"用"之形訛。王氏理據有二:其一,"害"字隸書作害,其上半

(接上頁)　夫差與越荒成不盟"章之"君王舍甲兵之威以臨使之"。綜合分析《主術》"郢人無所害其鋒"本段,並參考與之關係極爲密切的"市南宜僚弄丸而兩家之難解,孫叔敖甘寢秉羽而郢人投兵"一段,如果將"害"替換爲表{放棄}的"舍"字,文意就成了"郢人没地方放棄兵器",那就與原文文意和思想適得其反。另外,我們也很難在漢代文獻中找到"害""舍"形訛的旁證。因此,我們認爲"害"爲"舍"之訛字的可能性不大。如筆者下文所論,古書中如《老子》"兕無所投其角,虎無所措其爪,兵無所容其刃"、《抱樸子・地真》"白刃無所措其鋭,百害無所容其凶"一類的説法較爲常見,將《主術》該句改爲"郢人無所害〈容〉其鋒"在辭例和字形上或許相對更穩妥一些。

與"用"相似;其二,《主術》所述故事本自《莊子・徐無鬼》,作"孫叔敖甘寢秉羽而郢人投兵","投兵"亦謂無所用之。[①] 按,王説雖文意貫通,但仍有商榷餘地。其一,"害"字隸書與"用"存在下半部"口"形有無之别,王氏亦未能舉出二字形訛的旁證,俞樾對此已有質疑。其二,《徐無鬼》"投兵"一詞雖爲解題提供了參考,但可與"投"對應的並不限於"無所用"。

3. 俞樾以王念孫説不可信,指出"害"乃"容"之形訛,義爲{用}。俞氏理據有二:其一,《釋名・釋姿容》"容,用也,舍事宜之用也"聲訓釋"容"爲{用}。其二,《老子》"兵無所容其刃"爲《主術》之所本。[②] 按,俞説校勘字形與聯繫《老子》均獨具慧眼,但在訓釋上仍有不妥。其一,字詞關係具有時代性,筆者目力所及,尚未在漢代文獻中見到"容"表{用}的可靠用例。《釋名》聲訓並非嚴格的詞義解釋,更不反映當時語言的字詞關係。其二,揣摩文意、辭例,《老子》"兵無所容其刃"中"容"字義爲{措置}而非{用},詳下文。

4. 馬宗霍釋"害"爲"遏",義爲{止絶}。[③] 從語法結構分析,"郢人無所遏其鋒"即郢人無處遏止自己的鋒芒,於理不通。馬氏釋爲"郢人之鋒不因孫叔敖之臥治而有所遏止",脱離了語法結構限制,實不可信。

我們贊同"害"爲"容"之形訛,但當訓爲{措置}。字形方面,"害"字隸書作 🀥、🀤,俗字作 🀫、🀪,均與"容"字形近。[④] "害""容"互訛是古書校勘通例,如《楚辭・離騷》"余以蘭爲可恃兮,羌無實而容長","容"在《文選・祭屈原文》作"害";[⑤]《後漢書・張衡列傳》"夫女魃北而應龍翔,洪鼎聲而軍容息","容"在《張衡集》作"害"。[⑥] 詞義方面,"容"表{措置}。《老子》"兵無所容其刃"爲《主術》之所本,俞樾已有先見之明,我們認爲"容"當訓爲{措置}而非{用},理由如下:其一,《老子》原文語境爲"兕無所投其角,虎無所措其爪,兵無所容其刃","容"與"投""措"對文,詞義應當相近。類似説法如《抱樸子・地真》"白刃無所措其鋭,百害無所容其凶","容"與"措"對文;"白刃無所措其鋭"與《老子》"兵無所容其刃"相當,"容"與"措"對應。其二,"無所容＋名詞"結構中的"容"當作{措置}解(這固然是{容盛}的引申),這在漢代以前典籍中鮮有例外。如《韓非子・備内》"奸邪無所容其私"、《史記・甘茂列傳》"臣得罪於秦,懼而遁逃,無所容跡"、

① (清)王念孫:《讀書雜志》,徐煒君等點校,上海古籍出版社,2014年,第2144頁。

② (清)俞樾:《諸子平議》,第609頁。

③ 馬宗霍:《淮南舊注參正》,齊魯書社,1981年,第206～207頁。

④ 臧克和、典郭瑞主編:《中國異體字大系・隸書編》,上海書畫出版社,2010年,第176～177頁。黄征:《敦煌俗字典》,上海教育出版社,2005年,第146頁。

⑤ (梁)蕭統編,(唐)李善注:《文選》,第2607～2608頁。

⑥ (南朝宋)范曄撰,(唐)李賢等注:《後漢書》,中華書局,1965年,第1905頁。

《潛夫論·斷訟》"人衆地荒,無所容足"、《鹽鐵論·禁耕》"雖湯、武生存於世,無所容其慮"。① 其三,《淮南子·主術》"昔孫叔敖恬臥,而郢人無所害〈容〉其鋒"與"市南宜遼弄丸,而兩家之難無所關其辭"對文,與"害〈容〉"對文的"關"字同樣表示{措置},②這進一步堅定了我們的信心。

綜上,我們主張《淮南子·主術》"郢人無所害其鋒"本當作"郢人無所容其鋒","容"表{措置}。《淮南子·主術》"郢人無所容其鋒"即《莊子·徐無鬼》"郢人投兵"(《小爾雅·廣言》:"投,棄也。")。

(二) 論《淮南子·繆稱》"明有不害"當爲"明有不周周遍"之訛

《淮南子·繆稱》:"故行險者不得履繩,出林者不得直道,夜行瞑目而前其手,事有所至,而明有不害。"其中"明有不害"義不可通,前人多認爲"害"當爲某表{用}義字的誤字。③ 至於正字爲何,學界存在兩説:

1. 王念孫認爲"害"當爲"用"之形訛。王氏理據有二:其一,"害""用"因隸書形體而訛,例同所論《主術》"郢人無所害其鋒"條。其二,該句大意又見於《淮南子·説林》"夜行者掩目而前其手,涉水者解其馬載之舟,事有所宜,而有所不施",王氏認爲"不害"與《説林》"不施"對應,夜行瞑目而前其手,故曰明有不用。④ 按,王説雖然文從字順,但仍有商榷餘地。其一,"害""用"形不相近。其二,"事有所至,而明有不害"並不能與"事有所宜,而有所不施"完全等同,詳見下文,王氏據"不施"以校釋"不害"的基礎並不牢固。

2. 俞樾認爲"害"當爲"容"之形訛,義爲{用}。⑤ 俞説顯然受到了王念孫的啓發,只是選擇了一個形體更爲相近的字形。按,俞説亦值得商榷。其一,俞氏以"容""庸"通

---

① 黄笑山師看過拙文後指出《鹽鐵論·禁耕》"雖湯、武生存於世,無所容其慮"之"容"不能排除表{用}的可能。類比《尉繚子·將理》"雖有堯、舜之智,不能關一言"、《史記·秦始皇本紀》"雖有周旦之材,無所複陳其巧"、《中論·民數》"雖有良農安所措其疆(强)力"等文例,我們仍堅持將《鹽鐵論·禁耕》此"容"釋爲{措置},用法與上舉文獻中的"關""陳""措"相當。

② "關"有{措置}義故訓,《漢語大字典》《故訓匯纂》均有收録。措置物體的例證,如《墨子·經説下》"關石於其下,縣絲於其上"、《韓非子·問田》"令陽成義渠,明將也,而措於毛伯;公孫亶回,聖相也,而關於州部"。措置言論、計謀的例證,如《尉繚子·將理》:"試聽臣之術,雖有堯、舜之智,不能關一言。"《説苑·權謀》:"白屋之士,皆關其謀;芻蕘之役,咸盡其心"。按,"關"的{措置}義可能從{門栓}{貫穿}等本義引申而來,"關"表示{措置}義時可能更强調因貫穿而措置在物體内部。

③ 張雙棣:《淮南子校釋(增訂本)》,第 1116 頁。

④ (清)王念孫:《讀書雜志》,第 2144~2145 頁。

⑤ (清)俞樾:《諸子平議》,第 615 頁。

假，"庸""用"通用，故"容"亦爲"用"，這種輾轉相訓的作法在邏輯上是不嚴密的，"容"表〔用〕義的推斷也缺乏可靠的文獻用例支撐。①

王念孫、俞樾均重視《繆稱》《説林》兩段相關内容的對讀，爲正確校釋"而明有不害"開闢了思路，值得肯定。但俞樾根據對讀將《繆稱》"事有所至"之"至"改爲"宜"，則把古代語言表達看得過於機械。鑒於俞説影響較大，而且對"事有所至"的理解也直接關涉到對"明有不害"的解釋，有必要在切入正題之前將其交代清楚。值得注意的是，"事有所至"在《淮南子》另有兩處用例。其一，孔子之馬食農夫之禾，子貢前去卑辭求取而不得，馬圉竟以拙言取回，《淮南子·人間》謂之"事有所至，而巧不若拙"。其二，鄭賈人弦高矯命犒勞入侵之秦軍，結果退秦軍而存鄭國，《淮南子·氾論》謂之"故事有所至，信反爲過，誕反爲功"。所謂"巧不若拙""信反爲過，誕反爲功"均是就特殊情形而論的，《淮南子·繆稱》所謂視力没用同樣是就"夜行"等特殊情形而言，歸納《淮南子》以上用例所涉史實和事理，"事有所至"當訓爲"碰到特殊事件"（類似普通話"真碰到事兒"一類的表達）。如此看來，儘管《淮南子·繆稱》"事有所至，而明有不害"與《淮南子·説林》"事有所宜，而有所不施"大意相當，但在語言結構和意義上並不一致，俞樾將兩者完全等同是欠妥的。此外，《説林》"事有所宜，而有所不施"所在段落爲韻文，②本句"宜""施"押韻，而《繆稱》此句無韻，從這一角度看，兩段也不可簡單等同。

我們主張《繆稱》"明有不害"之"害"乃"周"之形訛，義爲〔周遍〕。字形方面，"害"字隸書作 害、害、害，俗字作 周、周、周，③均與"周"字形近。"害""周"互訛爲古籍校勘通例，如《墨子·非攻下》謂攻戰乃"周生之本"，"周"乃"害"字之訛；④《淮南子·人間》"或直於辭而不害於事者，或虧於耳以忤於心而合於實者"，"害"乃"周"之形訛，

① 《故訓匯纂》"容"字⑰、⑱條下雖釋義爲〔用〕（第⑲⑳條釋爲〔庸〕，所舉例句一致，本質上並無差別），但均爲俞樾觀點，我們認爲均可商榷，如《老子》《韓非子·解老》"兵無所容其刃"之"容"當釋爲〔措置〕，上文《主術》"郢人無所害其鋒"條已作辨證；《法言·吾子》"足言足容，德之藻矣"之"容"與"言"並列，釋爲〔儀容〕文從字順，俞説求之過深。
② "夜行者掩目而前其手……得之不以道，用之必橫"一段用韻情況如下："手""舟"幽部，"宜""施"歌部，"鄉""翔"陽部，"海""裡"之部，"步""故"魚部，"馳""議""苟"歌部，"睹""顧"魚部，"尾""幾"微部，"原""難"元部，"獲""射"鐸部，"辱""足"屋部，"倉""囊""横"陽部。
③ 黄征：《敦煌俗字典》，第146頁。劉釗主編，鄭健飛、李霜潔、程少軒協編：《馬王堆漢墓簡帛文字全編》，第850頁。
④ 王氏還列舉了其他旁證，如《管子·幼官》"養老弱而勿遺，信利周而無私"，"利周"於《管子·幼官圖》對應作"利害"，"周"乃"害"字之訛；再如《漢書·諸侯王表》"共王不周"於《景十三王傳》作"不害"，"不周"乃"不害"之訛。參見王念孫：《讀書雜志》，上海古籍出版社，2014年，第1474頁。

"周"與下句"合"字同義對文。① "周"表｛周遍｝乃常見故訓，例多不煩備舉，茲略舉《淮南子》等書中若干"不周"與"不遍""不容相容""不兼"對文例證以作管窺：

> 惠不徧加於百姓，公心不周乎國，則桀紂之所以亡也。（《晏子春秋·外篇》"景公見道殣自慚無德晏子諫"章）
>
> 四極廢，九州裂，天不兼覆，地不周載，火爁炎而不滅，水浩洋而不息，猛獸食顓民，鷙鳥攫老弱。（《淮南子·覽冥》）
>
> 聾者可令嗺蔲，而不可使有聞也；喑者可使守圉，而不可使言也。形有所不周，而能有所不容也。（《淮南子·主術》）
>
> 事立則有所不周，藝成則有所不兼。（《列子·仲尼》"有善治土木者，有善治金革者"條張湛注）

物性、才能各有所不周，是不可逆轉的自然現實，《淮南子》對此有深刻的認識，書中屢見"事有所宜，而有所不施""形有所不周，而能有所不容也"一類的表達。② 目力明察而不能周遍，《淮南子》等古書對此屢有闡發，如：

> 且民有倍心者，君上之明有所不及也。（《韓非子·難三》）
>
> 爲一人聰明而不足以徧照海内，故立三公九卿以輔翼之。（《淮南子·脩務》）
>
> 是故明有所不見，聽有所不聞。人雖賢，不能左畫方，右畫圓。日月之明，而時蔽於浮雲。（《史記·龜策列傳》）
>
> 明有所不見，聽有所不聞，舉大德，赦小過，無求備於一人之義也。（《漢書·東方朔傳》）

古人言馭人之術，常有"明有所不燭，智有所不周""思有所未至，明有所不周"一類的説法，③可看作《淮南子·主術》"形有所不周，而能有所不容也"一語的具體化。"明有所不周"更可以看做《淮南子·繆稱》"明有不害〈周〉"在文例上的直接證據。

綜上，我們認爲《淮南子·繆稱》"事有所至，而明有不害"本當作"事有所至，而明有不周"，義爲"碰到特殊情況，則視力不能周遍"。"不周"義爲｛不周遍｝，即《淮南子·説

---

① 王氏還指出《淮南子·道應》"周鼎著倕而使齕其指"，《文子·精誠》篇"周"誤作"害"。又如《公羊傳·宣公六年》"靈公有周狗謂之獒"，《爾雅·釋畜》郭璞注誤引作"害"。參見王念孫：《讀書雜志》，第 2381 頁。

② 參見《淮南子·説林》《主術》。

③ 兩句用例均爲唐代文獻，分別爲吳兢《上玄宗皇帝納諫疏》、皇甫湜《孟子荀子言性論》，參見《全唐文》卷二百九十八、六百八十六。

林》"事有所宜,而有所不施"一語的概括。值得一提的是,將"害"改爲"周"之後,恰好與"道""手"押幽部韻,或許並非巧合。

四、據西漢字詞關係另立新説

字、詞是兩個不同的概念,兩者也不是一一對應的,"一字多詞"的情形在上古漢語尤其普遍。面對文本中的具體字形,不同學者解釋爲不同的詞,且均能找到文獻旁證,此類爭議層出不窮。相反,雖有妙解卻難覓佐證的情形也很常見。這除了跟時代越早文獻存世越少有關之外,也跟早期文獻中的字詞關係歷經傳抄而不斷"當代化"密切相關。漢語是不斷發展的,不同階段的字詞關係具有顯著的時代性、穩定性。古籍校釋過程中應當貫徹漢語史的眼光,立足漢語不同階段字詞關係的客觀實際,更加理性地審視研究對象。《淮南子》文本中的部分問題在已知的字詞關係庫存中很難找到校釋綫索,如果參考西漢出土文獻字詞關係,常會得到啟示。這類問題在《淮南子》中尚有不少,尤以如下三種類型最爲常見:1. 義項分派過程中的字形亂碼;2. 字詞關係分派前的形訛;3. 字詞關係分派後的訛上之訛。限於篇幅,兹各舉一例略作説明。

(一) 論《淮南子・精神》"餘天下而不貪"當讀爲"舍遺棄天下而不貪"

爲追求語言表達的精確,早期"一字多詞"中的多個義項可能會分派給不同字形,進而構成全新的字詞關係。一般而言,分派過程是規律的,重組後的字詞關係精確而又穩定,但不排除少數個案在分派過程中發生錯亂。對於此類個案,分派之前尚不難理解,分派之後再按照重組後的字詞關係據形釋義必定南轅北轍、扞格不通,我們稱之爲"義項分派過程中的字形亂碼"。如圖 1 所示,字形 A 兼表義項$\{a_1\}\{a_2\}$,後來分派爲"$a_1-\{a_1\}$""$a_2-\{a_2\}$"兩組新的字詞關係,但在個別文句中錯將$\{a_1\}$轉碼爲 a_2。[①] 囿於分派後的字詞關係,無法據字形 a_2 得出義項$\{a_1\}$,如果文獻中又没有 a_1、a_2 相通的旁證,問題將陷於無解。隨著對出土文獻字詞關係演變認識的深入,我們將有可能對此類亂碼撥

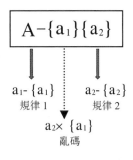

圖 1 字詞關係分派、亂碼示意圖

---

① A 一般是 a_1、a_2 之一,或者與 a_1、a_2 之一爲古今字關係(分派字形可以很多)。前者如"循(A)"所承擔的{遵循}{扗循}兩義項後來分派給了"循(a_1)""揗(a_2)"兩字形,其中 A 與 a_1 是同一個字,只是分流前後所承擔的義項有所調整(按,就目前所掌握的出土文獻來看,"揗"最早出現於西漢前期,"揗"與"循"具有明顯的同源關係,"揗"應爲"循"之分化字)。後者如"埶"所承擔的{種植}{設置}{近}{熱}{形勢}等義項後來分派給了"藝(a_1)""設(a_2)""邇(a_3)""熱(a_4)""勢(a_5)"諸字,就造字本義來看,"埶(A)"與"藝(a_1)"是古今字關係。

亂反正。

《淮南子·精神》:"若夫至人,量腹而食,度形而衣,容身而游,適情而行,餘天下而不貪,委萬物而不利。"馬宗霍以"餘""委"爲對文,皆表{遺棄},並以《禮記·樂記》"有遺音者矣"、《楚辭·離騷》"願依彭咸之遺則"之鄭玄、王逸"遺,猶餘也""遺,餘也"諸注釋作爲立論根據。① 按,馬氏對文意的把握到位,但論證欠妥。儘管"遺"確可表示{遺棄},但上舉"遺""餘"例證均限於{剩餘}義項,馬説偷換概念,不可據信。何寧認爲"餘天下"謂以天下爲餘物。按,典籍中鮮見"餘"意動用法的旁證,且與"輕天下""棄天下"的説法相比較,"餘天下"也缺乏足夠的文例支撐。② 向宗魯認爲"餘天下"不詞,確有先見之明,但未能另立新説。③

我們懷疑,此"餘天下"本作"舍天下"。"舍"可兼表{遺棄}與{多餘}二義。《説文》:"捨,釋也。"借"舍"爲"捨"表{遺棄},乃傳世、出土文獻通例,不煩舉例。"舍"表{多餘}在傳世文獻中罕見,但在楚地出土文獻中有所呈現,可能是一種具有地域特色的字詞關係(按,對這一語言現象,其他學者將其視爲"餘"下增"口"的構形問題,④或者按照傳統將其視爲假借,均無不可)。如郭店簡《老子》乙種簡16:"攸(修)之身,其悳(德)乃貞(真);攸(修)之家,其悳(德)有舍。""舍"於今本、帛書本作"餘";⑤上博簡《天子建州》乙種簡8:"大夫承廌(餕),士受舍(餘)。"我們的推測更多還是建立在對辭例、文意的理解。第一,"餘天下而不貪,委萬物而不利"兩句對文,"餘"當與"委"同義,從形、音、義三方面考慮,"餘"本作"舍(捨)"的可能性是很大的。"舍(捨)""委"是同義詞,常可並列使用,如《管子·輕重丁》:"賈人蓄物而賣爲讎,買爲取。市未央畢,而委舍其守列,投蚊虻巨雄。"《春秋繁露·深察名號》:"不效於原,則自委舍。自委舍,則化不行。"第二,古書常見"舍天下""棄天下""輕天下"一類的説法,⑥《吕氏春秋·恃君覽·觀表》"舍天下若舍屣"、《孟子·盡心上》"棄天下猶棄敝蹝也"是常見的比喻。此外,《淮南子·齊俗》《精神》分別有"輕天下,細萬物""輕天下,則神無累矣;細萬物,則心不惑矣"的文句,其大意與《精神》"餘天下而不貪,委萬物而不利"相近,《精神》篇前後兩句之間可能還存在某種呼應。《淮南子》多化用《莊子》,《精神》"舍(捨)天下""委萬物"以及《要略》"外天地,捭山川",可能是從《莊子·天道》"外天地,遺萬物"化用而來,"舍(捨)""外"均表{遺棄}。

---

① 馬宗霍:《淮南舊注參正》,第189頁。

② 何寧:《淮南子集釋》,中華書局,1998年,第551頁。

③ 何寧:《淮南子集釋》,中華書局,1998年,第551頁。

④ 按,所論"舍"字嚴格隸定當作"�"。

⑤ (宋)夏竦《古文四聲韻·魚韻》"餘"字條引《道德經》作 𠆉 ,實爲"舍"字,可與郭店簡本情形比觀。

⑥ 見《老子》第二十六章、《孟子·盡心上》《淮南子·齊俗》《文子·九守·守無》。

我們推測，《淮南子・精神》此句本作“舍天下而不貪，委萬物而不利”，“舍”表{遺棄}，但在字詞關係分派過程中，誤解“舍”表{多餘}，遂致“舍”誤作“餘”。

（二）論《淮南子・泰族》“節拊而毛脩之”當爲“節拊而毛循_{撫揗}之”之訛

字形 A 的義項{a₁}後來分派給了字形 a₁，如果文句中的{a₁}在字形 A 階段就形訛爲字形 B，且在已知校勘通例中難覓 a₁、B 形訛的證據，就無法將 B 正確校釋爲“a₁-{a₁}”。我們將這類錯誤稱爲“字詞關係分派前的形訛”。只有揭示出 A 這一關鍵性紐帶，才有可能得出正確的校釋結論。

《淮南子・泰族》有如下一段文字：

> 今夫道者，藏精於内，棲神於心，静漠恬淡，訟〈説〉繆（穆）胸中，邪氣無所留滯，四枝節族，毛蒸理泄，則機樞調利，百脈九竅莫不順比。其所居神者得其位也，豈節拊而毛脩之哉！

“節拊而毛脩之”一語未能引起學者足夠重視。王念孫最早關注到這一問題，指出“‘脩’亦當爲‘循’，‘循’與‘拊’同義也”。[①] 王氏此説不見於《泰族》篇，只在《原道》篇“循説爲脩”條下言簡意賅地順帶提及，未能引起學者足夠重視。許匡一雖未關注到王氏論斷，但也意識到“毛脩”於義不通，但他將“毛”讀爲“繆”，訓“毛脩”爲“修繕、修理”。[②] 許説在音韻和文例上毫無根據，不可據信。陳廣忠雖然注意並採取王説，但將“循”理解爲{和順}，[③]實乃望文生義。儘管王念孫的論斷語焉不詳且無論證過程，但我們認爲該説已經接近問題的實質，其中精義尚待闡發。字形和校勘通例方面，王念孫“循誤爲脩”條下已有充分論證，今人鄭邦宏又有詳細補充，[④]可無疑義。

下面將從字詞關係和語法修辭方面略作論證。第一，《説文》“揗，摩也”，“拊，揗也”，“揗”與“拊”同義。《説文》雖以“揗”爲正篆，但在解説“撫，循也”條下卻使用了“循”字，[⑤]這應當是當時用字習慣的自然流露。馬王堆帛書“循”與“揗”表{撫揗}上均有大量用例，[⑥]可與之互證。第二，“循（揗）拊”連文表{撫揗}，是漢代文獻通例。《泰族》本句下文即有“拊循其所有而滌蕩之”的用例，《漢書》中“拊循百姓”“拊循其民”“拊循貧弱”“拊

---

① （清）王念孫：《讀書雜志》，第 1981 頁。

② 許匡一：《淮南子全譯》，貴州人民出版社，1993 年，第 1184 頁。

③ 陳廣忠：《中華經典名著全本全注全譯叢書・淮南子》，中華書局，2012 年，第 1176 頁。

④ 鄭邦宏：《出土文獻與古書形近訛誤字校訂》，中西書局，2019 年，第 376～384 頁。

⑤ 段玉裁在《説文》“撫”字條下已有闡發。又按，《淮南子・人間》“循而泣之”與《國語・晉語八》“撫而泣之”無疑是一個意思，這條例證可爲段説之旁證。

⑥ 白於藍：《簡帛古書通假字大系》，福建人民出版社，2017 年，第 1327 頁。

循外蠻"等説法更是屢見不鮮。① 第三,《泰族》"節拊而毛脩之"無疑是在呼應前文"四枝節族,毛蒸理泄","節""毛"對文,皆爲實指,許匡一讀"毛"爲"繆"忽視了以上對應關係。② "節拊而毛脩之"與本篇下文"户辯而家説之"及《原道》"口辯而户説之",均爲典型的狀動結構,前置的"節""毛"表示强調。《泰族》本段强調神氣由内而外,自然百節舒暢、毛髮順比;如果從外部逐個關節、毛髮去拊搢,無疑捨本逐末。由於前人對"毛脩"理解有誤,這也限制了對"節拊"認識的深入。許匡一訓"節拊"爲"節制拍打",將"節拊而毛脩"譯爲"節制壓力和約束",③認識正好與原意相反。《漢語大詞典》和陳廣忠④將"節拊"解釋爲"撫摸關節",雖然大意不差,卻失去了原文表示强調的修辭效果。

總之,我們認爲《淮南子·泰族》"節拊而毛脩之"當改爲"節拊而毛循之","脩"乃"循"之形訛,"循"通"揗"表{撫揗}。

(三) 論《淮南子·詮言》"内修極而横禍至"當爲"内修敬而横禍至"之訛

字形 A 形訛爲字形 B 後,後人覺得 B 語義不通,複將 B 改爲其分派字形 b₁。有時 b₁所表示的義項{b₁}在語境中並不妥帖,或者不合相應文獻産生時代的詞義、文例特色,如果難覓 A、b₁ 之間的形訛路徑,此類問題將難以索解。我們稱之爲"字詞關係分派後的訛上之訛"。只有揭示字形 B 所涉及的字形、字詞關係,才能找到解題綫索。

《淮南子·詮言》有如下一段文字:

> 君子爲善不能使福必來,不爲非而不能使禍無至。福之至也,非其所求,故不伐其功;禍之來也,非其所生,故不悔其行。内修極而横禍至者,皆天也,非人也。

"修極"於義不通。許慎注:"極,中。"儘管"極,中也、正也"是常見故訓,⑤但所涉"極"均爲外在固定標準,通常不可損益,更非個人内在可修。"極"乃"亟"之分化字,"亟"字甲骨文作 𠄌,于省吾謂:"'亟'字中從人,而上下有二横畫,上極於頂,下極於踵,而'極'之本義昭然可睹矣。"⑥《説文》訓"極"爲"棟","棟"之爲物頂天立地,正與"亟"相

---

① 見《漢書·淮南王安傳》《吳王濞傳》《王尊傳》《鄭吉傳》。
② 許匡一:《淮南子全譯》,第 1184 頁。
③ 許匡一:《淮南子全譯》,第 1184~1185 頁。
④ 陳廣忠:《中華經典名著全本全注全譯叢書·淮南子》,第 1176 頁。
⑤ 宗福邦、陳世鐃、蕭海波主編:《故訓匯纂》,商務印書館,2003 年,第 1124 頁。
⑥ 𠄌 左右分别增加"口""攵",變爲 𠅃、𪚔,即"亟"之構形源頭。類似的構形演變規律,又如"敬"由 𦥑 而 𣀔,"襄"由 𧘇 而 𧟌。見于省吾:《甲骨文釋林》,中華書局,1979 年,第 95 頁。

類。《逸周書·度訓》"天生民而制其度，度小大以正，權輕重以極，明本末以立中"中的"極"與"度""正""中"對文，相同語境中的"極"常被訓爲"正也""中也""度也"或"至善也"，實際上以上諸義皆由{極頂}{極則}引申而來。這樣的"極"是行爲規範的邊界或最高標準，雖然最初是由人所創造，但在產生之後就是不容修改的客觀準則，與"極"相配的動詞有"作""爲""至"等，卻絕無"修"，如《尚書·君奭》"作汝民極"、《逸周書·命訓》"大命有常，小命日成，成則敬，有常則廣，廣以敬命，則度至於極"、《周禮·春官·宗伯》"設官分職，以爲民極"。正如上文所説，"極"是"亟"的分化字，在分化之前，該詞義由"亟"承擔，如班簋（《集成》4341）"作四方亟（極）"，如上舉《逸周書·命訓》所涉"極"對應的清華大學出土竹簡本皆作"亟"，該字詞關係一直到西漢前期的馬王堆漢墓簡帛、北大漢簡仍有延用。①

我們懷疑《詮言》"内修極而橫禍至者"之"修極"乃"修敬"之訛。"敬"訛爲形近字"亟"之後，由於語義不通，進而被誤解爲"極"。下面試從字形和文意兩方面進行討論。字形方面，西漢隸書"敬"作 [字形]、[字形]、[字形]，"亟"作 [字形]、[字形]、[字形]，二字中部均作"茍"形，差異僅在於上下部橫畫之有無。② 新莽、東漢時代的鏡銘中"亟"作 [字形]、[字形]，與"敬"的差別也主要在於下部橫畫之有無。③ "敬""亟"互訛乃古籍校勘通例。如王念孫《讀管子雜志》卷七"農事爲敬、敬行急政"條下謂所涉"敬"字皆爲"亟"之形訛，同時指出《大戴禮記·文王官人》"敬再其説"之"敬再"乃"亟再"之形訛；《讀墨子雜志》卷三"極戒"條下謂《墨子·天志下》"然而莫知以相極戒"之"極戒"當爲"儆戒"之訛。④ 文意方面，敬慎可以避禍，是古今恒常觀念，類似説法古書常見，如：

民神異業，敬而不瀆，故神降之嘉生，民以物享，禍災不至，求用不匱。（《國語·楚語下》）

恭敬忠信，可以爲身。恭則免於衆，⑤敬則人愛之，忠則人與之，信則人恃之；人所愛，人所與，人所恃，必免於患矣。（《説苑·敬慎》）

思此五者，則無凶命，用能治敬，以助天時，凶命不至，而禍不來。……是故君子敬以成其名，小人敬以除其刑。（《説苑·敬慎》）

① 白於藍：《簡帛古書通假字大系》，第 617～618 頁。
② 劉釗主編，鄭健飛、李霜潔、程少軒協編：《馬王堆漢墓簡帛文字全編》，第 1006、1390 頁。
③ 鵬宇：《兩漢鏡銘文字整理與考釋》，復旦大學博士學位論文，2013 年，第 445～446 頁。
④ （清）王念孫：《讀書雜志》，第 1217、1497 頁。按，《汗簡·木部》"極"字條下所列 [字形] 實爲"檕"之誤，所涉誤"敬"爲"亟"情形與相似，參見（宋）郭忠恕編：《汗簡》，第 17 頁。
⑤ "衆"字在《孔子家語·賢君》異文作"患"。

上舉《説苑·敬慎》"治敬"即"修敬"的意思。以上均就一般情況而言,然而修敬者遭殃、作惡者享福同樣常有(所謂"糊塗了盜蹠顏淵"),《莊子·庚桑楚》《列子·力命》對"敬中"①"厚德"反而"惡至""命薄"的情形均發出"皆天也,而非人也"的感慨,與《淮南子·詮言》所論若合符節。《論衡·累害》曰:"修身正行,不能來福;戰慄戒慎,不能避禍。福禍之至,幸不幸也。""修身正行""戰慄戒慎"正可作"修敬"之注腳。而且,"修敬"是古書成詞,如《晏子春秋·內篇·諫下》"景公欲以聖王之居服而致諸侯晏子諫"章之"夫冠足以修敬,不務其飾"、《史記·藺相如列傳》"嚴大國之威以修敬也",《淮南子·詮言》"故祭祀思親不求福,饗賓修敬不思德,唯弗求者能有之"更是直接的内部證據。

綜上,我們認爲《淮南子·詮言》"内修極而横禍至"本當作"内修敬而横禍至","敬"訛爲形近字"亟"之後,由於語義不通,進而被誤解爲"極"。

五、餘論:談古籍校釋中的漢語史眼光問題

古籍校釋與漢語史研究在旨趣上有所不同,但兩者間的密切關係不言而喻。漢語史研究需要以校釋精當的古籍文本爲基礎,古籍校釋也應當積極借鑒漢語史的最新成果將工作推向精密。立足漢語史的古籍校勘研究,前人雖較少提及,但在具體實踐中早已深入踐行,王念孫、楊樹達等學者的著述即爲明證。今後古籍校釋應將這一理念提升到方法論上的自覺,注重語言的時代特色,力求校釋成果在夯實材料基礎的同時更加注重邏輯的必然性。本文只是在《淮南子》相關問題上的初步嘗試,該理念應當具有更普遍的實踐指導意義。我們認爲如下三點認識最爲緊要。

第一,重視文本產生時代的語言特色。儘管文獻可能會受前代典籍語言影響,在傳抄過程中也不免會摻雜後代語言成分,但其產生時代的語言才是無可爭議的底色。因此,古籍校勘應當注重漢語發展的階段性和時代性,將共時傳世、出土文獻所呈現的斷代語言實際作爲立論的核心依據。于省吾被譽爲"新證派訓詁學"代表人物,其《淮南子新證》在結合出土文獻材料校釋文本方面取得了不小成績,但他常用兩周金文討論《淮南子》,儘管偶有可信結論,但不合事實的情況可能更多,其"關公戰秦瓊"的做法也與漢語史的精神相違背。

第二,重視校勘通例的時代性。文字構形具有時代特色,同一字在不同時代會有不同形訛路徑,有些錯訛只在特定時代發生,如前文第二部分第二小節所論"夢"訛爲"臺"只在隸變階段。同時也應該注意到,即便在同一個時代裏,同一個字可能會有不同構

---

① "敬中"之"中"指人的内心,強調内在;古書中與"法""度""極""則"同義的"中"指外在法則,強調不偏不倚。這是"中"的兩個不同義項,不可混淆。

形、書體差異。特別是《淮南子》產生和流布之初的西漢前期文字,不僅處在古今文字演變的分水嶺上,而且草書已經開始形成,在校釋相關問題時必須立足實際作全面思考,前文第二部分第一小節所論"德"因章草而訛作"位"可爲典型。

第三,注重文本流傳的歷史年限,重視語言演變的時代序列。按理説,文獻在流傳過程中的任何一個時代都有發生形訛的可能。比如凡是經過漢代撰寫、傳抄的典籍,邏輯上都會存在因隸書而訛的可能。如《左傳・哀公五年》"公子嘉"在《史記・齊太公世家》作"公子壽",漢代隸書"嘉"作 𰻝、𰻞,與"壽"作 𰻟、𰻠 形體極近,[1]儘管作爲人名無法判定是非,但可肯定"壽""嘉"屬形訛,而與詞義、音韻無關。又如《戰國策・秦策》"決白馬之口以流魏氏",高誘注:"流,灌也。""流"在《韓非子・初見秦》作"沃"。王先慎以"流""沃"爲同義異文。[2] 金正煒指出"流"異體作"汸",與"沃"形近,懷疑《戰國策・秦策》及高注之"流"乃"沃"字之訛。[3] 按,"流"表﹛灌﹜義缺少旁證,王説可疑。金正煒以"流"爲"沃"之形訛,甚是,但所論字形仍欠密合。西漢隸書"沃"𰻡、𰻢 與"流"𰻣、𰻤 形體極近,[4]可確證"流"乃"沃"之形訛。討論形訛問題不能超越文本流傳所經歷的時代範圍,不可違背字形演變的脈絡。俞樾認爲《淮南子・本經》"德之所總,道弗能害也"中的"總"乃"利"之形訛,是"利"之古文"秒"訛爲"總"之俗字"惣"。[5] 然而在《淮南子》時代,古文已退出歷史舞臺,"惣"字產生又遠在中古以後,但據高誘注可知東漢文本就已作"總"。俞説雖具巧思,但所論"秒>惣>總"形訛路徑既不合文本的時代屬性,也與漢字發展脈絡抵牾。

前輩學者由於時代所限,未能見到時代特徵清晰的出土文獻證據,更圍於漢語史學科尚未建立,對漢語的階段性特徵缺乏理性認識,未能在漢語史的視角下審視古籍校釋之是非,難免在求證過程中有脱離語言實際之處,或者在舉證上有錯綜異代語料的問題。這當然不必苛求前人,而應當成爲當代學者努力的方向,立足漢語史的古籍校釋研究應當成爲有識之士的共識。

---

① 劉釗主編,鄭健飛、李霜潔、程少軒協編:《馬王堆漢墓簡帛文字全編》,第 949 頁。

② (清)王先慎撰,鍾哲點校:《韓非子集解》,中華書局,1998 年,第 10 頁。

③ 諸祖耿:《戰國策集注匯考(增補本)》,鳳凰出版社,2008 年,第 172 頁。

④ 馬王堆漢墓帛書"夭"字作 𰻥、𰻦,北大藏西漢簡《妄稽》簡 3"抚"作 𰻧、簡 6"朕"作 𰻨,可與"沃"形相參照。馬王堆漢墓帛書字形參見劉釗主編,鄭健飛、李霜潔、程少軒協編:《馬王堆漢墓簡帛文字全編》,第 1160、1176 頁。

⑤ (清)俞樾:《諸子平議》,第 607 頁。

古書"視民如傷"用字流變與古訓探析

陳夢兮

（湘潭大學文學與新聞學院）

清華簡《邦家之政》中有"視民如腸"一語：

> 如是，則視其民必如腸矣，下瞻其上如父母，上下相復也。（簡6）

> 如是，則視其民如草芥矣，下瞻其上如寇讎矣，上下絶德。（簡11）

上文與《孟子》一段論述相似：

> 君之視臣如手足，則臣視君如腹心；君之視臣如犬馬，則臣視君如國人；君之視臣如土芥，則臣視君如寇讎。（《孟子·離婁下》）

《邦家之政》的"腸"，整理者認爲即《左傳》"視民如傷"的"傷"，陳民鎮指出這裏應該是身體器官"腸"，《左傳》《孟子》的"視民如傷"應是訛誤，並指出古書中"腸"和"腹"是可以替換的。[①] 李均明認爲此句讀爲"視其民必如傷"，意爲安撫傷病員般愛護百姓。[②] 子居認爲這裏是"子"訛爲了"易"，"視民如子"是古書常見表達。[③] 復旦讀書會同意陳民鎮説法。[④] 陳斯鵬也同意"腸"如字讀。[⑤]

簡文後半段將君民比作"父母"或"寇讎"，皆是人與人的關係。前半段，簡11將民

① 陳民鎮：《清華簡（捌）讀札》，清華大學出土文獻研究與保護中心網站，2018年11月17日。

② 李均明：《清華簡〈邦家之政〉的爲政觀》，《清華大學學報（哲學社會科學版）》2018年第6期。

③ 子居：《清華簡八〈邦家之政〉解析》，中國先秦史網站，2019年2月15日。

④ 復旦大學出土文獻與古文字研究中心讀書會：《〈邦家之政〉集釋》，復旦網，2019年3月24日。

⑤ 陳斯鵬：《清華大學所藏竹書〈邦家之政〉校證》，《中山大學學報（社會科學版）》2019年第6期。

比作"草芥",是一種以人民比他物的比喻。簡 6 若訓"腸"爲"傷",即便增字釋爲"如傷病之人",與另外三個"如"不同。所以從文意來看,釋爲"腸"是合理的。

"視民如傷"也見於《孟子》和《左傳》:

> 文王視民如傷,望道而未之見。(《孟子·離婁下》)

趙岐注:"視民如傷者,雍容不動擾也。"朱熹《集注》:"而視之若有傷。"認爲"傷"是創傷、傷害義。焦循《正義》:"《呂氏春秋·分職篇》云'天寒起役恐傷民',注云:'傷,病也。'文王視民如有疾病,凡有疾病之人不可動擾,故'如傷'爲不動擾。因不動擾,故雍容不急迫也。"①焦循認爲"傷"有"病"義,"視民如傷"意爲"視民如有疾病","有疾病"又和"不可動擾"有因果關係。輾轉爲訓,不可取。惠棟《周易述·易微言上》:"不貪殺人則歸之,是故文王視民如傷,此之謂也。"雖然沒有直接解釋"視民如傷",但他把"視民如傷"和仁政、不嗜殺人者等同,大概也認爲"傷"是傷害、使受傷的意思。

> 臣聞國之興也,視民如傷,是其福也。其亡也,以民爲土芥,是其禍也。
(《左傳·哀公元年》)

杜損注:"如傷,恐驚動。"清焦袁熹《此木軒四書説》:"注云恐驚動。按:此注亦善,有所驚動,則傷必多矣。"和焦循一樣,把"有所驚動"和"傷"看成因果關係,十分迂迴。

趙注和杜注相近,都將"傷"釋爲"驚動、動擾"一類的意思,但被後世説學者忽略。是因爲"傷"和"驚動、動擾"詞義相差很遠,且無論"傷"是釋爲"損害、傷害"還是"驚動、動擾","視民如傷"都不通順。另一則被忽視的材料是《三國志·吳志·賀循傳》引該句作:"國之興也,視民如赤子。其亡也,以民爲草芥。""傷"被換爲了"赤子",文意通暢;"土芥"替換爲"草芥",與清華簡合。但其中"傷"與"赤子"的關係,仍需探究。

首先,是歷時的異文現象:清華簡作"腸",傳世文獻作"傷"的問題。秦簡中"腸"的字形可以用爲本義,也可以通爲"傷"用。

朋 (周家臺秦簡 351):某不能～其富貴。(用爲"傷")

腸 (周家臺秦簡 310):鬻(粥)足以入之～。(義爲内臟"腸")

這樣的用字習慣可能把原有的"腸"視作與"傷"同用。另外嶽麓秦簡《占夢書》有"夢見肉,憂腸",整理者讀爲"憂傷","腸"字作 ▨ ,左部爲肉旁,右部漫漶。傳世文獻中也有"腸""傷"之異文,如《素問》"飲以鮑魚汁,利腸","腸"本或作"傷"。②

---

① (清)焦循:《孟子正義》,中華書局,1987 年,第 570 頁。

② (元)滑壽.《讀素問鈔》,人民衛生山版社,1998 年,第 104 頁。

其次，是“傷”(或“腸”)與古注“驚動、動擾”的關係。馬王堆帛書《陰陽十一脈灸經》有這樣一句：

> 聞木音則A然驚；心B，欲獨閉户牖而處。(馬王堆帛書《陰陽十一脈灸經》9行)

A甲本作，隸作“傷”；乙本作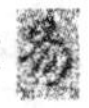，隸作“易”。《素問》：“聞木音則惕然而驚者，陽氣與陰氣相薄，水火相惡，故惕然而驚也。”

B甲本作，隸作“腸”；乙本無“心B”句。《靈樞·經脈》《太素》卷八“經脈之一”、《針灸甲乙經》卷二第一均作“聞木音則惕然而驚，心欲動，獨閉户塞牖而處”。[①] 晉王叔和《脈經》作“聞木音則惕然而驚，心動，欲獨閉户牖而處”。對於馬王堆的“心腸”，裘錫圭先生指出《左傳》有“心蕩”一詞，與“心動”相當，“腸”似可以讀爲“動”，訓爲“蕩”。[②]

該句張家山漢簡《脈書》簡24作：

> 聞木音則A然驚，心B然，欲獨閉户牖而處。

A作，即“狄”字。B作，整理者隸定爲“惕”。[③] B實爲“惕”，清華簡《芮良夫毖》“憂傷”的“傷”亦作“惕”。

另，張家山漢簡《脈書》中出現“腸”5次，字形作，均用爲内臟名。《脈書》簡40“狄狄恐人將捕之”，“狄狄”也是驚恐的樣子。

表一　“聞木音”句各版本異文

	～然驚	心～
馬王堆《陰陽十一脈灸經》甲本	傷	易
馬王堆《陰陽十一脈灸經》乙本	腸	
張家山《脈書》	狄	惕
《黄帝内經·素問》	惕	
《靈樞·經脈》	惕	欲動
王叔和《脈經》	惕	動

---

① 馬繼興：《中國出土古醫書考釋與研究》下，上海科學技術出版社，2015年，第51頁。

② 裘錫圭：《馬王堆醫書釋讀瑣議》，《湖南中醫學院學報》1987年第4期，第42頁。

③ 張家山二四七號漢墓竹簡整理小組：《張家山漢墓竹簡(釋文修訂本)》，文物出版社，2006年，第120頁。

"惕然驚""狄然驚"都是人驚恐貌,而"心惕""心動""心蕩"也是人心不安。因此趙岐、杜預將"腸"釋爲"驚動、動擾"也是有所據,可能是如裘先生所說把"腸"通假爲了"蕩",這是西漢常見的一種通假,距趙岐的時代不遠。尤其是馬王堆帛書《五十二病方》"心腸,恐人將捕之",張家山《脈書》"狄狄恐人將捕之",馬王堆以"腸"爲驚恐義,確實是西漢時代的用字習慣。後世甚至以"動"替"惕",甚至將"腸""驚恐""動"諸義素合在一起,如《鬼谷子》:"恐者,腸絕而無主也。"陶弘景注:"恐者内動,故腸絕而言無主也。"這個"腸"就是内臟之名,將内臟的"腸"與驚恐、動建立聯繫,可能反應的還是"腸"與"蕩"的通假關係。

再次,是"傷/腸"與"赤子"的關係。子居推測原本是作"子",戰國訛爲了"易"。但古文字"子"與"易"字形差別很大,此處視爲字形訛誤恐難成立。國君視民如赤子,視國君如父母,確實是典籍常見表達。子居文中列舉了視民"如嬰兒"和"如子"例,以下補充"赤子"例:

> 若保赤子,惟民其康乂。(《尚書·康誥》)
>
> 百姓皆愛其上,人歸之如流水,親之歡如父母。……潢然兼覆之,養長之,如保赤子。(《荀子·富國篇》)
>
> 上之于下,如保赤子。……故下之親上,欢如父母。(《荀子·王霸篇》)
>
> 愛民如赤子,敬法如師,親賢如父。(銀雀山漢簡《要言》)
>
> 敬贤如大宾,爱民如赤子。(《漢書·路温舒傳》)

《三國志》將"視民如傷"改爲"視民如赤子",這種異文出現之前已有趙岐、杜預注"驚動、動擾",但迂曲難通。改"傷"爲"赤子"應是基於文意的諧暢。聯繫清華簡《邦家之政》"則視其民必如腸矣,下瞻其上如父母"對應句"則視其民如草芥矣,下瞻其上如寇讎",既然"草芥"和"寇讎"沒有相對關係,那麼"腸"也不必和"父母"意義相對,改爲"赤子"誠無必要。

既然趙岐注、杜預注訓釋之由已經找到,異文原因和優劣也能判斷,原文"視民如傷"究竟應該作何解是需要撇開舊注重新討論的。

《邦家之政》句"父母"與"寇讎"相對,一爲至親,一爲讎敵;"腸"應該是與"草芥"相反。父母與寇讎的對言也見於出土文獻和傳世文獻,如郭店簡《尊德義》簡26:"民愛,則子也;弗愛,則讎也。"此處"子"應如字讀。傳世文獻這樣的表達如《管子》"惠者民之仇讎也,法者民之父母也"。

"視民如草芥",《左傳》《孟子》作"土芥",比喻微賤的東西。《管子》有"視民如土",《詩·小雅·魚藻之什》小序有"視民如禽獸",都是説有些統治者把人民看作微賤之物。"視民如腸"的"腸"也應該是一個比喻,與"草芥""土芥"相反,是重要的東西。文獻中常見把君臣關係比喻爲人體部位。《禮記·緇衣》:"民以君爲心,君以民爲體。"這種重要的人體部位有時候用"手足""腹心",如《孟子·離婁下》:"君之視臣如手足,則臣視君如腹心。"《詩·周南·兔罝》:"赳赳武夫,公侯腹心。"有時用"股肱",《尚書·益稷》:"臣作朕股肱耳目。"有時用"爪牙",如《左傳·成公十二年》:"以己爲腹心、股肱、爪牙。"古書中没有直接使用"腸"比喻"重要"的人或事物,所以"視民如腸"才一直作他解。

先秦時期在表示内心活動時,"腹心""心腹""心腸""腎腸""肺肝""肺腸"都可以使用。在内臟名中,後世卻較多使用"腹心"比喻重要的人或事物。但先秦其他内臟也有相同的作用,如"腸胃"與"腹心"都比喻中樞要地:

> 夫取三晉之腸胃,與出兵而懼其不反也,孰利?(《戰國策·秦策》)
>
> 今中山在我腹心,北有燕,東有胡,西有林胡、樓煩、秦、韓之邊,而無彊兵之救,是亡社稷,奈何?(《史記·趙世家》)

以上兩例可見,"腸胃"這種用法甚至早於"腹心"。嶽麓秦簡《占夢書》"夢潰其腹,見其肺、肝、腸、胃者,必有親去之"[①]"夢引腸,必弟兄相去也",以"腹"和"肺肝腸胃"比喻親人,以"腸"喻兄弟。都是"腸"表重要的例證。

早期的"腹心"與其他内臟均可表内心活動、重要的人或事,後來詞彙的競爭中除"腹心"外的其他詞,這樣的用法被淘汰。在後世古書注解中可以看到這種變化:

> 《尚書·盤庚下》:"今予其敷心腹腎腸,歷告爾百姓于朕志。"孔安國傳:"布心腹,言輸誠於百官以告志。"孔穎達疏:"是腹心足以表内,腎腸配言之也。"

孔安國没有解釋"腎腸",孔穎達因此認爲"腎腸"是無用之贅言。反映的就是後世已不使用"腎腸"表内心之誠。這和"視民如腸"的"腸"其義不被後世注釋者理解一樣。

另外,陳民鎮還提到古書中"腸"和"腹"可以替換例,舉了《山海經》"女媧之腸"又作"女媧之腹"等例,認爲"視民如腸"應與"視民如腹心"有關。古書中確實有大量"腸""腹"異文,但集中在《水經注》後世刻本、唐詩別集,時代較晚。先秦"腸"和"腹"右邊是完全不同的,西漢大部分的"腸"右部都是"昜",如馬王堆帛書、張家山漢簡、銀雀山漢簡、居延漢簡、肩水金關漢簡。武威醫簡中的"腸"右上角增加類化偏旁"宀"(从省),這樣"腸"和"腹"右上角都是"旨"形,有了訛混條件。

---

① 陳劍:《嶽麓簡〈占夢書〉校讀札記三則》,復旦網,2011 年 10 月 5 日。

表二　"腹"與"腸"字形對比

	腹	腸
不易訛混的字形	（包山簡）（睡虎地秦簡）（馬王堆帛書）（居延漢簡）	（清華簡《邦家之政》）（馬王堆帛書）（居延漢簡）（張家山漢簡）
易訛混的字形	（武威醫簡）（長沙走馬樓吳簡）	（武威醫簡）（晉黄帝内景經）（敦煌《食療本草》）（《字彙》）

可以看出"腹""腸"訛混不會發生在先秦。傳世文獻最早記録二字相訛見《山海經》郭璞注文。《山海經·大荒西經》此句正文、郭注如下：

有神十人，名曰女媧之腸。（郭注：或作女媧之腹。）化爲神，處栗廣之野。

（郭注：女媧，古神女而帝者，人面蛇身，一日中七十變，其腹化爲此神。）

袁珂指出《藏經》本作"腸"，[1]《太平御覽》引作"腸"。郭璞所見底本也是作"腸"，但是在解釋"化爲神"時，卻使用了"腹"。只能説明"腹""腸"訛混最早也就是西晉，此例不能作爲"視民如腸"變爲"視民如腹心"的佐證。

---

[1]　袁珂．《山海經校注》，北京聯合出版公司，2014年，第329頁。

先秦時期"盟約"制度演變的辭彙史考察 *

高罕鈺

（南昌大學人文學院）

　　表示"盟約"義的詞在先秦主要有"盟""誓""約"等。其中，"盟"與"誓"的聯繫與區別已有諸多學者從文化、政治等角度進行考察，成果豐碩，較有代表性的有田兆元、晁福林、吕静等。① 語言是社會的産物，語言與社會發展的密切關係毋庸贅言。社會發展推動著辭彙的發展，而辭彙的發展又能夠反映出社會的發展。對"盟約"義詞歷時演變的考察及辨析，亦需與先秦時期相關制度的發展演變情況相結合。辭彙發展演變有内因也有外因，其中社會制度的變革、人類認識的不斷進步都會對辭彙的發展産生影響，葛本儀指出："語言隨著社會的發展而發展，這一特點表現在辭彙的發展上，尤爲突出。"②"盟約"義詞在先秦時期的發展演變便是社會發展在辭彙發展中體現的很好例證。爲更好地理清其發展脈絡，本文將先秦時期分成殷商、西周春秋以及戰國三個時期來分别討論。我們嘗試通過梳理"盟""誓""約"在先秦時期的使用情況，以及歷時演變脈絡，探討"盟約"義詞的發展演變動因，及其與"盟約"制度發展的關聯。

---

*　本文是江西省社會科學"十四五"基金項目"海昏墓出土儒學文獻綜合研究"（21YY34D）；江西省高校人文社會科學重點研究基地項目（JD21004）；江西省漢代文化研究項目"海昏竹書與傳世文獻異文校理與研究"（21WW10）成果。

①　參看田兆元：《盟誓史》，上海文藝出版社，2000年；晁福林：《先秦民俗史》，上海人民出版社，2001年；吕静：《春秋時期盟誓研究》，上海古籍出版社，2007年。

②　葛本儀：《漢語詞彙研究》，外語教學與研究出版社，2006年，第127頁。

一

（一）殷商時期

西周至戰國時期的會盟、盟誓在文獻中的記載比較詳細，研究比較充分。殷商時期是否已有盟誓制度？文獻記載有如"湯與伊尹盟，以示必滅夏。"（《吕氏春秋·慎大》）等，殷商卜辭中也反映出殷商時期存在部落聯盟制度，有聯盟則很可能有會盟、盟誓。于省吾先生指出："從部落聯盟方面來看，係以地緣關係爲基礎，商王與許多外族部落取得聯合。"[1]林澐先生同意此觀點，並指出卜辭中確實反映出商代有許多方國和商王發生聯盟關係。聯盟主要是出於軍事目的，共同征討敵方。從卜辭來看，"盟"已屢見於卜辭中，即"盟"之初文。[2]《説文·囧部》："盟，《周禮》曰：'國有疑則盟。'諸侯再相與會，十二歲一盟。北面詔天之司慎司命。盟，殺牲歃血，朱盤玉敦，以立牛耳。从囧，从血。盟，籀文，从朙。盟，古文从明。"段玉裁則認爲"盟"爲从"囧""皿"聲。姚孝遂在《甲骨文字詁林》按語中指出商周古文字"盟"均从皿，不从血。[3]"盟"在甲骨文中用例，如：

（1）甲辰貞：其大禦王自上甲，盟（盟）用白羘九。（《合集》32330）

（2）戊寅卜：盟（盟）三羊。

戊寅卜：盟（盟）牛于妣庚。（《英藏》1891）

以上引例的結構爲"盟＋（用）＋祭牲名"，可知"盟"本爲祭祀名詞，是以人牲或牲口對神明或祖先進行祭祀，其目的爲稱揚、緬懷先祖。也可直接用作謂語，如：

（3）王其歲丁，盟（盟），戊其藝，亡（無）災，弗悔。（《合集》27946）

卜辭中還屢見"盟室"（或作"血室"），連劭名指出："甲骨文中的'盟''皿''血'，在使用上往往是不加區分的。"[4]爲舉行祭祀儀式的場所，"盟"則用爲定語，如：

（4）a. 戊辰卜，祝貞：翌辛未其侑于盟（盟）室十大牢，七月。

　　b. 戊辰卜，祝貞：翌辛未其侑于盟（盟）室五大牢。（《英藏》2119）

（5）鼎（貞）：翼（翌）辛未其屮于盟（盟）室三大□。九月。（《合集》13562）

①　于省吾：《從甲骨文看商代社會性質》，《東北人民大學人文科學學報》1957年第1期，第134～135頁。

②　林澐：《甲骨文中的商代方國聯盟》，載《林澐學術文集》，中國大百科全書出版社，1998年，第69～84頁。

③　于省吾：《甲骨文字詁林》，中華書局，1996年，第2636頁。

④　連劭名：《甲骨刻辭中的血祭》，《古文字研究》第十六輯，中華書局，1989年，第49頁。

裘錫圭先生指出這種用法的"囧"可以讀爲"盇",是一種用牲之法。[1] 有學者認爲卜辭中的"盟"爲盟誓義,但從上舉與"盟"有關的卜辭中,還不能明確體現出盟誓雙方、盟誓内容等資訊,還是理解爲祭祀名詞更爲妥帖。可以肯定的是,這種對祖先的祭祀與對神明起誓、立約關係密切,爲後來的"盟誓"制度奠定了基礎。"盟"爲"殺牲歃血誓於神也",吕静(2007:8)指出:"血祭在盟誓儀式中具有至關重要的象徵意義。"[2]

(二)西周、春秋

"盟"在西周、春秋金文中,同卜辭一樣,主要用爲祭祀名詞,如"剌肇作寶尊,其用盟宫嫭日辛"(剌肇鼎,《集成》2485),[3]"用祈眉壽,敬恤盟祀"(王子午鼎,《集成》2811),"□叔和子鼻盟鬼神"(陳肪簋蓋,《集成》4190)等。"盟"表祭祀義,直至戰國時期仍可見,如"明明上帝,臨下之光,不(丕)顯迷(來)各(格),歆厥禋明(盟)"(清華壹《耆夜》簡8)。

值得注意的是西周初年的魯侯爵:

(6)魯侯作考爵。用尊茜㠱廩(臨)[4]盟(魯侯爵,《集成》9096)

魯侯爵的時代,郭沫若指出"器制銘詞均古,殆在周初"。"盟"前一字,郭沫以爲"廩"之初文,讀爲"臨"。[5] 邱德修(2008:232)同意此觀點,認爲"臨盟"即文獻中所見"涖盟","謂此爵亦可供魯侯參加會盟時作禮器使用"。[6] 我們認爲郭沫若、邱德修二先生釋讀可從,但"盟"在此是祭名還是表"會盟"之義還不好定論,且西周銘文中未有其他"盟"表示"盟誓"之例證,還是以理解爲祭名爲優。

春秋末期,侯馬盟書中"盟"凡13見,可用爲定語,但未見"誓"之用例,如:

(7)趙敢不判其腹心以事其主,而敢不盡從嘉之盟。(《侯馬盟書》)

銘文中,"誓"則多與訴訟、糾紛有關。如五祀衛鼎、曶攸從鼎、散氏盤等,與土地糾紛有關:

① 裘錫圭:《裘錫圭學術文集(一)》,復旦大學出版社,2012年,第399頁。

② 吕静:《春秋時期盟誓研究》,上海古籍出版社,2007年,第8頁。

③ 此銘文將"宫嫭日辛"記於文末以説明鼎所用來祭祀的對象,用例與應公鼎近似(參李學勤:《新出應公鼎釋讀》,張光裕、黄德寬主編:《古文字學論稿》,2008年,第3頁)。

④ 該字字形作▨"孫詒讓釋爲"聘",則以之爲"聘盟",即因婚姻而舉行盟儀(參看孫詒讓:《古籀餘論》,華東師範大學出版社,1988年,第49頁)。我們同意郭沫若先生釋爲"㠱",即"廩"之初文。

⑤ 郭沫若:《兩周金文辭大系圖録考釋》,科學出版社,1957年,第195頁。

⑥ 邱德修:《魯侯爵銘新探》,載饒宗頤主編:《華學(九)》,中山大學出版社,2008年,第232頁。

(8) 白(伯)揚父乃或事(使)牧牛誓。(儶匜,《集成》10285)

(9) 刑伯、白(伯)邑父、定白(伯)、琼白(伯)、白(伯)俗父乃顐,吏(使)屬誓。
    (五祀衛鼎,《集成》2832)

(10) 唯王九月,辰在乙卯,矢卑(俾)鮮、且、旲、旅誓曰:"我既付散氏田器,有
     爽,實余有散氏心賊,則隱千罰千,傳棄之。"(散氏盤,《集成》10176)

如散氏盤這樣詳細記載了立誓的雙方、起因、經過及誓文,將口頭的誓言記載於青銅器上,可見其重要性。

鳥形盉銘文中,則記録了器主"乞"向主人宣誓效忠的兩次立誓:

(11) 乞誓曰:"余某弗稱公命。余自(謀),則鞭身。"弟傳出,報厥誓曰:"余既曰
     餘稱公命,襄(倘)余亦改鄭辭,出棄。"(鳥形盉)①

其中有"誓""報厥誓"兩次立誓,儶匜記載了牧牛的兩次起誓,一則曰"(牧牛)從辭,從誓"以及處理結果"牧牛辭誓成,罰金,儶用作旅盉"。從以上用例中看出,"誓"包括立誓雙方、見證人、誓詞以及違背約定所會受到的懲罰等。"誓"可以是自主的,如乞對公的立誓,也可以是强制的,如例(8)、例(9)中"某某使某誓"。

西周傳世文獻中,"盟"在《詩經》《尚書》中各一見,"誓"之用例多"盟"。二者用例比較如下:

(12) 君子屢盟,亂是用長。(《詩經·小雅·巧言》)

(13) 信誓旦旦,不思其反。(《詩經·衛風·氓》)

比較以上二例,例(12)"君子"此指統治者或貴族,例(13)"誓"是詩中的男主人公對女主人公所許諾的"及爾偕老"的誓言。"盟"是君子之間的,要求有兩方以上的參與者,層次高、具有儀式感,毛傳:"凡國有疑,會同則用盟而相要也。"而"誓"重在表示決心、態度不會改變。

春秋時期諸侯之間的會盟頻繁,諸如"尋盧之盟""瓦屋之盟""葵丘之盟""踐土之盟""弭兵之盟"等。會盟次數多、不穩定。而會盟的組織者,"盟主"也是這一時期的霸主。會盟參與國家增多,有一個具有明顯優勢的盟主。會盟除了國家之間進行,還可以是家族內部。盟誓多以文字形式記録,又被稱爲"載書"。"盟書",即"我國古代爲了某些重要事件,舉行集會,制定公約,'對天明誓'的辭文"。侯馬盟書以及溫縣盟書使我們

---

① 鳥形盉銘文諸家釋讀不一,今從董珊先生釋文,稍作改動。參董珊:《翼城大河口誓盉銘文的理解》,《兩周封國論衡》,上海古籍出版社,2014年,第407~416頁。

看到載書的實體資料,二者内容相似、關係密切。①

　　"盟"的内容還常常包括倘若背盟,所會受到的懲罰,因此"盟"與"詛"關係又十分密切,"盟詛"(或者"詛盟")文獻習見,如:

　　(14) 民興胥漸,泯泯棼棼,罔中于信,以覆詛盟。(《尚書‧呂刑》)

　　"詛",本是詛咒,"請神加殃謂之詛",引申爲"盟誓"義。"詛"與"盟"義近,在程度上有所區别。"詛盟"又作"盟詛",《周禮‧春官‧詛祝》:"掌盟詛。"鄭玄注:"盟詛,主於要誓,大事曰盟,小事曰詛。"

　　"盟詛"一詞,在戰國時期或作"禜禩",从"示",爲楚文字"盟誓"專字,如"利以敚(説)禜(盟)禩(詛)"(《九店楚簡》簡 34),又見於望山簡、新蔡簡等,或作"孟詐"如"利以説孟(盟)詐(詛)"(睡虎地《日書》甲種簡 17)。王子今指出"盟詛"從目的上來看,一類重於"盟",如"作盟詛以載誓,以敍國之信用,以質邦國之劑信"。② 一類側重"詛",如"凡盟詛,各以其地域之衆庶,共其牲而致焉"。

　　"誓"還指對軍隊、士兵的告誡、誓師之辭,如《尚書》中所見《甘誓》《湯誓》等。

(三) 戰國時期

　　春秋時期諸侯會盟頻繁,達到頂峰。在《左傳》中多有記録,清華簡《繫年》也多有記載。"盟"在西周時期以周天子爲主導,春秋、戰國時期的盟誓可以還可以是在諸侯之間進行,如王與諸侯之盟誓:

　　(15) 文公率秦、齊、宋及群戎之師以敗楚師於城僕(濮),述(遂)朝周襄王于衡滩(雍),獻楚俘馘,禜(盟)者(諸)侯於(踐)土。(清華貳《繫年》簡 44)

　　諸侯之間的盟誓,如:

　　(16) 使者反(返)命越王,乃盟,男女服,帀(師)乃還。(清華陸《越公其事》簡 24～25)

　　(17) 朙(明)歲,楚王子罷會晉文子燮及者(諸)侯之夫=(大夫),明(盟)於宋,曰:"爾(弭)天下之甲兵。"(清華貳《繫年》簡 88～89)

　　僅清華貳《繫年》中"盟"便 12 見。簡文"盟"或从"示","明"聲,或以"明",讀爲

① 如馮時指出侯馬盟書、温縣盟書出現人物多有相同,遣詞也基本一致(馮時:《侯馬、温縣盟書年代考》,《考古》2002 年第 8 期。)

② 王子今:《睡虎地秦簡〈日書〉甲種疏證》,湖北教育出版社,2003 年,第 39 頁。

"盟"。整理者已引《左傳·成公十一年》之對應記載,此爲歷史上有名的"弭兵之盟"。

無論參與者的地位發生了怎樣的變化,"盟"必有兩個或者以上的參與者。"誓"也可以是雙方參與,但還可以是個人表示決心和承諾,如:

(18) 女子笑于房中,駒之克降堂而折(誓)曰:"所不復詢於齊,母(毋)能涉白水。"(清華貳《繫年》簡 68)

因爲"盟"是雙方或者多方參與,共同盟誓,則爲"同盟"。

(19) 者(諸)侯同䀴(盟)于鹹泉以反晉,至今齊人以不服于晉,晉公以弱。(清華貳《繫年》簡 103)

"同盟"又用爲名詞,爲具有共同利益(尤其是軍事利益)的國家所形成的團體,如《左傳·僖公九年》所記載"秋,齊侯盟諸侯于葵丘曰:'凡我同盟之人,既盟之後,言歸于好。'"這裏所記載的"葵丘之盟",便是由春秋時期最早的霸主齊桓公所組織,有魯、宋、衛、鄭、許、曹等國共同參與,爲"同盟之人"。

"盟"並非可以隨時隨地進行,要事先選擇地點,一般選在遠離都城的城郊或邊遠地區。因此常可見"盟"作爲定語,用爲"某地之盟",如"踐土之盟""曰里之盟"等。"踐土之盟"上文有載。還可以是"某目的之盟",如"弭兵之盟",上舉(17)有載。

"盟"用爲賓語,"V盟"如"尋盟""申盟",如:

(20) 四年,諸侯會於雞丘,於是乎布命、結援、修好、申盟而還。(《國語·晉語七》)

(21) 夏,鄭子人來尋盟,且修曹之會。(《左傳·桓公十四年》)

西周時期,"誓"多與獄頌、糾紛等有關。在楚簡中,也可見"盟"有相似用法,"盟"在處理糾紛、訴訟中亦有重要作用,所謂"有獄頌者,則使之盟詛"。(《周禮·秋官·司盟》),如:

(22) 夏层之月癸亥之日,執事人爲之䀴(盟)證,凡二百人十一人,既盟……
(《包山楚簡》簡 137)

(23) 八月己巳之日,邻少司敗臧未受期,九月癸醜之日不詳邻大司敗以䀴(盟)邻之櫰里之旦無又(有)李競思,阩門又(有)敗。(《包山楚簡》簡 23)

無論是諸侯之間發誓建立同盟關係,還是在審案前發誓所説證詞的真實性,内在動因都是因爲先民對神明的敬仰。正如睡虎地秦簡中所要求的"處如資(齋),言如盟"(睡虎地《爲吏之道》簡 43 叁),居處當如齋戒一般,言語當如盟誓一樣可信。從中也可以看出,這一時期"盟"的儀式感也已經有所減弱。

"誓"的内容多是口頭的,如:

(24) 王曰:"子勉行矣,寡人與子有<u>誓言</u>矣。"(《戰國策‧趙策四》)

這裏的"誓言"就相當於今天所説的"約定"。

"誓"在西周文獻中,多有用爲表示軍隊中告誡將士的言辭,這一時期"誓"表這一含義的用例有所減少,用例如:

(25) 句踐既許之,乃致其衆而<u>誓</u>之曰:"寡人聞古之賢君,不患其衆之不足也,
　　　而患其志行之少恥也……"(《國語‧越語上》)

(26) <u>誓</u>軍旅居與國政之所圖也。(《左傳‧閔公元年》)

今天常説的"誓師"便是由此而來,今天"誓師"的使用範圍很廣泛,爲表示決心的一種儀式。

"盟"和"誓"都可以用爲名詞,如:

(27) 從正(政),敦五德,固三折(誓),除十怨。(上博二《從政(甲)》簡8)

(28) 有逾此<u>盟</u>,明神殛之,俾隊其師,無克祚國,及其玄孫,無有老幼。(《左
　　　傳‧僖公二十八年》)

"有逾此盟,明神殛之"是盟約中常見的詛辭。還有"盟""誓"連用,如:

(29) 夫爲四鄰之援,結諸侯之信,重之以婚姻,申之以<u>盟誓</u>,固國之艱急是爲。
　　　(《國語‧魯語上》)

這一時期,"約"亦有"盟誓"義。《説文‧系部》:"約,纏束也。""約"本爲纏束、捆縛之義,如"柔之約,柔取之也(郭店簡《性自命出》簡8～9)"引申爲結盟之義,意義、用法與"盟"相類,主要有三類:一是不帶賓語,二是帶賓語説明"盟約"對象,三是説明"盟約"内容,如:

(30) 魏瑩與田侯牟<u>約</u>,田侯牟背之。(《莊子‧則陽》)

(31) 秦、趙相與<u>約</u>,約曰:"自今以來,秦之所欲爲,趙助之;趙之所欲爲,秦助
　　　之。"(《吕氏春秋‧淫辭》)

例(30)即魏惠王與齊威王訂立盟約,但齊威王背棄盟約。例(31)則爲秦與趙相互約定互助。"約"與"盟"相比,不一定有完整的儀式。

"約"可以是針對某件事雙方達成協議、約定,如:

(32) 二君因與張孟談<u>約</u>三軍之反,與之期日。(《韓非子‧十過》)

(33) 知伯又令人之趙請蔡、皋狼之地,趙襄子弗與,知伯因陰<u>約</u>韓、魏,將以伐

趙。(《韓非子·十過》)

"約"還可以用爲主語,如:

(34) 明主之表易見,故約立。(《韓非子·用人》)

將這些協議、約定的内容以書面形式記録下來,便形成了契約、條約。

"約"用爲定語,説明約定的對象或性質,如:

(35) 於是潛行而出,反智伯之約,得兩國之衆。(《戰國策·秦策一》)

(36) 堯無膠漆之約於當世而道行,舜無置錐之地於後世而德結。(《韓非子·安危》)

"智伯之約"是與智伯的約定,"膠漆之約"是牢靠的約定。

"約"常與"結"連用,有邀約、結盟之義,如:

(37) 約結已定,雖睹利敗,不欺其與。(《荀子·王霸》)

(38) 王身出玉聲,許强萬乘之齊而不與,則不信,後不可以約結諸侯。(《戰國策·楚策二》)

<h2 style="text-align:center">二</h2>

從文獻記載中,我們可以瞭解到殷商時期應當已有會盟、盟誓制度的存在,甲骨卜辭也可説明商與其他方國之間存在軍事聯盟的關係。但是目前所見卜辭中的"盟(盟)"主要用爲祭祀名詞,還與"盟誓"有别,尚不能從卜辭中反映殷商時期盟誓的具體情況。雖然如此,還是可以讓我們瞭解到"盟誓"制度的起源與神明崇拜、宗教祭祀儀式有密切的聯繫。

西周時期,盟誓活動興盛,至春秋時期達到頂峰。這一時期的文獻中有關"盟誓"的記載還不十分豐富,"誓"的用例略多於"盟"。"盟"和"誓"在出土文獻中的用法與傳世文獻略有不同。"盟"在金文中,與卜辭一樣,多用爲祭祀名詞,而"誓"雖也是表發誓、立誓之義,在金文中多與獄訟、糾紛有關,類似一種訴訟程序。"誓"除了發誓、立誓之義外,還爲軍隊告誡、約束將士的言辭,後又成爲一種文體。

戰國時期,"盟誓"活動不若春秋時期豐富,但是由於文獻中(尤其是《左傳》《國語》)多有關於春秋時期盟誓制度的記載,因此"盟""誓"的用例非常豐富。這一時期,"約"也有"盟約""協約"之義,至戰國末期逐漸豐富,超過了"盟"和"誓"的用例。

我們選取了十部具有代表性的先秦文獻,其中"盟""誓""約"的用例統計如下:

表 1 "盟""誓""約"在先秦的使用情況

	詩經	尚書	易經	論語	左傳	國語	孟子	韓非子	呂氏春秋	戰國策
{盟}	1/1	1/1	0/0	0/0	640/640	39/39	0/2	4/4	11/11①	13/13
{誓}	1/1②	4/8	0/0	0/0	18/22③	4/8	0/3④	0/0	1/2	1/1
{約}	0/3	0/0	0/1	0/6	0/7	1/8⑤	1/4⑥	11/25	11/19	98/117

通過表1,結合卜辭等出土文獻材料,我們看出在先秦時期"盟約"義詞的大體演變趨勢如下：殷商時期僅有"盟"(用爲祭祀名詞),西周春秋時期,"盟""誓"用例逐漸豐富,直至戰國早中期時"盟"的用例都明顯多於"誓"和"約"。但是至戰國晚期"約"的用例呈上升趨勢,而"盟"和"誓"的用例則呈現下降趨勢,"約"的用例也超過了"盟"和"誓"。我們可以通過下表更加直觀地看出"盟""誓""約"三詞在先秦時期的演變,以及各個階段的用例對比。⑦

表 2 "盟""誓""約"在先秦時期使用情況曲綫圖

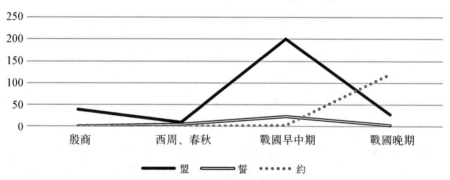

我們再對"盟"和"誓"的異同進行比較。"盟""誓"概念相近常常連用,又有所區別,《禮記·曲禮下》:"約信曰誓,涖牲曰盟。""盟"爲雙方制定共同遵守的內容,而"誓"主要

---

① 包含1例"亡"讀爲"盟"的例子。

② 《詩經·魏風·碩鼠》"逝將去汝,適彼樂土"中"逝",一説讀爲"誓",如張慎儀《詩經異文補釋》以"誓"爲要約之詞;一説爲語助詞,王引之《經義述聞》以之爲"發聲詞";一説爲"往",鄭箋"逝,往也"。

③ 四例爲篇名,如《誓命》《大誓》。

④ 其中,《湯誓》一次,《太誓》兩次,爲篇名。

⑤ 按"約誓"連用,尚未見"約"單獨表示"約定""盟誓"之義。

⑥ 分别爲"要領/簡要"之義,如《孟子·公孫丑(上)》:"又不如曾子之守約也";邀結,"我能爲君約與國"。

⑦ 爲了更明顯地體現出"約""誓"的用例演變情況,"盟"在戰國早中期的用例只記爲"200+"。

是立誓者對自己所説的話真實性的保證,段玉裁謂“凡自表不食言之辭皆曰誓,亦約束之意”。“盟誓”連用始見於戰國。“盟”有一定的程式和儀式,“歃牲曰盟”孔穎達疏云:“盟之爲法,先鑿地爲方坎,殺牲於坎上,割牲左耳,盛以珠盤,又取血,盛以玉敦,用血爲盟,書成,乃歃血而讀書。”所謂“歃血爲盟”,可見“血”在其中的重要性。“盟”的程式可以概括爲:

　　　　築土爲壇—鑿地爲坎—陳牲歃血—讀書加載

文獻亦多有詳細記載,如:

(39) 召公就微子開於共頭之下,而與之盟曰:“世爲長侯,守殷常祀,相奉桑林,宜私孟諸。”爲三書同辭,血之以牲,埋一於共頭之,皆以一歸。(《吕氏春秋・誠廉》)

我們參考吕静《春秋時期盟誓研究》對“盟”“誓”區别的梳理,結合文獻,將“盟”“誓”在制度上的區别概括如下:

	盟	誓
人數	兩人以上	數人或一人均可
儀式	殺生、歃血、起誓、盟書等	隨時隨地,無需嚴格的儀式
場所	宗廟、城郊等	
内容	立下盟約,往往包含自我詛咒	立下誓言,如果違背誓言會受到相應的懲罰
見證者	神明、祖先	可以是僅有立誓雙方,還可以是相關人員

　　“盟”“誓”“約”都與結盟、立誓有關。從形式上來看,“盟”以書面爲主,“約”“誓”以口頭爲主。“盟”和“誓”的約束力主要在於對神明的敬畏,《禮記》有載“殷人尊神”。但隨著神明信仰的減弱,盟誓也相對減少。戰國時期,“盟”的儀式也有所減弱,“盟”“誓”則同“約”一樣主要是以盟誓締約雙方或立誓者的守信爲基礎。

　　“盟”“誓”最初的目的是調和諸侯國之間的軍事、政治關係,處理訴訟糾紛,此後還擴展到婚姻愛情等諸多方面,以形容感情的堅定,如“海誓山盟”“山盟海誓”等。①

　　通過對“盟”“誓”“約”在先秦文獻中的用例,一方面可以看出表示“盟約”義辭彙的發展演變演變情況。我們從“盟”的本字“盟”可知“盟”與祭祀儀式尤其是血祭的密切關

————————

① “山盟海誓”“海誓山盟”都出現得比較晚,始見於宋代。

係,"盟"在殷商至戰國早期都佔據主導地位,至戰國末期則呈現出下降趨勢。與之相反,"約"産生雖晚,但在戰國末期開始變呈現出了逐漸上升的趨勢。從"盟誓"制度的發展來看,殷商時期僅在文獻中有所記載還不可確證,西周興盛,春秋達到頂峰,而戰國時期逐漸衰弱。具體表現在"盟誓"參與者地位的降低、數量的減少以及儀式感的減弱。"盟約"義詞的演變情況正與"盟誓"制度的發展情況相符。"約"的使用範圍較"盟""誓"也更爲廣泛,"約"用例的增多既有諸侯間的"約縱散橫"的外交關係發展的因素,還因爲"約"已經滲透到百姓的日常生活中。

圖書在版編目(CIP)數據

古文字與出土文獻青年學者西湖論壇(2021)論文集 /
曹錦炎主編. —上海：上海古籍出版社，2022.12
ISBN 978－7－5732－0535－3

Ⅰ.①古⋯　Ⅱ.①曹⋯　Ⅲ.①漢字－古文字學－文集
②出土文物－文獻－文集　Ⅳ.①H121－53②K877.04－53

中國版本圖書館 CIP 數據核字(2022)第 214236 號

中國美術學院視覺中國研究院出版項目

古文字與出土文獻青年學者西湖論壇(2021)論文集
曹錦炎　主編
上海古籍出版社出版發行
(上海市閔行區號景路 159 弄 1－5 號 A 座 5F　郵政編碼 201101)
(1) 網址：www.guji.com.cn
(2) E-mail：guji1@guji.com.cn
(3) 易文網網址：www.ewen.co
上海顥輝印刷廠有限公司印刷
開本 787×1092　1/16　印張 13.5　插頁 2　字數 255,000
2022 年 12 月第 1 版　2022 年 12 月第 1 次印刷
ISBN 978－7－5732－0535－3
H・256　定價：98.00 元
如有質量問題,請與承印公司聯繫